Orchideen

DIE GESCHICHTE DER LUFTFAHRT
DIE SEEFAHRER
DER ZWEITE WELTKRIEG
DIE KUNST DES KOCHENS
DER WILDE WESTEN
HANDBUCH DER GARTENKUNDE
MENSCHLICHES VERHALTEN
DIE GROSSEN STÄDTE
DIE HOHE SCHULE DER HANDARBEIT
DIE WILDNISSE DER WELT
DIE FRÜHZEIT DES MENSCHEN
DIE PHOTOGRAPHIE
DIE WELT DER KUNST
INTERNATIONALE SPEISEKARTE
ZEITALTER DER MENSCHHEIT
WUNDER DER WISSENSCHAFT
WUNDER DER NATUR
JUGENDBÜCHER
DAS GROSSE BUCH DES YACHTSPORTS
DAS GROSSE BUCH DER PHOTOGRAPHIE
LIFE IM KRIEG
LIFE IM KINO
DIE BESTEN PHOTOS AUS LIFE

TIME-LIFE HANDBUCH DER GARTENKUNDE

Orchideen

von

Alice Skelsey

und

der Redaktion der TIME-LIFE BÜCHER

TIME-LIFE BOOKS B.V.

TIME-LIFE HANDBUCH DER GARTENKUNDE

Redaktionsstab des Bandes
ORCHIDEEN:
Chefredakteur: Robert M. Jones
Stellvertretende Chefredakteurinnen:
Sarah Bennett Brash, Betsy Frankel
Textredaktion: Margaret Fogarty
Bildredaktion: Jane Jordan
Graphische Gestaltung: Albert Sherman
Vertragsautoren: Dalton Delan, Susan Perry
Dokumentation: Diane Bohrer, Marilyn Murphy,
Susan F. Schneider
Assistentin des graphischen Gestalters:
Edwina C. Smith
Redaktionsassistentin: Maria Zacharias

EUROPÄISCHE REDAKTION:
Chefredakteurin: Kit van Tulleken
Graphische Gestaltung: Louis Klein (Leitung), Graham Davis, Martin Gregory
Bildredaktion: Pamela Marke
Leitender Textredakteur: Simon Rigge
Textredaktion: Christopher Farman
Dokumentation: Vanessa Kramer (Leitung), Sheila Grant
Redaktionsassistentinnen: Ilse Gray, Kathy Eason

Produktionsstab:
Interredaktionelle Koordination: Ellen Brush
Endkontrolle: Douglas Whitworth
Produktionsassistentin: Pat Boag
Art Department: Julia West

Leitung der deutschen Redaktion:
Hans-Heinrich Wellmann
Textredaktion: Jürgen Hofmann

Aus dem Englischen übertragen von Christel Wiemken

Authorized German language edition © 1979
Time-Life Books B.V.
Original U.S. edition © 1978 Time-Life Books Inc.
All rights reserved.
Third German Printing 1981.

No part of this book may be reproduced in any form or by any electronic or mechanical means, including information storage and retrieval devices or systems, without prior written permission from the publisher, except that brief passages may be quoted for review.

ISBN 9-06-182-357-9

TIME-LIFE is a trademark of Time Incorporated U.S.A.

AUTORIN: **Alice Skelsey,** Gärtnerin und Journalistin, erbte das gärtnerische Geschick von ihrer Mutter, deren Garten in Oklahoma trotz Dürre und Heuschrecken gedieh. Außer regelmäßigen Zeitungsbeiträgen über berufstätige Frauen hat sie mehrere Bücher über Garten- und Zimmerpflanzen geschrieben. In ihrem Haus in Virginia gibt es einen allseitig verglasten Wintergarten mit Orchideen, Farnen, Begonien und Kakteen.

BERATENDE MITARBEITER DER REIHE „TIME-LIFE HANDBUCH DER GARTENKUNDE": James Underwood Crockett, Autor zahlreicher Bände dieses Handbuchs, studierte an der Stockbridge School of Agriculture in Massachusetts. Wo immer er lebte – in Kalifornien, Texas und den Neuengland-Staaten – kultivierte er eine Vielzahl von Pflanzen und diente Gärtnereien und Landschaftsgestaltern als Berater. Dr. Ronald W. Hodges, Entomologe im U.S. Department of Agriculture, kultiviert in seinem Haus in Maryland Hunderte von Orchideen. Merritt W. Huntington ist Orchideenzüchter und Inhaber einer Orchideengärtnerei in Maryland. Dr. William Louis Stern ist Professor für Botanik an der University of Maryland. Dr. Carl Withner ist Mitarbeiter des New York Botanical Garden und Professor für Biologie am Brooklyn College in New York City.

SONDERBERATERIN DER EUROPÄISCHEN AUSGABE: **Frances Perry** ist eine namhafte Gartenexpertin, die in England durch ihre Bücher und Rundfunksendungen einem breiten Publikum bekannt wurde. Sie gehört der Linnean Society an und wurde als erste Frau in den Council der Royal Horticultural Society gewählt; sie ist jetzt Vizepräsidentin der Gesellschaft und besitzt auch die begehrte Victoria-Ehrenmedaille.

BERATENDE MITARBEITER DER EUROPÄISCHEN AUSGABE: **Roy Hay** machte sich durch zahlreiche Artikel in englischen Publikationen, darunter eine wöchentliche Kolumne in der Zeitung *The Times,* und durch monatliche Beiträge in der französischen Zeitschrift *L'Ami des Jardins* einen Namen. Mit seinem Interesse für die Gärtnerei führt er eine Familientradition fort – sein Vater, Thomas Hay, war Obergärtner in vielen der großen Londoner Parks (1922–1940). Roy Hay ist Offizier des Ordre du Mérite Agricole in Belgien und Frankreich. **Pierre Ebert** betreut als Obergärtner Pariser Parks und Gärten. Er ist Chef des Fleuriste Municipal-Auteuil und Mitglied der Association des Journalistes de l'Horticulture. Seit 1964 ist er technischer Berater der Zeitschrift *Mon Jardin et Ma Maison.* **Dieneke van Raalte** studierte Gartenbau und Landschaftsarchitektur am Institut für Gartenkunde in Fredriksoord in den Niederlanden. Sie schreibt regelmäßig Beiträge für europäische Gartenzeitschriften und ist Verfasserin zahlreicher Gartenbücher. **Dr. Hans-Dieter Ihlenfeldt** ist Professor für Botanik am Institut für Allgemeine Botanik und Botanischen Garten in Hamburg. Seine Hauptarbeitsgebiete sind die Morphologie, Evolution und Systematik der Blütenpflanzen. Er ist Mitarbeiter an mehreren Florenwerken und Handbüchern und hat zahlreiche Artikel in Fachzeitschriften veröffentlicht. **Dr. Hans-Helmut Poppendieck** ist Kustos und Dozent am Institut für allgemeine Botanik und Botanischen Garten in Hamburg. Er veröffentlichte Aufsätze über Fragen der Pflanzensystematik. Der Schwerpunkt seiner Arbeit liegt auf dem Gebiet der tropischen Pflanzengruppen und der südafrikanischen Sukkulenten.

EINBAND: Die wegen ihrer Ähnlichkeit mit tropischen Insekten gelegentlich „Nachtfalter-Orchideen" genannten *Phalaenopsis*-Arten besitzen Blüten, die sich monatelang halten können und – wie hier – in Gruppen beieinanderstehen.

KORRESPONDENTEN: Elisabeth Kraemer (Bonn); Margot Hapgood, Dorothy Bacon (London); Susan Jones, Lucy T. Voulgaris (New York); Maria Vincenza Aloisi, Josephine du Brusle (Paris); Ann Natanson (Rom). Wertvolle Unterstützung leisteten: Anne Angus (London); Diane Asselin (Los Angeles); Carolyn T. Chubet, Miriam Hsia (New York). Für ihre Mitarbeit danken die Herausgeber außerdem Margaret M. Carter, Michael McTwigan, Jane Opper, Maggie Oster, Wendy Rieder und Anne Weber.

INHALT

1 Die wunderbare Welt der Orchideen 7
Bildteil: TRICKREICHE MECHANISMEN ZUM ÜBERLEBEN 16

2 Ein unübersehbares Angebot 23
Bildteil: EINE VIELGESTALTIGE PFLANZENFAMILIE 34

3 Zimmerkultur exotischer Pflanzen 47
Bildteil: EINE GANZJÄHRIGE PFLANZENSCHAU IM HAUS 62

4 Wege zu einer großen Sammlung 71

5 Eine illustrierte Enzyklopädie der Orchideen 85

ANHANG

Schädlinge und Krankheiten	146
Merkmale von 240 Orchideen	148
Bibliographie	153
Quellennachweis der Abbildungen	154
Danksagungen	154
Register	155

ODONTOGLOSSUM GRANDE.

Die wunderbare Welt der Orchideen 1

„Ob jemanden das Orchideenfieber gepackt hat, sehe ich immer auf den ersten Blick", behauptet ein erfahrener Orchideenzüchter, der Hunderten von Anfängern den Weg gewiesen hat. „Das erste Symptom ist fassungsloses Staunen. Der Betreffende sagt immer wieder ‚Das wußte ich nicht ...' oder ‚Ich dachte immer ...' Und dann weiß ich, daß es ihn gepackt hat. Er wird zeitlebens nicht mehr aus dem Staunen herauskommen. Willkommen in der Welt der Orchideen!"

Jeder, der selbst dem Zauber der Orchideen verfallen ist, weiß, daß dieser Züchter völlig recht hat. Hat ein Amateur erst einmal ein oder zwei Pflanzen erworben, möchte er sicher immer mehr besitzen. Dieser Zauber geht von einer ganzen Reihe von Eigenschaften aus, in erster Linie aber von der schier endlosen Vielfalt der Blüten. Ihre Schönheit findet in der gärtnerischen Welt nicht ihresgleichen; der ästhetische Reiz reicht von der Makellosigkeit eines überhängenden *Phalaenopsis*-Triebes bis zur kühnen Sinnlichkeit einer einzelnen Frauenschuh-Blüte, von der Extravaganz einiger *Cattleya*-Blüten, die Durchmesser bis zu 30 Zentimetern erreichen können, bis zu den kaum stecknadelgroßen, juwelengleichen *Pleurothallis*-Blüten. Viele Arten verströmen einen so starken Duft, daß schon der einer einzigen Blüte den ganzen Raum erfüllt. Hinzu kommt, daß sich die meisten Orchideenblüten ebenso wie die Pflanzen selbst ungewöhnlich lange halten; die Blütezeit kann zwischen einigen Wochen und ein paar Monaten liegen. (Den Rekord hält *Grammatophyllum multiflorum* mit einer Blütezeit von vollen neun Monaten.) Und da die verschiedenen Arten zu verschiedenen Zeiten blühen, können ein paar wenige Orchideenpflanzen bei wohlüberlegter Auswahl das Heim das ganze Jahr hindurch mit ihren Blüten verschönern.

Der bemerkenswerten Natur dieser Pflanzen ist es zu danken, daß ein Ende des Orchideenfiebers nicht absehbar ist. Heute stellen die Orchideen unter den Blütenpflanzen eine der größten und vielgestaltigsten Familien dar, und überdies eine, die sich von Jahr zu Jahr noch vergrößert. Den *Orchidaceae,* wie ihr wissenschaftlicher Name lautet, gehören ungefähr 18 000 beschriebene Arten an, die in 18 Tribus und etwa 750 Gattungen untergliedert sind. Überdies hat keine andere Pflanzenfamilie so viele

Odontoglossum grande is noch heute eine sehr beliebte Art, aber entschieden leichter erhältlich als zur Zeit der Erstveröffentlichung dieser Abbildung in dem Buch Orchidaceae of Mexico and Guatemala *von James Bateman im Jahre 1840.*

Im Jahre 1640 erschien in John Parkinsons Theatrum Botanicum *dieser Holzschnitt des Menschentragenden Ohnhorns (*Aceras anthropophorum*). Zu jener Zeit schrieb man den Orchideen wegen der Ähnlichkeit ihrer Wurzelknollen mit Hoden eine potenzsteigernde Wirkung zu. Diese Art, nach Parkinson mit Blüten „wie herabhängende Körper mit kurzen Armen", galt als besonders wirksam, denn – so Parkinson – ein Mann, der die größere der beiden Knollen verzehrte, würde „nur Knaben zeugen".*

Hybriden hervorgebracht – bei den Orchideen sind zwei-, drei-, vier- und sogar fünffache Kreuzungen durchaus keine Seltenheit. In den letzten 125 Jahren wurden mehr als 75 000 Namenssorten eingetragen, und alljährlich kommen weitere Hunderte hinzu; die Kreuzungen der Züchter spielen heutzutage eine wesentlich größere Rolle als die Naturhybriden und stellen das Hauptkontingent der als Zimmerpflanzen und Schnittblumen verkauften Orchideen. Heute gibt es Orchideenblüten in jeder nur erdenklichen Kombination von Größen, Formen und Farben – mit Ausnahme von Schwarz. Orchideenblüten können dunkelbraun, dunkel kastanienfarben oder dunkelblau sein, aber schwarze gehören ins Reich der Legende.

Für die Orchideenkultur von größerer Bedeutung sind ein paar andere weitverbreitete und hartnäckige Legenden. Eine immer wieder geäußerte Meinung besagt: „Was für ein Jammer, daß diese herrlichen Pflanzen Parasiten sind." In der Tat wachsen viele Orchideen in der Natur auf Bäumen, aber sie leben keineswegs wie Parasiten von ihnen, sondern bedienen sich ihrer Äste lediglich als Wuchsort. Sie sind auch keine fleischfressenden Pflanzen, wie manche Leute meinen; zwar locken sie die Insekten, die die Bestäubung vornehmen sollen, mit zum Teil raffinierten Methoden an, aber sie fressen sie nicht, wie zum Beispiel die Venusfliegenfalle und der Sonnentau.

Eine andere Legende besagt, alle Orchideen seien Dschungelpflanzen. Auch das trifft nicht zu. Orchideen gibt es überall auf der Welt, auf Sanddünen und in Sümpfen der gemäßigten Zonen ebenso wie auf kahlen Tundren nördlich des Polarkreises, auf Meeresniveau ebenso wie in Höhen bis zu 4300 Metern, und einige Arten leben sogar unter der Erde.

Und schließlich ist noch ein dritter Irrtum auszuräumen, nämlich der, Orchideen seien empfindliche „Treibhauspflanzen", äußerst schwierig zu kultivieren und verlangten eine kostspielige Ausrüstung und unermüdliche Pflege. Zwar stimmt es, daß die Blüten häufig sehr empfindlich sind und sich nur unter speziellen Bedingungen entwickeln, aber im Grunde sind die Pflanzen relativ zäh und widerstandsfähig. Viele, wenn nicht sogar die meisten Orchideen, können mit Erfolg auch ohne Gewächshaus kultiviert werden – auf der sonnigen Fensterbank eines Wohnzimmers zum Beispiel oder in einem Kellerraum unter künstlicher Beleuchtung; allerdings nehmen die meisten Amateure früher oder später doch ein Gewächshaus oder ähnliche Einrichtungen zu Hilfe, aus Platzgründen ebenso, wie um sich die Arbeit zu erleichtern.

Hat ein Anfänger erst einmal nähere Bekanntschaft mit seinem Hobby geschlossen, stehen ihm noch einige weitere Überraschungen bevor. Zum Beispiel wissen viele Leute nicht, daß die Kultur von Orchideen in größerem Rahmen erst in jüngster Zeit betrieben wird. Zwar spielen schon in der Kunst und Mythologie des Alten China und des mittelalterlichen Europa die einheimischen Wildarten eine Rolle – die Chinesen schätzten vor allem die süß duftenden *Cymbidium*-Arten, und die Verfasser europäischer Kräuterbücher schrieben insbesondere den Knabenkräutern (Gattung *Orchis*) potenzsteigernde Fähigkeiten zu –, sieht man jedoch von der lianenartigen *Vanilla planifolia,* deren schotenähnliche Fruchtknoten die geschätzte Vanille liefern, einmal ab, so kam den Orchideen über die Jahrhunderte hinweg weder in wirtschaftlicher noch in irgendeiner anderen Hinsicht besondere Bedeutung zu.

Das änderte sich erst im Jahre 1818, als eine besonders prächtige tropische Orchidee in einem Gewächshaus in England zur Blüte gelangte. Daß dies geschah, war eigentlich nur ein glücklicher Zufall. Die Gärtner jener Zeit wußten nur sehr wenig über Orchideen und ihre Pflege, und diese Pflanze war auch nur zufällig nach England gelangt. William Cattley, ein namhafter Gärtner und Importeur, hatte eine Schiffsladung Pflanzen aus Brasilien erhalten, und dabei fielen ihm ein paar merkwürdige Pflanzenteile auf, die man als Verpackungsmaterial verwendet hatte. Die eigenartig verdickten Stengel erregten sein Interesse, er topfte einige von ihnen ein und stellte sie in seinem Gewächshaus auf. Im November des gleichen Jahres wurde er für seine Mühe belohnt: Eine Blüte entfaltete sich – eine prachtvolle lavendelblaue Blüte mit purpurner Zeichnung –, und die Pflanze wurde sofort zum Tagesgespräch. Dr. John Lindley, ein führender Botaniker jener Zeit, gab ihr den Namen *Cattleya labiata* var. *autumnalis,* womit er nicht nur ihren Entdecker ehrte, sondern auch dem herrlich gekräuselten unteren Kronblatt, das als Labellum oder Lippe bezeichnet wird, sowie der Blütezeit im Herbst Rechnung trug.

Auf Cattleys Entdeckung hin veranlaßten Züchter und reiche Amateure die Suche nicht nur nach weiteren Exemplaren dieser *Cattleya-*Art, sondern auch nach anderen Orchideen. Eine Vermehrung dieser Pflanzen war zu jener Zeit schlechterdings unmöglich – viele Fachleute hielten die Orchideen sogar für steril –, und wenn man neue Exemplare haben wollte, konnte man nur wildwachsende aus ihren Heimatländern holen. Man engagierte berufsmäßige Pflanzensammler und schickte sie aus, Südamerika, Ostasien und andere Weltgegenden abzusuchen. Die Strapazen, die sie zu ertragen hatten – und die Verheerungen, die sie an den Orten anrichteten, an denen die Pflanzen vorkamen –, hatten auf dem Gebiet botanischer Abenteuer weder vorher noch nachher ihresgleichen. Ganze Wälder wurden ausgeraubt, indem man Millionen von Orchideen aus ihnen herausholte, und alle Proteste verantwortungsbewußter Leute fruchteten nichts. Noch im Jahre 1878 schrieb ein englischer Botaniker: „Nicht zufrieden damit, von einer schönen Orchidee 300 oder 500 Exemplare eingesammelt zu haben, durchsuchten sie das ganze Land und ließen im Umkreis von vielen Meilen keine einzige Pflanze zurück. Das kann man nicht mehr als Sammeln bezeichnen, das ist erbarmungslose Räuberei." Im gleichen Jahr gab ein Händler bekannt, er habe zwei Lieferungen Orchideen erhalten, und schätzte die Gesamtzahl der eingetroffenen Pflanzen auf nicht weniger als zwei Millionen.

Viele Pflanzen überlebten die lange Reise nicht, und diejenigen, die überlebten, fanden eine Umgebung vor, die ihnen nicht zuträglich war und sie oft genug umbrachte. Sie wurden in „Treibhäusern" kultiviert – wie William Cattley sie besaß –, die man mit Holz- oder Kohlenfeuern beheizte

Früher hielt man alle Orchideen – so auch die Bocks-Riemenzunge, Himantoglossum hircinum *(die Abbildung entstammt ebenfalls Parkinsons* Theatrum Botanicum*) für samenlose Pflanzen, die dort erschienen, wo bei der Paarung von Tieren Sperma heruntertropfte. Für die hier gezeigte Art wurden Ziegen verantwortlich gemacht. „Von ihnen geht nicht nur ein starker Bocksgestank aus", schrieb Parkinson über die Blüten, „die meisten haben auch lange Schwänze, die aussehen wie Ziegenbärte."*

DIE AROMATISCHSTE ORCHIDEE
Die Lieblingswürze der Azteken für ihren Kakaobrei stammte aus den unreifen Früchten einer lianenartigen Orchidee, die bei ihnen tlilxochitl hieß. Die Spanier tauften sie in vanilla (= kleine Schote) um. Die Gattung Vanilla, der rund 90 Arten angehören, wurde zur begehrten Handelsware; am bekanntesten ist die in Mexiko heimische Vanilla planifolia. Heute kommt das Gewürz, soweit es nicht synthetisch hergestellt wird, von Pflanzungen, auf denen die Blüten von Arbeitern bestäubt werden, da jenes Insekt (vermutlich eine Biene), das in der Natur die Bestäubung durchführt, zu selten ist oder in den Anbaugebieten nicht vorkommt.

und nicht belüftete, und in denen sich durch häufiges Gießen eine feuchte und stickige Atmosphäre bildete. Der Gedanke, daß ihre Orchideen bei ein wenig frischer Luft und weniger Hitze entschieden besser gedeihen würden, kam den Züchtern jener Tage überhaupt nicht. Für sie war das Wort „Orchideen" gleichbedeutend mit „Dschungel", und Dschungel hieß eben dampfende Hitze. Zwar stammten viele ihrer Pflanzen in der Tat aus tropischen oder subtropischen Gegenden, aber oft genug waren sie nicht in tiefliegenden Urwäldern zu Hause, sondern in höheren Lagen an kühlen, ständig von Wolken umhangenen Bergflanken.

Die frühen Orchideenzüchter machten aus mangelndem Wissen noch einen weiteren Fehler. Die bescheidenen Erfolge, die sie zu jener Zeit zu erzielen vermochten, hatten sie überwiegend mit terrestrischen Orchideen, also solchen Arten, die ihre Wurzeln in das Erdreich versenken. Die meisten der neu eintreffenden tropischen und subtropischen Orchideen waren dagegen Epiphyten, Pflanzen, die an Baumästen Halt suchen und von der Feuchtigkeit und den verwesenden Pflanzenteilen leben, deren sie dort habhaft werden können. Als die Pflanzensammler Orchideen nach Hause schickten, die noch auf Bruchstücken von Ästen saßen, nahm man zuerst an, epiphytische Orchideen seien Parasiten. Erst später erkannte man, daß sie sich ihre Nährstoffe aus der Luft holen, aus dem Regenwasser und aus verrottenden Blatteilen, die an den Ästen hängengeblieben waren. Außerdem stellte sich heraus, daß man diese Orchideen nicht wie andere, im Boden wachsende Pflanzen in erdehaltige Substrate eintopfen durfte. Schließlich gingen ein paar einsichtige Gärtner dazu über, leichtere und lockerere Substrate zu verwenden, die den Wurzeln der Epiphyten zusagten. Zwar erzielten sie damit etwas bessere Ergebnisse, aber noch immer bildeten viele Pflanzen keine Blüten oder starben ab, nachdem sie ein- oder zweimal geblüht hatten. Die Orchideenzüchter waren nahe daran, ein für allemal aufzugeben.

VIELE BESONDERHEITEN

Zum Teil waren der harte Konkurrenzkampf und die Heimlichtuerei, die mit der Jagd nach Orchideen Hand in Hand ging, daran schuld, daß den Gärtnern das für eine erfolgreiche Kultur unerläßliche Wissen vorenthalten wurde. In der Natur verhält es sich so, daß selbst die Orchideen einer bestimmten Region unter sehr unterschiedlichen klimatischen Bedingungen (Temperatur, Luftfeuchtigkeit, Regen und Wind) wachsen; sogar auf einem Baum können ein paar Arten in den oberen Ästen der vollen Sonne und dem Wind ausgesetzt sein, während andere dem feuchten Waldboden näher sind und dementsprechend weniger Licht und Luft erhalten. Durch ständiges Experimentieren kam man schließlich den Ansprüchen der Pflanzen auf die Spur. Allmählich folgten die Züchter dem Beispiel von Joseph Paxton, dem fähigen Obergärtner des Herzogs von Devonshire; sie öffneten ihre Treibhäuser, damit frische Luft hereinkam, und sorgten dafür, daß die verschiedenen Arten hinsichtlich Licht, Temperatur und Luftfeuchtigkeit die ihnen gemäßen Bedingungen vorfanden. Jetzt begannen auch in kühlerem Klima heimische Arten wie zum Beispiel die der

Gattung *Odontoglossum,* die in der Dschungelatmosphäre stets eingegangen waren, zu gedeihen. Schließlich wußte man, welcher Temperaturbereich – kühl, gemäßigt (temperiert) oder warm – für jede Art geeignet war, und diese Einteilung wurde bis heute beibehalten, da sie Hobbygärtnern wie Fachleuten die Pflege erleichtert.

Doch ungeachtet dieser Fortschritte waren die Orchideen noch um die Jahrhundertwende unerschwinglich für alle, die sich kein Gewächshaus und keinen eigenen Gärtner leisten konnten, vom Preis der Pflanzen selbst ganz zu schweigen. Aus den natürlichen Verbreitungsgebieten trafen immer weniger große Sendungen ein – was teils an energischen Protesten lag, teils aber auch daran, daß es in vielen Gegenden einfach keine Orchideen mehr gab. Zwar hatte man inzwischen gelernt, neue Exemplare anzuziehen, indem man ältere in zwei oder mehr Teile zerlegte, aber damit ließ sich die Nachfrage kaum befriedigen; außerdem dauerte es oft Jahre, bis die Jungpflanzen blühfähig waren. Die Anzucht neuer Exemplare aus Samen, wie sie bei anderen Pflanzen selbstverständlich ist, wollte einfach nicht gelingen, sosehr sich die Züchter auch bemühten. Allen Anstrengungen der Wissenschaft zum Trotz hüteten die Orchideen das Geheimnis, wie ihre Samen zu keimen vermögen.

Lange Zeit gab auch die in der Welt der Blumen einzigartige Blütenstruktur Rätsel auf. Die Blütenhülle besteht aus drei Kron- und drei Kelchblättern. Die beiden seitlichen Kronblätter flankieren das dritte, das als Lippe bezeichnet wird und sich oft deutlich von ihnen unterscheidet; oft ist die Lippe der prächtigste Teil einer Orchideenblüte, leuchtend gefärbt und gezeichnet, und von einer Formenvielfalt, die von der anmutigen Kräuselung bei einer *Cattleya*-Blüte bis zum schuhförmigen Sack bei den

Die Pflanzensendungen, die während des Orchideenfiebers zu Beginn des 19. Jahrhunderts aus Südamerika in Europa eintrafen, enthielten neben Orchideen häufig auch Schadinsekten. Wie diese Karikatur von George Cruikshank zeigt, brachten vor allem Schaben, die sich unterwegs an den Orchideenblüten gütlich taten, das Blut der Engländer in Wallung. Einer von ihnen klagte: „Es ist grausam – da erwartet man Epiphyten und bekommt nichts als Schaben."

Frauenschuh-Arten reicht. Die drei Kelchblättter, die wirtelig hinter den Kronblättern stehen, dienen anfangs der Knospe als Schutz; wenn sich die Blüte öffnet, vergrößern und färben sie sich. Bei einigen Arten gleichen die Kelchblätter weitgehend den seitlichen Kronblättern, bei anderen sehen sie ganz anders aus. Das obere Kelchblatt, bei den Frauenschuh-Arten als Fahne bezeichnet, kann ebenso auffällig sein wie die Lippe.

DAS BLÜTENINNERE Noch schwerer zu enträtseln war das von dieser Hülle umgebene Geheimnis, da die Orchideenblüten im Innern anders gebaut sind als die Blüten fast aller anderen Pflanzen. Bei den Orchideen stehen die männlichen und weiblichen Fortpflanzungsorgane nicht getrennt wie bei anderen Blüten, sondern sind zu einem einheitlichen Ganzen verwachsen, das Säule, Columna oder Gynostemium genannt wird. An der Spitze dieser Säule sitzt in Ein- oder Zweizahl das männliche Organ, der Staubbeutel oder die Anthere, die den zu Paketen, den sogenannten Pollinien, verklebten Blütenstaub (Pollen) enthält. Darunter befindet sich die Narbe, das Empfängnisorgan, mit einer flachen, gewöhnlich klebrigen Mulde, in die die Pollinien bei der Bestäubung gelangen müssen.

Um die Mitte des 19. Jahrhunderts sah man in den Blüten der Orchideen ebenso wie in anderen undurchschaubaren Strukturen der Natur etwas, das Gott einzig geschaffen hatte, damit der Mensch sich seiner Schönheit erfreue. Zu den Leuten, die diese Ansicht bezweifelten, gehörte der große Naturforscher Charles Darwin; er war davon überzeugt, es müsse logische Gründe dafür geben, daß die Orchideen auf diese Weise die Aufmerksamkeit auf sich lenken. Nicht weit von seinem Landhaus in Kent gab es eine Stelle, an der einheimische Orchideen wild unter Bäumen wuchsen, und dort beobachtete er, wie die Blüten von Insekten bestäubt wurden. Nachdem er einige Aufschlüsse erlangt hatte, bat er aufgeregt um Hilfe; die Botaniker John Lindley und Joseph Hooker schickten ihm seltene Exemplare, die er untersuchte, und Angehörige und Freunde mußten Orchideen beobachten und sogar pollenbeladene Nachtfalter fangen. Die Ergebnisse seiner jahrelangen Arbeit faßte Darwin in einer meisterhaften Abhandlung zusammen, die 1862 veröffentlicht wurde und zu seiner Überraschung reißenden Absatz fand, nicht nur bei seinen Fachkollegen, sondern auch beim breiten Publikum. Sie trug den Titel *The Various Contrivances by Which British and Foreign Orchids Are Fertilized by Insects* (Die verschiedenen Vorrichtungen, die eine Bestäubung britischer und ausländischer Orchideen durch Insekten ermöglichen) und brachte ihm die begehrte Copley-Medaille der Royal Society ein. Außerdem lieferte sie den Darwinisten einen der eindeutigsten Testfälle für die Theorie der Evolution durch Anpassung.

Darwin wies nach, daß sich Orchideen der Bestäubung durch bestimmte Tiere – Bienen, Fliegen, Moskitos, Falter, Kolibris oder Fledermäuse – fast vollkommen angepaßt haben und daß andererseits die bestäubenden Tiere genau die Verhaltensweisen und körperliche Beschaffenheit entwickelt haben, die ihnen die Nahrungsaufnahme bei bestimmten

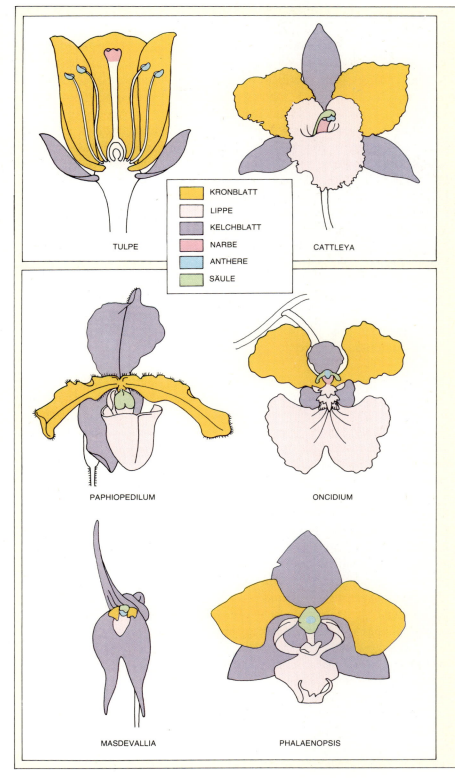

Der Aufbau der Blüte

Hinsichtlich ihres Blütenbaus gehören die Orchideen zu den höchstentwickelten Formen der Blütenpflanzen, denn ihre Fortpflanzungsorgane sind zu einem zylindrischen Organ im Zentrum der Blüte verschmolzen, das Säule, Columna oder Gynostemium genannt wird. Bei den meisten Blütenpflanzen sind männliche und weibliche Organe getrennt.

In der Regel an der Spitze der Säule sitzt das männliche Organ (bei manchen Orchideen sind es zwei), die Anthere, mit zwei bis acht wachsartigen Körpern, den sogenannten Pollinien; jedes Pollinium enthält Millionen von Pollenkörnchen. Unterhalb der Anthere befindet sich in Form einer klebrigen Mulde die Empfängnisstelle des weiblichen Organs, die Narbe, die bei der Bestäubung die Pollinien festhält. Im Fruchtknoten unter der Säule entwickeln sich die Samen; der Fruchtknoten wandelt sich dabei in eine Kapsel um.

Die Säule umgeben drei Kelchblätter, die die Knospe während ihrer Entwicklung umhüllen, und drei Kronblätter, von denen eines, die Lippe, gewöhnlich größer und auffallender ist als die beiden anderen.

Kron- und Kelchblätter einer Orchidee sind nicht immer leicht voneinander zu unterscheiden. Bei manchen Blüten sind die Kelchblätter stärker entwickelt als die Kronblätter; die beiden seitlichen Kelchblätter können wie bei Paphiopedilum miteinander verwachsen sein, oder alle drei können wie bei Masdevallia eine Art Becher bilden. Die Lippe kann auffallende Kämme, Schwielen oder Sporen tragen, aber auch fächer- oder schuhförmig ausgebildet sein.

ANPASSUNGSFÄHIGE LAUBBLÄTTER

Bei den Orchideen kommen drei Typen von Blättern vor. An feuchten, schattigen Standorten heimische Arten tragen relativ breite und dünne Blätter. Mit den großen Oberflächen versuchen sie, so viel Licht wie möglich einzufangen, können aber kein Wasser speichern und trocknen deshalb leicht aus. Weiche und fleischige Blätter besitzen Orchideen, die an trockenen, kühlen, teilweise beschatteten Standorten wachsen. Sie können zwar Wasser speichern, trocknen aber bei intensiver Sonne oder starker Hitze gleichfalls aus. Orchideen von trockenen, voll sonnigen Standorten tragen harte, lederige Blätter, die Wasser lange speichern.

Blüten ermöglicht. Auf diese Weise bleibt nichts dem Zufall überlassen, sondern es ist für die Erhaltung jeder einzelnen Orchideenart gesorgt *(S. 16–21)*. Das bemerkenswerteste unter Darwins Beispielen dürfte *Angraecum sesquipedale* gewesen sein, eine auf Madagaskar heimische Art mit sternförmigen, elfenbeinweißen Blüten und einem eigentümlichen, wie eine Peitschenschnur herabhängenden Sporn von knapp 30 Zentimeter Länge. Bei der Untersuchung eines Exemplars dieser Art stellte Darwin fest, daß die unteren 3 bis 4 Zentimeter dieses Sporns mit Nektar gefüllt sind; er behauptete, dort, wo diese Orchidee heimisch sei, müsse es einen Schwärmer mit einem mindestens 25 Zentimeter langen Rüssel geben. Führende Insektenforscher seiner Zeit hielten das für völlig abwegig, aber Darwin blieb bei seiner Vorhersage. Vierzig Jahre später, nämlich 1903, wurde auf Madagaskar ein solches Insekt tatsächlich entdeckt und *Xanthopan morgani „praedicta"* (= *vorhergesagt*) genannt; es beim Akt der Bestäubung zu beobachten, bleibt allerdings einer künftigen Generation von Wissenschaftlern vorbehalten.

Nach eingehender Beschäftigung mit den Eigentümlichkeiten der Orchideen hatten die Botaniker schließlich genügend Kenntnisse erworben, um zwei Elternpflanzen mit verschiedenen Eigenschaften miteinander kreuzen zu können und so eine Hybride zustande zu bringen, die die Eigenschaften beider Elternteile in sich vereinte.

DIE ERSTEN HYBRIDEN

Die erste Hybride, eine von dem englischen Gärtner John Dominy vorgenommene Kreuzung zwischen zwei *Calanthe*-Arten, entstand im Jahre 1856. Damit war bewiesen, daß man aus einer Pflanzenfamilie, die man einst für steril hielt, Neuzüchtungen entwickeln konnte. Und überdies stellte sich heraus, daß Kreuzungen nicht nur zwischen verwandten Arten einer Gattung möglich waren, wodurch die sogenannten infragenerischen Hybriden entstanden, sondern auch – ein in der gärtnerischen Welt bis dahin fast unbekannter Tatbestand – zwischen den Arten verschiedener Gattungen (intergenerisch) – etwa der Züchtung eines ganz neuen Vogels durch Kreuzung einer Amsel mit einem Stieglitz zu vergleichen. Im Laufe der Zeit gelang es den Züchtern, bis zu fünf Gattungen an einer Hybride zu beteiligen. Und da Tausende von Arten zur Wahl stehen, erreicht die Zahl der möglichen Kombinationen wahrhaft astronomische Ausmaße. Der Orchideenfachmann John Lindley erklärte beim Anblick von Dominys Schöpfung: „Sie treiben die Botaniker in den Wahnsinn!"

Aber ungeachtet ihrer Entdeckungen und Erfolge mußten die Züchter noch ein letztes, entscheidendes Hindernis überwinden, das Problem, wie man neue Exemplare verläßlich aus Samen anziehen konnte. Die einzige bisher erfolgreiche Methode bestand darin, daß man ausgereifte Samen auf ein um die Basis der Mutterpflanze herum ausgebreitetes Bett aus feuchtem Torfmoos legte und abwartete. Damit hatte man gelegentlich Erfolg, aber die Enttäuschungen überwogen. Das Problem schien unlösbar, denn die Samen der Orchideen sind die kleinsten des gesamten Pflanzenreichs; in einer Frucht von *Cycnoches chlorochilum* wurden einmal mehr als drei Millionen Samen gezählt. Sie sind so leicht, daß schon der leichteste Windhauch sie aufwirbelt, und so zahlreich, daß ein paar von ihnen immer dort ankommen, wo sie eine Überlebenschance haben. Überdies sind sie außerordentlich empfindlich; sie verfügen weder über eine schützende Hülle noch über Nährgewebe, von dem sie bei der Keimung zehren könnten. Sie keimen nur dort, wo ein bestimmter Pilz vorhanden ist, der sie mit den erforderlichen Nährstoffen versorgt.

KEIMUNG UND MERISTEM-KULTUR

Auf diese Entdeckung hin versuchten die Züchter, Pilzarten, die sie an den Elternpflanzen gefunden hatten, in die Aussaatkästen zu bringen. Aber auch das war keine verläßliche Methode, da diese Pilze oder eingedrungene Bakterien die Aussaat häufig vernichteten. Im Jahre 1917 endlich gelang ein Durchbruch. Dr. Lewis Knudsen von der Cornell University in den Vereinigten Staaten gelangte zu der Überzeugung, daß die eigentliche Aufgabe der Pilze darin besteht, die keimenden Samen mit Zucker zu versorgen. In vielen Experimenten konnte er einen Nährboden entwickeln, der im wesentlichen aus Rohrzucker (Saccharose) sowie einem Zusatz von Mineralien in Agar Agar, einer Gallerte aus verschiedenen Algen-Arten, bestand. Damit war die Keimung einer weitaus größeren Zahl von Samen möglich, aber äußerste Sorgfalt, eine sterile Umgebung und die Aussaat in verschließbare Glasgefäße waren unerläßlich.

Eine weitere Entdeckung war nötig, damit die Orchideen tatsächlich zur Massenware werden konnten. In den 60er Jahren entwickelte Georges Morel, ein französischer Wissenschaftler, eine Labormethode, mit deren Hilfe man Tausende von Exemplaren aus einem als Meristem bezeichneten Bildungsgewebe in den Vegetationspunkten der Orchideen gewinnen konnte. Die Auswirkungen dieser Entdeckung waren atemberaubend. Im Jahre 1966 blühte im Gewächshaus eines Züchters im amerikanischen Bundesstaat Maryland der erste „Meriklon" – so nennt man Pflanzen, die aus einem Gewebeteil des Meristems hervorgegangen sind. Er war, wie auch alle weiteren Meriklone, das genaue Ebenbild der Mutterpflanze. Dieser technisch äußerst komplizierten Methode ist es zu danken, daß heute einige der berühmtesten Orchideen-Arten der Vergangenheit ebenso wie Tausende von neuen Kultursorten in fast unbegrenzten Mengen und zu relativ günstigen Preisen erhältlich sind.

Noch vor 100 oder auch nur 25 Jahren wäre es unvorstellbar gewesen, daß exotische Orchideen einmal zu weitverbreiteten Zimmerpflanzen werden könnten. Aber genau das sind sie geworden – und für die vielen Hobbygärtner, die das Orchideenfieber gepackt hat, gewinnen sie von Jahr zu Jahr an Schönheit und Faszination.

Trickreiche Mechanismen zum Überleben

Orchideen sehen zwar ganz unschuldig und harmlos aus, doch viele dieser Pflanzen sind gerissene Betrüger und Schauspieler, Meister in der Kunst, andere Geschöpfe zu ködern, um ihr eigenes Fortbestehen zu sichern. Sie sind fast ausnahmslos auf Insekten und Vögel als Bestäuber angewiesen; deshalb locken sie arglose Besucher mit ausgeklügelten Methoden an und zwingen sie dann in ihren Dienst.

Die meisten Orchideenblüten signalisieren mit Duft und visuellen Reizen Nahrung (meist in Form von Nektar), aber oft genug handelt es sich dabei um leere Versprechungen, da viele Arten keinen oder nur wenig Nektar erzeugen. Ist ein möglicher Bestäuber – in der Regel ein Insekt – erst einmal angelockt, landet er auf der Lippe und wird dann in die Blüte hineingeleitet. Dabei berührt er eine klebrige Fläche, und beim Abflug haften dann die als Pollinien bezeichneten Pollenpakete an seinem Körper und werden so zur klebrigen Narbe der nächsten Blüte transportiert.

Aber die Orchideen haben daneben noch erstaunlichere Methoden entwickelt, um ihre Fortpflanzung zu sichern. Vor allem die Arten, die von den bekanntermaßen unzuverlässigen Fliegen bestäubt werden, setzen ihre Lippen als Zugbrücken oder gefederte Falltüren ein, um eine Fliege in einen Tunnel zu befördern, aus dem sie erst herausfindet, nachdem sie mit den klebrigen Pollinien in Berührung gekommen ist. Bei den *Coryanthes*-Arten werden Bienen durch eine von der Lippe ausgeschiedenen Droge betäubt und fallen daraufhin in eine Wasserlache; weil sie mit nassen Flügeln nicht fliegen können, bleibt ihnen nichts anderes übrig, als an den Pollinien vorbei wieder herauszukriechen. Die *Catasetum*-Arten schleudern ihre klebrigen Pollinien auf jedes Insekt, das den haarähnlichen Auslösemechanismus berührt.

Als Charles Darwin das Vorgehen der *Catasetum*-Arten erstmals beschrieb, höhnte sein Kollege Thomas Huxley: „Sie erwarten doch nicht etwa, daß jemand diesen Unsinn glaubt?" Wir wissen nicht, wie Huxley reagierte, als Darwin danach die erstaunlichste Täuschungsmethode der Orchideen beschrieb, die Mimikry. Einige Orchideenblüten sehen aus wie Insektenweibchen und locken dadurch Männchen an, die sich paaren möchten und statt dessen Pollinien transportieren müssen. Andere sind noch hinterhältiger: Im Wind schwankend, ähneln sie einem Bienenschwarm und reizen damit wirkliche Bienen zu einem Angriff, der letzten Endes nur den Orchideen nützt.

Mit Honigtau-Duft lockt Epipactis gigantea *(oben) eine Schwebfliege (unten) an, die Blattläuse als Nahrung für ihre Nachkommen vorzufinden hofft; sie hinterläßt ein Ei und nimmt ein Pollinium mit.*

Gefangene Insekten

Die männlichen Catasetum-Blüten sind schnelle Schützen. Sie locken Bienen mit Moschusduft an und schießen dann, wenn der „Abzug" berührt wird, ihre klebrigen Pollinien auf sie ab. Mit einem anderen Duft verführen die weiblichen Blüten die nahrungssuchenden Bienen zum Abladen der Pollinien. Nektar bieten beide nicht an.

Cypripedium acaule lockt Insekten in Fallgruben. Von einem Nahrung verheißenden Duft geködert, landet ein Insekt auf dem glatten, öligen Rand einer Falle und stürzt hinein. Um wieder herauszukommen, muß es eine an den Pollinien vorbeiführende haarige Treppe ersteigen und einen Seitenausgang benutzen.

Bienen zu betäuben, ist die Spezialität von *Stanhopea wardii*. Eine vom Duft der Pflanze angelockte Biene kratzt die Blüte an und nimmt dabei eine berauschende Droge zu sich. Benommen gleitet das Insekt in einen Schacht – an der Säule entlang, so daß ihm nichts übrig bleibt, als beim Abflug Pollinien zur nächsten Blüte mitzunehmen.

Ein Meister in der Kunst der Täuschung ist Calopogon tuberosus. Mit etwas, das einer Fülle pollentragender Staubblätter ähnelt, verspricht diese Orchidee ein Festmahl. Will sich jedoch eine Biene zum Schmaus niederlassen, trägt die beweglich angesetzte Lippe ihr Gewicht nicht und schleudert sie ohne viel Federlesens gegen die Säule, wo ihr außer Pollinien nichts angeboten wird.

Faszinierende Mimikry

Trichoceros antennifera, der Amor unter den Orchideen, sieht einem Fliegenweibchen täuschend ähnlich. Zur Liebe auf den ersten Blick verführt, nimmt ein Fliegenmännchen beim Paarungsversuch Pollinien auf und überträgt sie, durch Erfahrung nicht klug geworden, auf das nächste scheinbare Objekt seines stets wachen Sexualtriebes.

Mit dem Wind als Bundesgenossen fordert Oncidium stipitatum den Angriff zorniger Bienen heraus, denn schon eine leichte Brise verwandelt die Blütenmasse, die nur eine oberflächliche Ähnlichkeit mit diesen Insekten hat, in einen wütenden Schwarm. Um ihr Revier zu verteidigen, greifen die Drohnen die Blüten an und sorgen dabei für die Bestäubung – überaus wirksam, da sie ihre Ziele exakt treffen.

Ein unübersehbares Angebot 2

Der Anfänger auf dem Gebiet der Orchideenkultur wird nur allzu leicht von der Schönheit der Pflanzen und der unermeßlichen Fülle des Angebots geblendet; er sollte jedoch bei der Auswahl ein paar vernünftige Regeln befolgen. Als erstes sollte er sich auf diejenigen Arten und Sorten beschränken, die ihm nicht nur gefallen, sondern auch für die jeweilige Gegend geeignet sind – und vor allem für die Bedingungen, die er in seinem Heim für sie schaffen kann. Einige *Vanda*-Arten sind unbestreitbar sehr prachtvolle Gewächse, und in Gegenden wie dem Mittelmeerraum gedeihen sie im Garten hervorragend. Aber sie benötigen so viel Sonne und sind so wüchsig – einige erreichen in der Regel Höhen bis zu 2 Metern –, daß sie für die Zimmerkultur, besonders in Gegenden mit sonnenarmen Wintern, kaum in Frage kommen. Dagegen lassen sich Orchideen, die wie zum Beispiel die kleineren *Cymbidium*- und *Odontoglossum*-Arten niedrige Temperaturen bevorzugen, in subtropischen Gegenden ohne Kühlung nicht kultivieren, während sie als Zimmer- oder Kalthauspflanzen in gemäßigten Zonen gut gedeihen.

Deshalb ist es unerläßlich, daß man vor dem Kauf einer bestimmten Orchidee feststellt, ob sie unter „kühlen", „gemäßigten" („temperierten") oder „warmen" Bedingungen gedeiht. Im enzyklopädischen Teil auf den Seiten 85 bis 145 werden die geeigneten Temperaturbereiche für jede einzelne Pflanze genannt. Grundsätzlich läßt sich sagen, daß Orchideen für kühle Bedingungen – zum Beispiel die Arten und Sorten der Gattungen *Cymbidium* und *Odontoglossum* sowie einige *Paphiopedilum*- und *Cattleya*-Arten – am besten gedeihen und blühen, wenn die Nachttemperaturen zwischen 10° und 13° C und die Tagestemperaturen zwischen 16° und 21° C liegen; kurzfristig vertragen sie aber auch etwas höhere oder niedrigere Temperaturen. Diejenigen Orchideen, die gemäßigte oder temperierte Bedingungen bevorzugen, das heißt einen Temperaturbereich von 13° bis 16° C in der Nacht und von 18° bis 24° C am Tage, stellen die größte Gruppe dar; zu ihr gehören die meisten Arten von *Cattleya, Epidendrum, Oncidium, Dendrobium* und *Laelia*. Orchideen für warme Bedingungen (*Vanda* und *Phalaenopsis* zum Beispiel) benötigen Nachttemperaturen von 16° bis 18° C und Tagestemperaturen von 21° bis 29° C.

Phalaenopsis-*Arten und -Sorten umgeben einen Gewächshaus-Springbrunnen. Da sie Nachttemperaturen von 16° bis 18° C und indirektes Licht benötigen, gedeihen diese lange blühenden Orchideen hervorragend in zentralbeheizten Zimmern.*

In allen drei Gruppen sind die Nachttemperaturen von ausschlaggebender Bedeutung, vor allem im Winter, wenn die Pflanzen weniger Licht erhalten und entsprechend weniger Aufbaustoffe erzeugen. Wenn es nicht möglich ist, für einen nächtlichen Temperaturabfall von 5° bis 8° C zu sorgen – jenem entsprechend, den sie unter natürlichen Gegebenheiten vorfinden –, zwingt die ständige Wärme die Orchideen zu ununterbrochenem Wachstum; die Folge ist, daß sie ihre Stoffreserven angreifen müssen und sich zu schwachen und oft nicht blühfähigen Pflanzen entwickeln.

TEMPERATUR Glücklicherweise entspricht der gemäßigte Temperaturbereich von 13° bis 16° C in der Nacht und 18° bis 24° C am Tage in etwa jenem, den auch die meisten Menschen als behaglich empfinden. Ein Thermostat kann einen allgemeinen Eindruck von der Zimmertemperatur vermitteln; sicherer geht man jedoch, wenn man nahe bei den Pflanzen ein Thermometer anbringt. Dafür ist ein sogenanntes Maximum-Minimum-Thermometer am besten geeignet. Es besitzt eine U-förmige Quecksilbersäule und zeigt außerdem mit kleinen Metallstäben den Höchstwert des Tages und den Tiefstwert der Nacht an. Mit seiner Hilfe kann man den besten Standort für die gewählten Orchideen ermitteln und für Tages- und Nachttemperaturen sorgen, die ihren Ansprüchen angemessen sind. In der Regel empfiehlt es sich, mit Orchideen für gemäßigte (temperierte) Bedingungen zu beginnen, aber gelegentlich stellt man fest, daß man auch Arten aus anderen Gruppen kultivieren kann. Die Temperaturbereiche überlappen einander nämlich: Einige Arten, die eigentlich kühle oder warme Bedingungen verlangen, gedeihen auch unter gemäßigten Bedingungen.

Bei der Auswahl einer bestimmten Orchidee muß aber nicht nur der richtige Temperaturbereich gewährleistet sein, sondern die Pflanze muß auch die richtige Menge Licht bekommen. Die meisten, wenn auch nicht alle Orchideen, schätzen es, wenn sie so viel Sonne wie möglich erhalten. Im Winter sind sie im Haus nahe an einem Südfenster, durch das das Licht ungehindert einfallen kann, am besten aufgehoben. Nach Osten gelegene Fenster erhalten gewöhnlich ein ausreichendes Maß an Morgensonne; auch ein nach Westen gelegenes Fenster ist möglich, nur sind die Pflanzen hier unter Umständen vor der warmen Nachmittagssonne zu schützen. An einem Nordfenster reicht für die meisten Orchideen das Licht nicht aus; eine Ausnahme machen nur ein paar *Coelogyne-*, *Stanhopea-* und *Phalaenopsis*-Arten. Allerdings können die meisten Orchideen auch unter künstlicher Beleuchtung kultiviert werden, wobei diese die einzige oder eine zusätzliche Lichtquelle darstellen kann.

LUFTFEUCHTIGKEIT Die meisten Orchideen benötigen eine ziemlich hohe Luftfeuchtigkeit und zudem gute Belüftung. Viele geben sich mit einer relativen Luftfeuchtigkeit von 40 bis 60 % zufrieden, die man, auch im Winter, im Haus ohne weiteres schaffen kann *(3. Kapitel)*. Wer jedoch die Mühe scheut, genau die richtigen Bedingungen zu schaffen, sollte lieber auf Orchideen verzichten, die eine relative Luftfeuchtigkeit um 70 % benötigen.

Ein letzter Gesichtspunkt bei der Auswahl ist die Überlegung, wann die Orchideen blühen sollen. Manche Orchideenfreunde haben es gern, wenn ihre Pflanzen alle gleichzeitig in Blüte stehen. Andere wählen ihre Pflanzen so aus, daß sie zu verschiedenen Zeiten blühen, oder entscheiden sich für Arten und Sorten, die mehrmals im Jahr zur Blüte gelangen. Mit Hilfe des enzyklopädischen Teils und der Merkmalstabelle auf den Seiten 148 bis 152 kann man unter den für die gegebenen Bedingungen geeigneten Orchideen einen regelrechten Blütenfahrplan aufstellen.

Anfängern, die ein paar Orchideen auf der Fensterbank kultivieren wollen, wird von Fachleuten immer wieder geraten, sich für solche Arten und Sorten zu entscheiden, die wie zum Beispiel die Arten der Gattungen *Paphiopedilum* und *Lycaste* im Spätherbst und Winter blühen. Aber selbst wenn man das Angebot in bezug auf Wachstumsbedingungen und Blütezeiten schon beträchtlich eingeengt hat, stehen in jeder Gruppe doch immer noch zahllose Arten und Sorten zur Verfügung. Dabei ist es unerläßlich, daß man die gewünschten Pflanzen so bezeichnen kann, wie sie im Gewächshaus oder im Katalog benannt sind. Gelegentlich mögen die Namen etwas beängstigend anmuten, aber sie enthalten genaue Informationen. Im allgemeinen legen Orchideengärtner mehr Wert auf die Verwendung der wissenschaftlichen anstelle der deutschen Namen als andere gärtnerisch interessierte Gruppen. So kann man zwar mit dem Wort „Nachtfalter-Orchideen" eine Pflanzengruppe ungefähr umschreiben,

Mit ihrem üppigem Laub und den langen, überhängenden Blütenständen entschädigen Cymbidium-Exemplare für die erforderliche Sorgfalt bei ihrer Pflege. Sie gedeihen am besten im Kalthaus bei ganzjährig kontrollierten Nachttemperaturen.

eine bestimmte Pflanze dagegen ist nur mit einem zweiteiligen wissenschaftlichen Namen wie *Phalaenopsis parishii* genau zu bezeichnen.

DIE NOMENKLATUR　　Wie die Namen aller Pflanzen bestehen auch die der Orchideen zumindest aus zwei Teilen. Der erste bezeichnet die Gattung, in die die betreffende Orchidee eingeordnet wurde; der zweite bezeichnet in Verbindung mit dem Gattungsnamen die Art, kann aber auch eine Hybride oder Kultursorte kennzeichnen. Ein Beispiel: *Paphiopedilum bellatulum* meint eine bestimmte Art innerhalb der Gattung *Paphiopedilum*. *P. bellatulum* var. *album* bezeichnet eine weißblühende Varietät der Art, die normalerweise purpurn gefleckte Blüten trägt.

Außerdem gibt es zahlreiche von Menschenhand geschaffene Hybriden innerhalb der Gattung *Paphiopedilum,* die wie bei *P. bellatulum* x *P. niveum* (*niveum* = schneeweiß) durch das Hybridenkreuz x gekennzeichnet werden. Der Bequemlichkeit halber wird diese Kreuzung *P.* Psyche genannt; dieser Name gilt für die erste und alle späteren Hybriden mit diesen Eltern. Er wird nicht kursiv geschrieben und kann beliebigen Ursprungs sein – der Name des Züchters oder eines seiner Freunde ist ebenso möglich wie eine griechische Gottheit, ein Staatsmann oder eine berühmte Opernsängerin.

Als *P.* Psyche mit einer weiteren Art, nämlich *P. insigne*, gekreuzt wurde, erhielt die so entstandene Hybride den Namen *P.* Astarte, zu Ehren einer orientalischen Gottheit, und aus der Verbindung von *P.* Astarte mit einer weiteren Hybride, *P.* Actaeus, ging *P.* F. C. Puddle hervor, viele Jahre lang eine der verläßlichsten Mehrfachhybriden. Häufig erscheint unter den Nachkommen einer bereits existierenden Hybride eine überragende Planze, die – um den Verlust der besonderen Eigenschaften zu vermeiden – nur auf ungeschlechtlichem Wege vermehrt werden kann. Diese Nachkommenschaft wird als Klon bezeichnet. Zur Kennzeichnung der besonderen Eigenschaften eines Klons, beispielsweise einer auffälligen Abweichung in Farbe oder Zeichnung der Blüten, wird häufig ein Auslesename wie *P.* F. C. Puddle 'White Majesty' hinzugesetzt.

In der Natur sind Orchideenhybriden relativ selten, aber viele Orchideen lassen sich künstlich miteinander kreuzen. Besonders viele Hybriden entstanden aus Kreuzungen zwischen *Cattleya*-Arten und Arten verwandter Gattungen, weil man auf diese Weise die Blüteneigenschaften von *Cattleya* mit anderen wünschenswerten Merkmalen wie gedrungenem Wuchs, mehrmaliger Blüte, Wüchsigkeit oder zahlreichen Vegetationspunkten miteinander kombinieren konnte. x *Epicattleya* bezeichnet Kreuzungen zwischen *Epidendrum* und *Cattleya,* x *Brassolaeliocattleya* entstand durch Kreuzungen zwischen *Brassavola, Laelia* und *Cattleya.* Wenn vier Gattungen an der Entstehung eines Bastards beteiligt waren, erhält die multigenerische Hybride einen auf -*ara* endenden Namen. So tritt x *Potinara* beispielsweise an die Stelle dessen, was sonst x *Brassosophrolaeliocattleya* heißen müßte – eine Vereinfachung, für die alle Orchideengärtner dankbar sein können. Auch Bastarde aus drei Gattungen können einen auf -*ara* endenden Namen haben, und bi- und trigenerische Hybriden, also Kreuzungen zwischen zwei oder drei Gattungen, können in den Katalogen in Form von Abkürzungen auftauchen. x *Sophrolaeliocattleya* kann x *Slc.* geschrieben werden, wie zum Beispiel bei x *Slc.* Jewel Box. Überragende Klone dieser Hybride sind x *Slc.* Jewel Box 'Dark Waters' mit dunkelroten Blüten und x *Slc.* Jewel Box 'Scheherazade' mit in der Form verbesserten, orangeroten Blüten. Ein Hybridenkreuz (x) vor dem Gattungsnamen weist immer darauf hin, daß es sich um eine Kreuzung zwischen zwei oder mehr Gattungen handelt.

Gelegentlich stößt man auf ein paar Buchstaben, die dem Namen einer bestimmten Kultursorte nachgestellt sind. So wurden zum Beispiel die beiden oben genannten Auslesen von der American Orchid Society (AOS) prämiert. 'Dark Waters' wurde das „Highly Commended Certificate" (HCC) verliehen; die Pflanze erhielt von den Gutachtern zwischen 75 und 79 der möglichen 100 Punkte; jede weitere aus ihr angezogene Pflanze darf auf diese Beurteilung aufmerksam machen und folgendermaßen etikettiert werden: x *Slc.* Jewel Box 'Dark Waters', HCC/AOS. Die ihr nahe verwandte 'Scheherazade' wurde noch höher eingestuft; sie erhielt zwischen 80 und 89 Punkte und damit den „Award of Merit" (AM) sowohl von den Gutachtern der American Orchid Society als auch von denen der englischen Royal Horticultural Society (RHS). Sie darf so etikettiert werden: x *Slc.* Jewel Box 'Scheherazade', AM/RHS-AOS.

Daneben gibt es noch eine Reihe anderer Buchstabenfolgen, die auf besondere Anerkennung durch die American Orchid Society hinweisen: CBR (Certificate of Botanical Recognition, CHM (Certificate of Horticultural Merit), JC (Judges' Commendation) und AD oder AQ (Award of Distinction oder Award of Quality).

Die höchste Auszeichnung, die die American Orchid Society ebenso wie die Royal Horticultural Society zu vergeben haben, ist ein „First Class Certificate" (FCC); sie ist Sorten mit 90 und mehr Punkten vorbehalten. Dementsprechend ist sie nicht leicht zu erringen; unter rund 1000 Sorten, die in einem Jahr Auszeichnungen der American Orchid Society oder der Royal Horticultural Society erhielten, wurde kaum ein halbes Dutzend in die Spitzengruppe aufgenommen. Wo also die Buchstaben FCC hinter einem Sortennamen erscheinen, kann man ganz sicher sein, daß die betreffende Orchidee zu den besten ihrer Familie zählt. Auch andere nationale Gesellschaften, wie zum Beispiel die Deutsche Orchideen-Gesellschaft (DOG), führen eine Bewertung von Neuzüchtungen durch.

Der einfachste Weg, sich mit den erhältlichen Sorten bekannt zu machen und etwas über ihren Stammbaum zu erfahren, besteht darin, daß man sich von einem oder mehreren namhaften Züchtern die Kataloge schicken läßt; die Adressen findet man in Fachbüchern und -zeitschriften; außerdem kann man sich an die Deutsche Orchideen-Gesellschaft e. V., Geschäftsstelle Siesmayerstraße 61 (Palmengarten) in 6000 Frankfurt/Main 1, wenden. In diesen Katalogen werden nicht nur die erhältlichen Arten und

EIN FEST FÜR DAS AUGE
Seltenere Orchideen-Arten, die man vielleicht selbst gern kultivieren möchte, lernt man durch den Augenschein am besten kennen. In vielen Botanischen Gärten gibt es herrliche Orchideen-Sammlungen; außerdem kann man auf Orchideen spezialisierte Gärtnereien und die von der Deutschen Orchideen-Gesellschaft regelmäßig veranstalteten Ausstellungen besuchen.

EINKAUF PER KATALOG

Sorten beschrieben und ihre Preise genannt, sie geben auch Aufschlüsse über Orchideenkultur und Trends auf dem Gebiet der Züchtung. Außerdem bieten sie das erforderliche Zubehör wie Substrate und Behälter an, das nicht überall erhältlich ist. Einige Versandfirmen garantieren zudem dafür, daß ihre Pflanzen in gutem Zustand eintreffen.

In jedem Fall, ob der Einkauf nun per Katalog oder in einer Spezialgärtnerei erfolgt, empfiehlt es sich, den Grundstock einer Sammlung mit ausgewachsenen, blühfähigen oder bereits blühenden Exemplaren zu legen. Auf diese Weise sieht man nicht nur, was man eingekauft hat, und braucht nicht jahrelang auf Blüten zu warten; ausgewachsene Exemplare sind auch eher imstande, die Umstellung vom Gewächshaus zur Wohnung zu überleben, von den Fehlern, die in der ersten Zeit bei ihrer Pflege gemacht werden, ganz zu schweigen. Auf Exemplare mit bloßen Wurzeln sollte man verzichten – sie verlangen mehr Zeit und Hingabe, als ein Anfänger aufzubringen vermag. Sämlinge sind natürlich billiger und werden von erfahrenen Amateuren oft gekauft; aber auch sie verlangen sehr viel Pflege, und es kann durchaus sein, daß man die Geduld verliert, weil es etliche Jahre dauert, bis sie zur Blüte gelangen. Eine größere Pflanze bereitet mehr Freude und kann zudem nach der Blüte durch Teilung weitere Exemplare liefern *(4. Kapitel).*

PRÜFEN DER BLATTFARBE   Beim Besuch einer auf die Orchideenkultur spezialisierten Gärtnerei tut man gut daran, die einzelnen Exemplare sehr sorgfältig zu untersuchen. Dekoratives Laub ist zwar bei Orchideen kein entscheidender Faktor, das Blattwerk sollte aber im Hinblick auf die Gesundheit der Pflanzen einer Prüfung standhalten. Im allgemeinen lassen hellgrüne Blätter darauf schließen, daß eine Pflanze gesund ist. Die bei anderen Zimmerpflanzen reizvolle dunkelgrüne Färbung weist darauf hin, daß die betreffende Orchidee nicht genügend Licht erhalten hat, während ein blasses Gelblichgrün ein Zuviel an Licht anzeigt.

Auch auf Knospen, die Blüten oder weiteres Wachstum erwarten lassen, sollte man achten. Eine ganze Reihe von Orchideen, die als Zimmerpflanzen kultiviert werden, darunter die *Cattleya*-Arten und -Sorten, wächst sympodial *(S. 29),* das heißt, der Neuzuwachs entsprießt einem Rhizom oder Wurzelstock, der sich allmählich auf der Oberfläche des Substrats oder dicht darunter immer weiter ausbreitet. Der Neuzuwachs bildet sich aus den blaßgrünen Knospen am vorderen Ende des Rhizoms; in der Regel geht aus einer Knospe ein neuer Sproß hervor, gelegentlich sind aber auch zwei Knospen vorhanden, und das Rhizom verzweigt sich. Eine große Pflanze mit bis zu einem Dutzend aufrechter, blatttragender Sprosse (in der Regel Pseudobulben) kann drei oder vier neue Sprosse hervorbringen, von denen jeder wiederum zur Verzweigung imstande ist. Ein solches Exemplar bringt nicht nur mehr Blütentriebe hervor, sondern läßt sich auch später in mehrere Teilstücke zerlegen. (Einige Orchideen sind monopodial – das heißt „einfüßig"; sie besitzen nur eine durchgehende Achse und wachsen in die Höhe statt in die Breite.)

KRANKHEITEN UND SCHÄDLINGE

Als nächstes untersucht man die Pflanzen auf Anzeichen für Krankheiten oder Schädlingsbefall. Orchideen sind nicht anfälliger als andere Pflanzen auch, und die Importbestimmungen sorgen dafür, daß Schädlinge wie *Cattleya*-Fliegen und *Dendrobium*-Käfer, unter denen die Pflanzen an ihren natürlichen Standorten zu leiden haben, nicht mit eingeschleppt werden. Aber eine Reihe bei uns häufig auftretender Schädlinge und Krankheiten kann auch die Orchideen befallen. Man sollte Ausschau halten nach braunen oder schwarzen Punkten und Streifen, die auf eine Pilzerkrankung hindeuten können; nach Vertiefungen, die von glitzernden Tropfen umgeben sind und deren Ursache Bakterien sein können; nach angefressenen Stellen oder kleinen, schwarzen Mulden, die von Blattläusen, Thripsen, Schnecken oder Käfern stammen können; nach weißen Watteflöckchen in den Blattachseln, die Kolonien von Woll- und Schmierläusen anzeigen; nach glänzenden, schwarzen Schilden, unter denen sich die saugenden Schildläuse verbergen; und nach gesprenkelten Blattunterseiten, die ein Hinweis auf Spinnmilben sein können. Zwar lassen sich diese Krankheiten und Schädlinge bekämpfen *(S. 146)*, aber man sollte keine Pflanzen ins Haus bringen, die alle anderen anstecken können.

Als letztes nimmt man sich die Wurzeln vor. Die Wurzeln epiphytischer, also auf Bäumen wachsender Orchideen sind in der Regel auf der Substratoberfläche sichtbar; sie sollten einen dicken, weißlichen Belag haben, der als Velamen bezeichnet wird, ein schwammiges Gewebe, das Nährstoffe und Feuchtigkeit aufnimmt. An den Wurzelspitzen sollten sich frische Vegetationspunkte befinden. Nach Möglichkeit sind auch die Wurzeln unterhalb der Substratoberfläche in Augenschein zu nehmen, indem man ein wenig Substrat beiseiteschiebt oder die Pflanze sogar vorsichtig aus dem Topf nimmt. Viele braune oder schwärzliche Wurzeln zeigen an, daß die Pflanze zuviel Feuchtigkeit erhielt und zu faulen beginnt,

EIN- UND MEHRSTÄMMIGE ARTEN

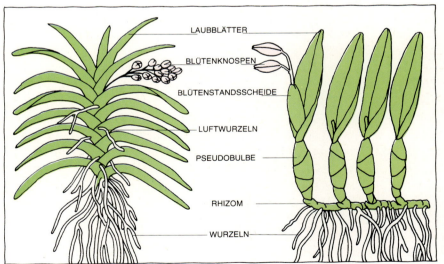

Bei den Orchideen gibt es zwei Wuchsformen: aufrecht und niederliegend. Die aufrecht oder monopodial wachsenden Arten (links) besitzen eine durchgehende Hauptachse, die im Laufe der Zeit immer höher wird. Die Blüten erscheinen aus den Blattachseln im oberen Stammteil; der untere Stammteil bringt Luftwurzeln hervor. Bei einer niederliegend oder sympodial wachsenden Orchidee mit einem Rhizom (rechts) richtet sich jedes Jahr die Rhizomspitze auf und bildet einen aufrechtstehenden, meist verdickten Abschnitt, der Pseudobulbe genannt wird. Am Ende jeder Pseudobulbe entwickeln sich Laubblätter (gewöhnlich ein oder zwei) sowie ein Blütenstand, der zunächst von einem scheidenartigen Hochblatt eingehüllt ist. Das Rhizom selbst wird durch einen Seitentrieb verlängert, der an der Basis der Pseudobulbe (siehe S. 31) entsteht.

während eine dichte Wurzelmasse ein Hinweis darauf ist, daß sie schon längst hätte umgetopft werden müssen.

Wenn man eine im Gewächshaus angezogene Pflanze gekauft hat, kann man etliches tun, um ihr die Umgewöhnung zu erleichtern. Bei kalter Witterung läßt man sie in einen Plastikbeutel oder mehrere Lagen Zeitungspapier verpacken; das reicht in der Regel aus, um die Pflanze während des Transports von einer warmen Umgebung in die andere vor Kälte zu schützen. In jedem Fall, ob man die Pflanze nun selbst nach Hause trägt oder durch die Post erhält, empfiehlt es sich, sie zunächst mit ihrem Behälter 15 bis 20 Minuten lang in lauwarmes Wasser zu stellen. Das hilft nicht nur gegen das Austrocknen, dem sie unterwegs vielleicht ausgesetzt war, sondern schwemmt auch Düngersalze aus dem Substrat und überdies Insekten, die sich vielleicht darin verborgen hielten. Anschließend läßt man das Wasser gründlich dränieren und bringt die Pflanze an einen Ort ohne direkte Sonneneinstrahlung; während der Anpassungszeit erhält sie weder Wasser noch Dünger. Außerdem sollte man sie abseits von anderen Pflanzen aufstellen – es kann durchaus sein, daß sie an einer Krankheit leidet oder von Schädlingen befallen ist, die man auf den ersten Blick nicht entdeckt hat. Erst wenn sie nach ein bis zwei Wochen einen gesunden Eindruck macht, kann man sie aus ihrer Quarantäne holen.

LICHTBEDARF Sollen die Orchideen an einem Fenster kultiviert werden, ist in der Regel ein nach Süden gelegenes Fenster, an dem sie ein Höchstmaß an Sonne erhalten, am besten geeignet. Damit die Pflanzen in den vollen Genuß der Sonne kommen, wählt man Vorhänge, die sich ganz zurückziehen lassen und die gesamte Glasfläche freigeben. Einige Orchideengärtner verzichten auf Vorhänge und bringen statt dessen hölzerne Läden an, die sich nach beiden Seiten zurückklappen lassen. Außerdem läßt sich die Helligkeit steigern, indem man die Wände des Raumes mit einer hellen Farbe streicht, die das Licht reflektiert, oder die Fensterlaibung mit Spiegeln auskleidet. Eine Reihe von Orchideen muß im Sommer während der heißesten Stunden des Tages vor der Sonne geschützt werden, weil sonst die Blätter verbrennen könnten; das geschieht am besten mit Vorhängen aus Netzstoff, die man bei Bedarf vorzieht.

Diejenigen Orchideen, die das meiste Licht benötigen, sollten dem Fenster am nächsten stehen; die Blätter dürfen die Fensterscheiben jedoch nicht berühren – sie könnten so heiß oder so kalt werden, daß die Pflanzen Schaden leiden. Exemplare mit geringerem Lichtbedarf können weiter zurück gestellt werden. Wenn die Fensterbank nicht breit genug ist, kann man sie mit einer aufgesetzten Platte ins Zimmer hinein verbreitern oder ein Gestell bauen, auf dem die Pflanzen in mehreren Ebenen untergebracht sind und keine der anderen das Licht wegnimmt. Solche Gestelle sind besonders für Fenster zu empfehlen, die vom Boden bis zur Decke reichen. Einige Orchideenliebhaber bauen gewissermaßen einen Vorhang aus Orchideen vor derartige Fenster, indem sie einige Pflanzen auf dem Fußboden, andere auf stufenförmigen Podesten aufstellen und weitere in

Der Wachstumszyklus einer Pseudobulbe

Der Wachstums- und Blütezyklus der *Cattleya*-Arten verläuft nach einem Muster, das auch für andere sympodiale Orchideen typisch ist. Der Zyklus beginnt, wenn eine am Ende des Rhizoms befindliche Knospe (Auge) anzuschwellen beginnt und an der Basis des vorjährigen Neuzuwachses Wurzeln gebildet werden (1). Bald ist aus dem Auge ein Sproß geworden, der 2 bis 3 Zentimeter waagerecht wächst und damit das Rhizom, die Grundachse der Pflanze, verlängert.

Dann wächst der Sproß nach oben, verdickt sich und entwickelt sich zu einer Pseudobulbe (2), die Nährstoffe und Wasser speichert.

Ist die Pseudobulbe 8 bis 10 Zentimeter lang, entstehen an ihrer Spitze je nach Art ein oder zwei Laubblätter (3), die anfangs seitlich zusammengefaltet sind; während des weiteren Wachstums entfalten sie sich. An der Spitze der Pseudobulbe wird dann eine 10 Zentimeter lange, grüne Blütenstandsscheide sichtbar.

Es dauert etwa sechs Wochen, bis die Blütenknospen von der Basis der Scheide bis zu ihrer Spitze emporgewachsen sind, und weitere drei Wochen, bis sie schließlich ihre volle Größe erreicht haben und sich öffnen.

Mit zunehmendem Alter verhärtet sich die Pseudobulbe, und ihre blattähnliche Umhüllung nimmt die Struktur von Seidenpapier an (4). Nach der Blüte legt die Pflanze eine Ruheperiode ein, und die Pseudobulbe reift aus. Wenn an der Basis der letztjährigen Pseudobulbe ein neues Auge erscheint, beginnt der Zyklus von vorn.

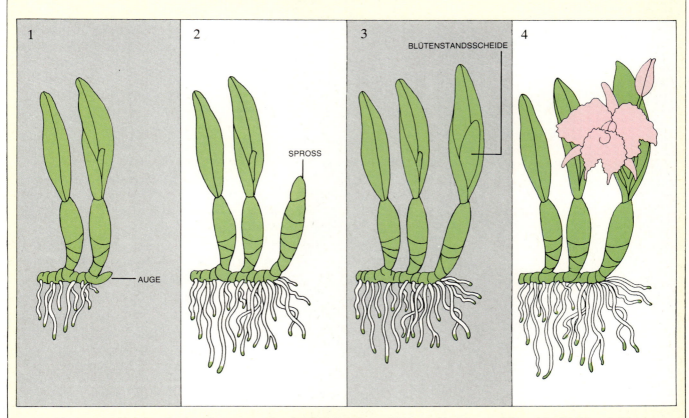

Der Wachstumszyklus einer Cattleya *dauert – vom Anschwellen eines Auges (1) bis zum Entfalten der Blüten (4) – fünf bis sechs Monate.*

MEHR PFLANZEN AM FENSTER

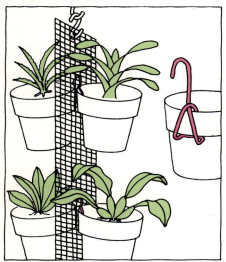

Wo Fensterplätze knapp sind, kann man Orchideen in kleinen Töpfen an einem 5 cm breiten Streifen aus kleinmaschigem, kunststoffummanteltem Drahtgeflecht aufhängen. Der Streifen wird mit einem drehbaren Haken an der Decke befestigt, damit die Pflanzen von allen Seiten Licht erhalten. Die Töpfe werden mit rostfreien Metallhaken (kleine Zeichnung) aufgehängt, die man im Fachhandel kaufen oder selbst anfertigen kann. Jeder Haken sollte so unter den Wulst am Topfrand greifen, daß das Gewicht des Topfes für den erforderlichen Halt sorgt.

Körben darüberhängen. Wenn solche Fenster noch dazu durch verglaste Schiebetüren ersetzt werden, sind geradezu ideale Verhältnisse gegeben. Dann kann man im Frühjahr bei Einsetzen warmer Witterung die Türen öffnen und frische Luft an die Pflanzen gelangen lassen; den Sommer können sie ganz im Freien verbringen.

Ein Gewächshaus hat den Vorteil, daß Licht nicht nur durch die Wände, sondern außerdem durch das Dach einfallen kann. Die Möglichkeit, Temperatur und Feuchtigkeit zu kontrollieren, erlaubt es dem Orchideengärtner überdies, auch anspruchsvollere Arten und Sorten zu kultivieren und große, gesunde Exemplare mit herrlichen Blüten zu erlangen. Im Handel sind Gewächshäuser in einer ganzen Reihe von Größen und Formen sowie in unterschiedlichen Preisklassen erhältlich.

Wer nur eine relativ kleine Orchideensammlung besitzt, ihr am Fenster aber nicht genügend Platz und Licht bieten kann, sollte überlegen, ob er sich nicht ein Kleingewächshaus anschaffen kann, das in eine vorhandene Fensteröffnung eingesetzt wird. Die kleinsten Modelle bestehen aus Aluminium und Glas und sind mit verstellbaren Borden und Öffnungen zur Belüftung und Temperaturkontrolle ausgestattet. Das ursprüngliche Fenster kann entfernt werden, damit die Pflanzen gut zu sehen und leichter zu pflegen sind. Zum Zimmer hin wird ein solches Kleingewächshaus mit verschiebbaren Glasscheiben abgeschlossen; so lassen sich in seinem Innern genau kontrollierte Bedingungen schaffen, was bei der Kultur von Arten und Sorten, die eine besonders hohe Luftfeuchtigkeit oder niedrige Nachttemperaturen benötigen, von großem Vorteil ist. In einem solchen Blumenfenster ist das Klima allerdings schwieriger zu kontrollieren als in einem regulären Gewächshaus, es gibt jedoch eine Reihe von Hilfsmitteln – elektrische Heizkabel, die in Verbindung mit einem Thermostaten bei kalter Witterung für die nötige Wärme sorgen, Vorhänge aus Bambus oder Schattiertuch als Schutz vor zu heißer Sonne und wassergefüllte Untersetzer, die für die nötige Luftfeuchtigkeit sorgen. Man kann sogar Leuchtstoffröhren unterhalb der Stellflächen anbringen und damit für solche Orchideen, die nicht auf eine bestimmte Helligkeitsdauer angewiesen sind, hell erleuchtete Schaukästen schaffen.

Jeder Orchideengruppe lassen sich durch künstliche Beleuchtung dramatische Effekte abgewinnen; außerdem sorgt künstliche Beleuchtung an trüben Wintertagen und bei bedecktem Himmel für ein ausreichendes Maß an Helligkeit. Wenn geeignete Leuchtstoffröhren richtig angebracht wurden, besteht sogar die Möglichkeit, Orchideen dort zu kultivieren, wo gar kein Fenster vorhanden ist. Viele Orchideenfreunde haben festgestellt, daß ihre Pflanzen durchaus zufriedenstellend – und bisweilen sogar mit größerem Erfolg – unter Leuchtstoffröhren gedeihen, die in Bücherregalen, Teewagen, Treppenhäusern, ja sogar in Schränken sowie in Boden- und Kellerräumen angebracht wurden, sofern dort für die nötige Belüftung und Luftfeuchtigkeit gesorgt werden kann. Mit den heute zur Verfügung stehenden Anlagen kann jeder Hobbygärtner eine ihm und seinen Pflanzen gemäße Beleuchtung schaffen. Größere Pflanzen können am Wohnzimmerfenster stehen, wo sie direkte Sonne erhalten; Sämlinge, noch nicht blühfähige Jungpflanzen und ausgewachsene Exemplare, die nach der Blüte nicht sonderlich attraktiv sind, können in Kellerräumen untergebracht und dort umgetopft, gegossen und ihren Bedürfnissen entsprechend gepflegt werden. Da Orchideen der Lichtquelle besonders nahe sein müssen, eignen sich für eine Kultur unter künstlicher Beleuchtung diejenigen Exemplare am besten, die nicht höher werden als 30 Zentimeter, also kleinwüchsige Arten oder niedrige Sorten höherer Arten.

Wer nur wenige Orchideen besitzt, kann betriebsfertige Anlagen verwenden, die für solche Zwecke im Handel erhältlich sind; es gibt kleine Leuchten, die Schreibtischlampen ähneln, sowie Pflanzenborde und fahrbare Gestelle mit mehreren Ebenen, die bereits mit Leuchtstoffröhren, Reflektoren, Wannen für die Pflanzen und Zeitschaltern ausgerüstet sind.

KÜNSTLICHE BELEUCHTUNG

Damit eine Lichtquelle den Pflanzen tatsächlich nützt, muß sie in möglichst geringer Entfernung von diesen angebracht sein. Viele Zimmergärtner verwenden Standardvorrichtungen, die je zwei 1,20 Meter lange 40-Watt-Röhren vom Typ Kalt-Weiß („Tageslicht") und Warm-Weiß („Warmton") enthalten. Diese Vorrichtungen kann man an Ketten aufhängen und der jeweiligen Pflanzenhöhe anpassen. Die obersten Triebe von Pflanzen, die wie Arten und Sorten der Gattungen *Cattleya, Oncidium* und *Epidendrum* sehr viel Licht benötigen, sollten nicht mehr als 8 bis 10 Zentimeter von der Lichtquelle entfernt sein. Für Gattungen mit geringerem Lichtbedarf wie *Paphiopedilum* und *Phalaenopsis* darf der Abstand bis zu 30 Zentimeter betragen. Da die Lichtintensität von Leuchtstoffröhren nach ihren Enden zu abnimmt, müssen die Pflanzen mit dem größten Helligkeitsbedarf im mittleren Bereich stehen. Außerdem läßt die Leistung von Leuchtstoffröhren im Laufe der Zeit nach; es empfiehlt sich deshalb, sie mindestens einmal jährlich gegen neue auszuwechseln.

DOSIERUNG DES LICHTES

Um durch Zeit auszugleichen, was den Leuchtstoffröhren im Vergleich zur Sonne an Lichtintensität fehlt, muß künstliche Beleuchtung in der Regel täglich 14 bis 16 Stunden lang eingeschaltet sein; die restliche Zeit benötigen die Pflanzen, um in der Dunkelheit zu ruhen. Preiswerte Zeitschalter sorgen dafür, daß die Beleuchtung zum gewünschten Zeitpunkt ein- und ausgeschaltet wird. Allerdings gibt es einige Orchideen wie *Cattleya percivaliana* und *C. trianae*, die auf eine der Jahreszeit entsprechende Helligkeitsdauer angewiesen sind und nur Blüten ansetzen, wenn man die künstliche Beleuchtung während der Zeit, in der sich die Blütenknospen bilden, auf 11 oder 12 Stunden täglich herabsetzt. Wer bisher noch keine Pflanzen unter künstlicher Beleuchtung kultiviert hat, sollte sich nicht entmutigen lassen, wenn einige Exemplare anfangs einen kränklichen Eindruck machen – es kann ein volles Jahr dauern, bis sie sich den veränderten Bedingungen angepaßt haben.

Eine vielgestaltige Pflanzenfamilie

Es dürfte kaum einen Blumenfreund geben, der auf die Idee käme, die Schönheit der Orchideen zu bestreiten. Fragt man jedoch, worin diese Schönheit eigentlich besteht, erhält man ganz bestimmt ebenso viele Antworten, wie es Orchideen-Arten gibt. Einige Orchideenliebhaber verweisen auf zarte, nur durch eine Lupe zu betrachtende Zwerggarten, andere auf prächtige Riesenexemplare. Aufs Ganze gesehen haben die Orchideen eine Vielfalt von herrlich geformten und gefärbten Blüten und Blättern zu bieten, die in der Pflanzenwelt nicht ihresgleichen findet, und alljährlich kommen noch Hunderte von Neuzüchtungen dazu. So ist es kaum verwunderlich, daß die Orchideen in vielen Kulturen von altersher Aufmerksamkeit und Bewunderung erregten.

Im Fernen Osten galt die Orchidee schon immer als Symbol des Adels und der Eleganz; der chinesische Philosoph Konfuzius erklärte sie zur „Königin der duftenden Pflanzen". Rund 2000 Jahre später, im 16. Jahrhundert, stellte der deutsche Botaniker Hieronymus Bock als erster fest, daß einige Orchideen eine erstaunliche Ähnlichkeit mit Vögeln und anderen Tieren aufweisen. Seither hat mancher Orchideenfreund verblüfft bemerkt, daß die braun und purpurn gefärbten Kelchblätter einer winzigen *Pleurothallis*-Art wie die Kinnbacken eines Krokodils aussehen und daß es eine *Oncidium*-Art gibt, deren Form und Zeichnung an einen übermütigen Schmetterling denken läßt *(S. 39)*.

Im 19. Jahrhundert wurde vor allem die Phantasie des amerikanischen Schriftstellers John Burroughs durch die Orchideen angeregt. Er fragte sich angesichts einer im Wald blühenden Gruppe von Frauenschuh-Exemplaren: „Sind es bunte Häubchen, die sich über das Laub erheben? oder Scharen von weißen Tauben mit purpurgefleckter Brust, die gerade die Flügel breiten? oder kleine Flotten von Feenbooten mit gesetzten Segeln, die auf einem Meer aus üppigem Laubwerk tanzen?"

Noch überraschender als die erstaunlichen Assoziationen, die die Orchideen heraufbeschwören, ist die Tatsache, daß nur wenige Blüten den fast jedermann bekannten großen, gekräuselten *Cattleya*-Ansteckblumen ähneln. Viele Wildformen besitzen kleine, oft spinnenartig geformte Blüten, während man andere Arten (zum Beispiel *Coelogyne nitida*) für Tulpen halten könnte *(S. 45)*. Und schließlich werden viele Orchideen weniger wegen ihrer Blüten als wegen ihrer interessant geformten und gezeichneten Blätter kultiviert.

Die einem schlanken Flamingo ähnelnde Blüte von Scaphosepalum gibberosum *scheint im Begriff, von einem Trieb aufzufliegen, dessen Zickzack die Ansatzstellen früherer Blüten markiert.*

Phantastische Formenwelt

Ungeachtet des Ruhmes, den die Orchideen als Ansteckblumen errungen haben, gibt es unter ihnen zahlreiche Arten mit Blüten von verblüffenden Formen, die man sich auf vom Winde bewegten Pflanzen weit besser vorstellen kann als an einem Abendkleid. Etliche Orchideenblüten scheinen in der Welt der Gaukler mehr zuhause zu sein als in der der Pflanzen – einige erinnern an die zarte Anmut von Ballettänzern, andere an gelenkige Luftakrobaten.

Mit ihren lang herabhängenden, fast gespenstisch wirkenden Kelchblättern gehören die Blüten einer *Phragmipedium-Hybride* zu den größten Orchideenblüten.

Die wächsern orangefarbene Lippe von *Epidendrum pseudepidendrum* schwebt wie von den propellerähnlichen übrigen Blütenblättern getragen in der Luft.

Hinsinkenden Tänzern in einem klassischen Ballett ähneln die duftenden, weißen Blüten der in Afrika heimischen Cyrtorchis arcuata.

Wie das Werk eines übermütigen Malers muten der Bart und die roten Augen auf der Lippe von Dendrobium pulchellum *an.*

Eine farbenprächtige Vorstellung geben die wie gelenkige Luftakrobaten turnenden Blüten von Schomburgkia undulata.

Mit fühlerartigen Kelchblättern und gefleckten, flügelähnlichen Kronblättern ähnelt Oncidium sanderae *einem Schmetterling.*

Dekorative Blätter

Bei ihrer verständlichen Begeisterung für die Blüten übersehen viele Hobbygärtner nur allzu leicht, daß eine Reihe von Orchideenarten außerdem auch sehr dekoratives Laub besitzt. Zwiebelförmige oder marmorierte Blätter und Sprosse, die Flechtwerk ähneln, bieten nicht nur außerhalb der Blütezeit der Pflanzen einen hübschen Anblick; es gibt sogar einige Arten, bei denen die Laubblätter von größerem Interesse sind.

An Lockhartia acuta *schätzen Zimmergärtner vor allem die Blätter, die einander so dicht überlappen, daß sie wie Flechtwerk wirken.*

Den glänzenden, wasserspeichernden Pseudobulben von Encyclia cordigera *entwachsen schuhlöffelförmige Blätter und ein Blütenstand.*

Mit ihren gebogenen Blättern und übereinanderstehenden Pseudobulben wirkt Maxillaria variabilis *wie eine Plastik.*

Brassavola digbyana *bildet ein 25 Zentimeter hohes Dickicht aus dichtgedrängt stehenden Sprossen und paddelförmigen Blättern.*

Dichte Gruppen aus marmorierten Blättern in verschiedenen Schattierungen kennzeichnen drei Paphiopedilum-Hybriden, von denen die 1869 entstandene P. x harrisianum (unten) die älteste ist.

Fast vollkommen symmetrisch sind die marmorierten, ovalen Einzelblätter der Naturhybride Phalaenopsis × veitchiana, *zwischen denen sich oben links ein Blütenstand hervorgeschoben hat.*

Blüten, die das Auge täuschen

Es gibt Blüten, darunter die der *Cattleya*-Hybriden, die jedermann auf den ersten Blick für Orchideen hält, aber eine Reihe von kleineren Wildarten kann das ungeschulte Auge sehr leicht täuschen. Einige Orchideenblüten sind überraschend einfach gebaut, während andere Arten durch die Blütenform oder die Anordnung der Blüten am Stengel ganz anderen Blütenpflanzen zu gleichen scheinen – zum Beispiel Tulpen oder Maiglöckchen.

Die glatten, flammenartigen Blüten einer jungen Cattleya aurantiaca *ähneln kaum denen der großblütigen Kultursorten.*

Am oberen Ende des behaarten Stammes von Dendrobium infundibulum sitzen reinweiße Blütensterne; nur die Lippe ist gelb.

Ein lockerer Stand aus duftenden, rosapurpurnen Blüten krönt den kräftigen Stamm der mittelamerikanischen Art Epidendrum endresii.

Die von laubblattähnlichen Kron- und Kelchblättern umgebenen Lippen von Brassavola cordata *wirken wie selbständige Blüten.*

Wie Maiglöckchen sind die kaum halbzentimeter großen Blüten der in Brasilien heimischen Art Pleurothallis rubens *an den Trieben aufgereiht.*

Die großen Einzelblüten von Anguloa ruckeri, *die auch voll erblüht kaum weiter geöffnet sind, sehen Tulpen verblüffend ähnlich.*

Zimmerkultur exotischer Pflanzen 3

„Orchideen sind so leicht zu kultivieren, daß schon sehr viel Genialität dazugehört, sie umzubringen", behauptete ein Experte, dem man einige Übertreibung zugestehen darf. Seine Laufbahn als Orchideengärtner begann nämlich damit, daß er im Keller eines leerstehenden Hauses ein verlassenes *Phalaenopsis*-Exemplar fand. Nachdem er es umgetopft, gegossen und allmählich an zunehmende Licht- und Düngermengen gewöhnt hatte, wurde er mit prächtigen Blüten belohnt.

Orchideen sind in der Tat leicht zu kultivieren – wenn man sich an ein paar grundlegende Regeln hält. Abgesehen davon, daß man ihre Licht- und Temperaturansprüche berücksichtigen muß, sollte man vor allem stets daran denken, daß Orchideen – wie auch ihre Besitzer – am besten in einer Atmosphäre gedeihen, die nicht zu trocken und immer gut belüftet ist. Die Vorfahren der meisten heute beliebten Kultursorten stammen aus tropischen oder subtropischen Gegenden, in denen sie nicht nur viel Licht und Wärme erhielten, sondern auch feuchter Luft ausgesetzt waren, Regenschauern, die ihre saugfähigen Wurzeln von Zeit zu Zeit durchnäßten, und fast stetigen Winden, die sie rasch wieder trockneten.

Natürlich kann man eine solche Umgebung nicht bis ins kleinste Detail kopieren; aber eine Atmosphäre, in der Orchideen gedeihen, ist nicht schwer zu schaffen. Im Gewächshaus läßt sich ohne weiteres für eine relative Luftfeuchtigkeit von 70 bis 80 Prozent sorgen, aber für viele Arten und Sorten, die man auf einer Fensterbank oder unter künstlicher Beleuchtung kultiviert, ist das nicht erforderlich. In einer Wüstenatmosphäre mit einer relativen Luftfeuchtigkeit von 20 Prozent oder noch weniger, wie sie in vielen zentralbeheizten Wohnungen anzutreffen ist, können Orchideen allerdings nicht leben. Wenn man die Luftfeuchtigkeit im Umkreis der Pflanzen auf 40 bis 60 Prozent erhöht, tut man nicht nur den Orchideen einen Gefallen, sondern auch sich selbst – man leidet weniger unter trockener Haut und Erkältungskrankheiten und spart überdies noch Energie, weil bei höherer Luftfeuchtigkeit niedrigere Temperaturen für das Wohlbefinden ausreichen.

Es gibt viele Möglichkeiten, die Luftfeuchtigkeit im Umkreis von Orchideen zu erhöhen. Eine besteht darin, daß man die Pflanzen dicht

Damit sie möglichst viel Licht erhalten, wurden zwei x Ascocenda*-Exemplare in Orchideenkörben dicht unter der schirmförmigen Decke eines achteckigen Gewächshauses aufgehängt. Unter ihnen blühen mehrere hübsche* Cattleya*-Hybriden.*

nebeneinander stellt, so daß die Feuchtigkeit, die von den Blättern der einen verdunstet, der neben ihr stehenden zugute kommt. Außerdem kann man die Pflanzen auf wassergefüllte Untersetzer stellen; wenn das Wasser verdunstet, reichert es die Luft darüber mit Feuchtigkeit an. Bei einer größeren Sammlung empfiehlt es sich, einen großen, flachen Behälter aus Hartholz zu bauen und mit kräftiger Plastikfolie auszukleiden oder sich einen solchen Untersetzer nach Maß anfertigen zu lassen.

Auf jeden Fall muß ein derartiger Behälter 5 bis 8 Zentimeter tief sein, damit der Wasservorrat nicht jeden oder jeden zweiten Tag ergänzt werden muß. Der Boden der Töpfe muß sich unbedingt oberhalb der Wasseroberfläche befinden, damit das Substrat richtig dränieren kann und kein Wasser aufgesogen wird, das die Wurzeln faulen lassen könnte. Ein geeignetes Gestell für die Töpfe kann man aus steifem, grobmaschigem Drahtgeflecht bauen, das in Gartencentern erhältlich ist. Man schneidet es passend zu und biegt es an den Seiten so herab, daß eine erhöhte Stellfläche für die Töpfe entsteht. Auch Kunststoffgitter, wie sie zum Zerstreuen des Lichts unter Leuchtstoffröhren verwendet werden, sind für diesen Zweck geeignet.

Noch einfacher ist es, eine ungefähr 5 Zentimeter hohe Steinschicht auf den Boden des Untersetzers zu schütten; poröses Material wie Sand- oder Bimsstein hat den Vorteil, daß es sich mit Wasser vollsaugt, das dann durch die vielen Oberflächen leichter verdunstet, aber auch sauberer grober Kies ist geeignet. Von Zeit zu Zeit sollte dem Wasser ein Mittel zugesetzt werden, das eine Ansiedlung von Algen und Insekten verhindert. Einige Orchideengärtner stellen ihre Pflanzen auf niedrige Lattengestelle aus Hartholz, was den zusätzlichen Vorteil bietet, daß dadurch gleichzeitig die Belüftung im Umkreis der Pflanzen verbessert wird.

Man kann darüber hinaus für die nötige Luftfeuchtigkeit sorgen, indem man die Pflanzen täglich mit Wasser besprüht. Dabei legt sich ein

HÖHERE LUFTFEUCHTIGKEIT
Um für Orchideen die nötige Luftfeuchtigkeit zu schaffen, ohne Wurzelfäule riskieren zu müssen, füllt man einen etwa 8 cm tiefen Untersetzer aus Kunststoff oder rostfreiem Metall, dessen Größe zumindest dem Pflanzendurchmesser entsprechen muß, mit einer 5 cm hohen Schicht groben Kies oder Bimsstein. Auf die Steine wird Wasser gegossen, das ständig 2–3 cm hoch im Untersetzer stehen sollte. Ganz sicher geht man, wenn man mit umgedrehten Blumentöpfen, flachen Schalen, Ziegelsteinen oder steifem, plastikummanteltem und an den Seiten herabgebogenem Drahtgeflecht Stellflächen oberhalb des wassergefüllten Untersetzers schafft.

dünner Film aus winzigen Tröpfchen auf die Blätter, der beim Verdunsten für erhöhte Luftfeuchtigkeit sorgt; dem Sprühwasser kann man von Zeit zu Zeit ein wenig Flüssigdünger zusetzen.

Zum Besprühen sind verschiedene Zerstäuber-Typen im Handel erhältlich. Wichtig ist vor allem, daß das Gerät sauber ist – auf keinen Fall darf ein Sprühgerät verwendet werden, das schon einmal ein Unkrautvernichtungsmittel enthalten hat. Beim Besprühen kommt es darauf an, einen feinen, nebelartigen Regen zu erzeugen, nicht aber große Tropfen, die sich in den Blattbasen sammeln und Krankheiten begünstigen. Bei warmer Witterung, wenn die Luft rasch austrocknet, tut das Besprühen den Pflanzen besonders gut. Grundsätzlich läßt sich sagen, daß bei zunehmender Wärme und Helligkeit die Feuchtigkeit im Umkreis der Pflanzen heraufgesetzt werden sollte; bei kühlerem und trübem Wetter wird sie entsprechend verringert. Das Besprühen sollte spätestens am frühen Nachmittag vorgenommen werden, damit die Blätter noch vor Einbruch der Nacht wieder abtrocknen können, denn Feuchtigkeit bei Nacht begünstigt die meisten Infektionen.

LUFTBEFEUCHTER

Viele Zimmergärtner verzichten auf Zerstäuber und wassergefüllte Untersetzer und sorgen mit einem Luftbefeuchter für die geeignete Atmosphäre. Eine solche Befeuchtungsanlage kann in ihrer einfachsten Form aus nassen Tüchern bestehen, die man so aufhängt, daß ein Ventilator die feuchte Luft zu den Pflanzen hinweht. Eine einfachere, aber kostspieligere Lösung stellt ein elektrischer Luftbefeuchter dar.

AUTOMATISCHE FEUCHTIGKEITSKONTROLLE

Einige Luftbefeuchter sind mit einem Regler ausgestattet, der dafür sorgt, daß sich das Gerät automatisch einschaltet, wenn die Luftfeuchtigkeit unter einen bestimmten Punkt absinkt; dementsprechend schaltet es sich auch aus, wenn die gewünschte Marke erreicht ist. Bei jeder Form von Luftbefeuchtung – ob diese nun durch ein entsprechendes Gerät oder durch wassergefüllte Untersetzer erfolgt – empfiehlt sich die Verwendung eines Hygrometers. Diese Instrumente zeigen an, wieviel Feuchtigkeit in der Luft enthalten ist. Der geeignete Platz für ein Hygrometer ist an der Wand in der Nähe der Orchideen, nicht aber zwischen ihnen, wo es naß werden könnte. Die Bequemlichkeit automatischer Kontrolle und die Genauigkeit eines Hygrometers vereinen Regler in sich, die man zwischen Luftbefeuchter und Steckdose installieren kann. Sie schalten sich selbsttätig ein und aus und sorgen dafür, daß die Orchideen ständig die für sie erforderliche Luftfeuchtigkeit vorfinden.

Ein feuchtes Mikroklima im Umkreis besonders anspruchsvoller Arten läßt sich durch Kunststoffolie erzielen, die man so über einen Rahmen legt, daß die Pflanzen oben und von drei Seiten bedeckt sind; ein solches Zelt hält die Feuchtigkeit, läßt aber durch die offene vierte Seite noch genügend Luft an die Pflanzen gelangen. Andere Orchideengärtner setzen kleine Arten in gläserne, oben offene Terrarien, Aquarien oder verwenden spezielle Orchideenvitrinen.

BELÜFTEN In jedem derartigen Behälter kann es jedoch leicht für Orchideen zu feucht und stickig werden; dadurch werden Fäulnis und andere Pilzerkrankungen gefördert, und wenn der Behälter in direkter Sonne steht, wird es darin schnell zu heiß. Letzterem läßt sich durch Vorhänge aus Netzstoff begegnen. Die besten Orchideenvitrinen haben im Boden Belüftungsklappen; ihre Deckel sind mit Scharnieren versehen und lassen sich öffnen, damit die warme Luft entweichen kann. Vorder-, Seiten- oder Rückwände zum Aufschieben oder -klappen erleichtern das Belüften und die Pflege. Wenn die Sonne nicht mehr direkt einfällt, kann man die Vorhänge zurückziehen, damit die Pflanzen wieder soviel Licht wie möglich erhalten, und die Belüftungsklappen schließen, damit die Luftfeuchtigkeit im Umkreis der Pflanzen wieder ansteigt.

Werden Orchideen auf der Fensterbank oder unter künstlicher Beleuchtung kultiviert, ist aber nicht nur für frische Luft, sondern auch für gute Luftzirkulation zu sorgen; damit wird Krankheiten vorgebeugt und den Pflanzen das notwendige Kohlendioxid zugeführt. Orchideen vertragen keine muffige, stagnierende Luft. An warmen Tagen sollte man, wenn auch nur für kurze Zeit, die Fenster öffnen. Wo es unzweckmäßig ist, Luft von draußen hereinzulassen, kann man einen Ventilator benutzen, der ständig oder in regelmäßigen Abständen läuft und so aufgestellt wird, daß er nicht direkt auf die Pflanzen gerichtet ist. In hohen Altbauräumen leistet ein langsamer Deckenventilator gute Dienste.

Nachdem man die den Pflanzen zusagenden Umweltbedingungen geschaffen hat, kann man sich auf andere, nicht minder wichtige Probleme konzentrieren – Behälter und Substrate, Gießen, Düngen und dergleichen mehr. Orchideen lassen sich auf unterschiedliche Weise kultivieren: in Ton- oder Kunststofftöpfen mit verschiedenen Substraten, in Körben aus Draht oder Holzlatten, aber auch einfach auf ein Stück Holz oder Korkrinde (Borke der Kork-Eiche) montiert.

PFLANZBEHÄLTER Die meisten Anfänger setzen ihre Orchideen in gewöhnliche Töpfe aus Ton oder Kunststoff. Im Gewächshaus oder über den Versandhandel gekaufte Exemplare sitzen gewöhnlich in einem mit einem geeigneten Substrat gefüllten Kunststofftopf, der möglicherweise noch viele Monate lang gute Dienste tut. Wenn jedoch die Pflanze für ihren Behälter zu groß wird, das Substrat sich zu zersetzen beginnt oder der Behälter nicht mehr gefällt, muß umgetopft werden. In jedem Fall muß der neue Behälter – ungeachtet seiner Form und Größe – schnell dränieren. Alle Orchideen, vor allem die lufthungrigen Epiphyten, gedeihen nicht oder sterben ab, wenn sich Wasser in ihrem Wurzelbereich staut.

Kunststofftöpfe gibt es in vielen Farben und Größen; sie sind preiswert und leicht sauberzuhalten. Ihr geringes Gewicht ist bei der Lagerung und Handhabung von Vorteil; allerdings kippen große Pflanzen in Kunststoffbehältern leicht um. Bei Töpfen aus einem durchsichtigen Material kann man jederzeit die Wurzeln inspizieren und sofort feststellen, ob sie womöglich infolge zu reichlichen Gießens zu faulen beginnen. Da

Kunststofftöpfe glatte, nichtporöse Wände haben, besteht auch kaum die Gefahr, daß die Wurzeln an ihnen haften und daher leicht beschädigt werden, wenn man die Pflanze aus dem Topf holen muß. Wegen ihrer nichtporösen Wände halten sie überdies die Feuchtigkeit länger als unglasierte Tontöpfe und eignen sich deshalb vor allem für solche terrestrischen Orchideen, die gleichmäßig feucht gehalten werden müssen. Für epiphytische Orchideen sollten jedoch nur Kunststofftöpfe mit durchlochten Wänden verwendet werden. Wenn diese Löcher fehlen, kann man sie mit einem heißen Lötkolben einbrennen; für zusätzliche Dränage sorgt eine Schicht Kies oder Tonscherben auf dem Boden des Topfes, auch ein Ball aus feinem Drahtgeflecht ist geeignet.

Tontöpfe haben den Vorteil, daß ihre porösen Wände überschüssiges Wasser verdunsten lassen; dadurch kann das Substrat – was vor allem bei Epiphyten wichtig ist – rasch austrocknen, und die Wurzeln der Pflanzen bleiben kühl. Ihres größeren Gewichts wegen stehen Tontöpfe auch sicherer als Kunststofftöpfe, und das vertraute Terrakotta harmoniert mit fast jeder Blütenfarbe. Im Handel erhält man auch spezielle Orchideentöpfe mit durchlochten Wänden. Niedrige Schalen sind für die flach verlaufenden, zu starker Ausbreitung neigenden Wurzelsysteme vieler Orchideen gut geeignet. Für gute Dränage kann man sorgen, indem man das Loch im Boden durch Meißeln mit Hammer und Schraubenzieher vergrößert und Dränagematerial auf den Boden des Gefäßes gibt.

DIE RICHTIGE TOPFGRÖSSE

Die Behälter für Orchideen sollten nicht zu groß sein. In einem kleinen Topf trocknet das Substrat schneller als in einem großen; damit wird die Gefahr verringert, daß die Wurzeln faulen. Außerdem scheinen einige *Masdevallia*- sowie die meisten *Dendrobium*- und *Oncidium*-Arten unter etwas beengten Verhältnissen reicher zu blühen. Beim Umtopfen ist in der Regel ein Behälter zu wählen, dessen oberer Durchmesser 5 Zentimeter mehr beträgt als der des bisherigen.

Die meisten Orchideen gedeihen nicht, wenn man sie in Gartenboden pflanzt; nicht einmal die sterile Blumenerde, die für andere Zimmerpflanzen verwendet wird, sagt ihnen zu. Im Laufe der Zeit haben die Orchideengärtner alle möglichen Substrate ausprobiert, darunter auch Aktivkohle. Besonders bewährt haben sich die faserigen Wurzeln von Farnen, die unter der Bezeichnung „Osmundafasern" in den Handel kommen. Viele Orchideengärtner ziehen sie noch heute vor, obwohl sie schwierig zu verarbeiten und selten und teuer geworden sind. Fast ebenso bewährt haben sich die zerkleinerten Fasern tropischer Baumfarnarten, aber auch sie sind nicht billig und nicht überall erhältlich.

KIEFERNBORKE ALS SUBSTRAT

Ein beliebtes und preiswertes Substrat für Orchideen ist zerkleinerte Kiefernborke. Sie ist in verschiedenen Formen erhältlich: feingemahlen mit Partikeln von 6 Millimeter Durchmesser und weniger für Sämlinge und Pflanzen mit dünnen Wurzeln wie die *Odontoglossum*-Arten; mittelfein für die Mehrzahl aller Orchideen; und grob mit Brocken von 2,5

Zentimeter Durchmesser und mehr für große Pflanzen mit kräftigem Wurzelwerk, die wie die *Phalaenopsis*- und *Vanda*-Arten und -Sorten ein besonders luftiges und durchlässiges Substrat benötigen. Kiefernborke ist relativ einfach zu verarbeiten; sie gewährleistet rasche Dränage und gute Belüftung, und außerdem dauert es, sofern sie nicht ständig sehr feucht ist, etwa zwei Jahre, bis sie sich zu zersetzen beginnt und breiig wird. Da sie jedoch kaum Nährstoffe enthält, müssen in ihr kultivierte Pflanzen in regelmäßigen Abständen einen stickstoffreichen Dünger erhalten.

Damit Kiefernborke sich noch leichter verarbeiten läßt und die Feuchtigkeit besser hält, mischen manche Orchideengärtner 2 Teile Kiefernborke mit 1 Teil grobem Torf. Für epiphytische Orchideen am gebräuchlichsten ist jedoch eine Mischung aus 7 Teilen mittelfein gemahlener Kiefernborke und je 1 Teil grobem Torf, Osmundafasern und Vermiculit oder Perlit. Terrestrische Orchideen hingegen benötigen ein speziell auf ihre Bedürfnisse abgestimmtes Substrat; für die *Phaius*-Arten zum Beispiel ist eine Mischung aus 2 Teilen Vermiculit und feingemahlener Kiefernborke zu verwenden. Mit zunehmender Erfahrung gehen viele Orchideenliebhaber dazu über, eigene Substratmischungen mit allen möglichen Bestandteilen zu erproben. Die Mehrzahl der Hobbygärtner dürfte jedoch mit einem handelsüblichen Orchideensubstrat aus Borke und Torfmoos am besten bedient sein.

WANN MAN UMTOPFT Eine Orchidee muß umgetopft werden, wenn sie für ihren Behälter zu groß wird oder das gewählte Substrat sich zu zersetzen beginnt. Bei Orchideen mit kriechendem Rhizom wird umgetopft, wenn die Spitze des Rhizoms über den Rand des Behälters hinausreicht und die an der Oberfläche sichtbaren Wurzeln eine dichte Masse bilden. Um ganz sicher zu gehen, kann man die Pflanze auch mit Hilfe eines Schraubenziehers vorsichtig aus ihrem Behälter herausholen und nachprüfen, ob die unteren Wurzeln aussehen wie ein wirrer Spaghettihaufen, ein sicheres Anzeichen dafür, daß der Topf zu klein geworden ist. Auch das Substrat sollte man bei dieser Gelegenheit untersuchen. Es ist durchaus möglich, daß die Borkenstücke an der Oberfläche noch fest sind, sich in tieferen Bereichen aber zu einer Art Brei zersetzt haben, der nicht mehr gut dräniert; vielleicht haben sich auch einige Wurzeln bereits braun oder schwarz gefärbt. Auch in diesem Fall muß die Pflanze umgetopft werden.

Eine gesunde Orchidee topft man zweckmäßigerweise um, nachdem sie geblüht und eine Ruheperiode eingelegt hat und nun einen neuen Wachstumszyklus beginnt. Zu diesem Zeitpunkt hält sich der durch das Umtopfen bedingte Schock in engen Grenzen, da die alten Wurzeln relativ unempfindlich sind und neue das frische Substrat rasch durchdringen. Damit der geeignete Zeitpunkt nicht verpaßt wird, muß man die Pflanze genau beobachten: Die neuen oberirdischen Triebe dürfen nicht länger als 2,5 Zentimeter sein, die Wurzeln müssen frische grüne Spitzen haben und gerade anzuschwellen beginnen; längerer Neuzuwachs kann beim Hantieren mit der Pflanze leicht abbrechen.

Nun wählt man einen Behälter, der so groß ist, daß er den Neuzuwachs der nächsten beiden Jahre aufnehmen kann. Werden gebrauchte Töpfe verwendet, müssen sie gründlich gesäubert und zur Abtötung aller Krankheitskeime desinfiziert werden.

WIE MAN UMTOPFT

Das eigentliche Umtopfen ist nicht schwierig. Man legt eine dicke Schicht Zeitungspapier auf die Arbeitsfläche; ein Abfallbehälter sollte in erreichbarer Nähe stehen. Wenn man mit einer Pflanze fertig ist, wickelt man die Abfälle in die oberen zwei oder drei Lagen Zeitungspapier und entfernt sie, bevor man mit der nächsten beginnt. Damit sich das Borkensubstrat leichter handhaben läßt, füllt man eine große Schüssel mit der voraussichtlich benötigten Menge, wässert sie, mischt sie noch einmal durch und läßt sie stehen, bis sie feucht, aber nicht mehr naß ist. Mit den Fingern oder einem Schraubenzieher löst man die Wurzeln, die an den Topfwänden haften; wenn die Pflanze nicht aus dem Topf kommt, kann man mit einem Messer innen an der Topfwand entlangfahren. Dann wird die Pflanze sanft geschüttelt; mit den Fingern löst man so viel wie möglich von dem alten Substrat ab. Tote Wurzeln werden mit der Schere abgeschnitten, lange so weit gekürzt, daß sie beim Wiedereintopfen nicht brechen. Die toten, ausgetrockneten Hüllblätter der Pseudobulben werden abgezupft; ältere und geschrumpfte Pseudobulben (sogenannte „Rückbulben") entfernt man, indem man das Rhizom im ältesten Teil der Pflanze durchtrennt. Wurzeln und Nischen an den Blattbasen werden auf einen Befall durch Schildläuse oder Schnecken untersucht. Schildläuse werden mit einer alten Zahnbürste abgeschrubbt und die befallenen Stellen mit einem Insektizid bestäubt; ist Schneckenfraß erkennbar, sind die Wurzeln mit einem geeigneten Mittel zu behandeln.

EINE LUFTIGE ORCHIDEENBANK

Damit die Luft im Umkreis der Orchideenwurzeln gut zirkulieren kann, empfiehlt sich, die Pflanzen auf eine speziell für diesen Zweck konstruierte Bank zu stellen. Dazu errichtet man aus kräftigen Leisten zwei Ständer in der gewünschten Höhe und Breite, die man oben und unten durch Leisten von gleicher Stärke verbindet. An der Innenseite der oberen Leisten werden dünnere Hölzer befestigt, die als Auflage für die im Abstand von 2–3 cm anzubringenden Querleisten dienen. Für ganz kleine Töpfe überzieht man einen Teil der Bank mit Kunststoffgeflecht oder kunststoffummanteltem Maschendraht. Auf die unteren Verbindungsleisten kann man Bretter nageln, um zusätzliche Lagerflächen zu gewinnen.

DRÄNAGE Bevor eine Pflanze in ihren neuen Topf gesetzt wird, kommt auf den Boden des Topfes eine Schicht Tonscherben (mit den Rundungen nach oben), grober Torf oder ein Ball aus feinem Drahtgeflecht; diese Materialien sorgen dafür, daß überschüssiges Wasser durch die Dränagelöcher abfließen kann, aber kein Substrat herausgespült wird. Dann gibt man ein paar Handvoll von der Substratmischung in das Gefäß und hält die Pflanze so in den Topf, daß sich die Ansatzstelle der Wurzeln am Rhizom, dem verdickten Wurzelstock, ungefähr 1 Zentimeter und bei größeren Töpfen gut 2 Zentimeter unterhalb des Topfrandes befindet. Wenn die Pflanze zum sympodialen Typ gehört, wird die „Rückbulbe" an der ältesten Seite des Rhizoms an den Topfrand gesetzt, damit sich die neuen Pseudobulben zum entgegengesetzten Rand hin entwickeln können. Aufrecht wachsende, monopodiale Orchideen kommen in die Topfmitte.

Man hält die Pflanze mit einer Hand und füllt mit der anderen den Raum um die Wurzeln mit weiterer Substratmischung. Wenn der Topf zu ungefähr zwei Dritteln gefüllt ist, schlägt man ihn ein- oder zweimal auf die Arbeitsfläche, damit sich das Substrat setzt. Dann wird mit den Fingern weiteres Substrat um die Wurzeln herum eingearbeitet. Bei einer großen Pflanze kann man sich die Arbeit mit einem Holzstück erleichtern. Es sollte ein stumpfes Ende zum Andrücken des Substrats haben und ein keilförmiges, das als Hebel verwendet wird. Beim Einfüllen von weiterem Substrat steckt man das keilförmige Ende so in den Topf, daß man mit ihm, rings um den Topf herumarbeitend, die Mischung zur Mitte hin befördert. Mit dem stumpfen Ende drückt man dann das Substrat an. Das Rhizom (oder die Blattrosette, die bei Orchideen wie *Phalaenopsis* die Krone bildet) darf nicht bedeckt werden, weil dadurch Krankheiten begünstigt würden.

Da viele frisch eingetopfte Orchideen nicht über genügend Wurzeln verfügen, um sich aufrecht zu halten, und die Pseudobulben der sympodialen Arten zum Umkippen neigen, müssen die Pflanzen abgestützt werden, bis sie fest angewurzelt sind. Dazu kann man Drahtklammern verwenden, die das Rhizom am Topfrand halten, oder eine Stütze aus einem Stück steifem, rostfreiem Draht einsetzen, der zur Vermeidung von Verletzungen oben umgebogen wird. Dann bindet man weichen Bindfaden oder Bast an die Stütze und schlingt ihn locker um die Pseudobulben, um sie aufrecht zu halten, bis die Wurzeln diese Aufgabe übernehmen können.

Bevor man sich der nächsten Pflanze zuwendet, sollte man einige Vorsichtsmaßnahmen ergreifen, um das Übertragen einer Krankheit von einem Exemplar auf ein anderes zu verhindern. Alle Abfälle werden in Zeitungspapier eingewickelt und weggeworfen; dann wäscht man sich die Hände mit Seife und heißem Wasser. Alle benutzten Werkzeuge – Messer, Scheren, Schraubenzieher – werden sterilisiert, indem man das Metall in der Flamme zum Beispiel eines Gasherds erhitzt. Wenn man mit dem oben beschriebenen Pflanzholz arbeitet, verwendet man für jede Pflanze ein neues; man kann auch einen Metallstreifen verwenden und ihn wie das Werkzeug sterilisieren. Ebenso wie die Behälter müssen auch alle wieder zu verwendenden Materialien desinfiziert werden.

Nach dem Umtopfen erhält jede Pflanze ein Etikett mit ihrem wissenschaftlichen Namen, dem Umtopfdatum und anderen erforderlichen Angaben; dann wird sie an einen Ort ohne direkte Sonneneinstrahlung gebracht und zwei Wochen lang nur ganz wenig gegossen, bis sich neue Wurzeln gebildet haben. Die meisten frisch eingetopften Pflanzen dürfen nur ein- oder zweimal täglich leicht mit Wasser besprüht werden. Wenn sich die neuen Wurzeln gut entwickeln, darf behutsam gegossen werden; erst wenn eine Pflanze zum normalen Wachstum zurückgekehrt ist, wird sie wieder den Ansprüchen ihrer Art entsprechend versorgt.

Einige Epiphyten gedeihen besser, wenn sie nicht in einen Topf eingezwängt werden, sondern in Orchideenkörben wachsen, in denen ihre Wurzeln viel Luft und Bewegungsfreiheit haben, oder wenn man sie epiphytisch kultiviert, das heißt, sie auf eine Unterlage montiert (Blockkul-

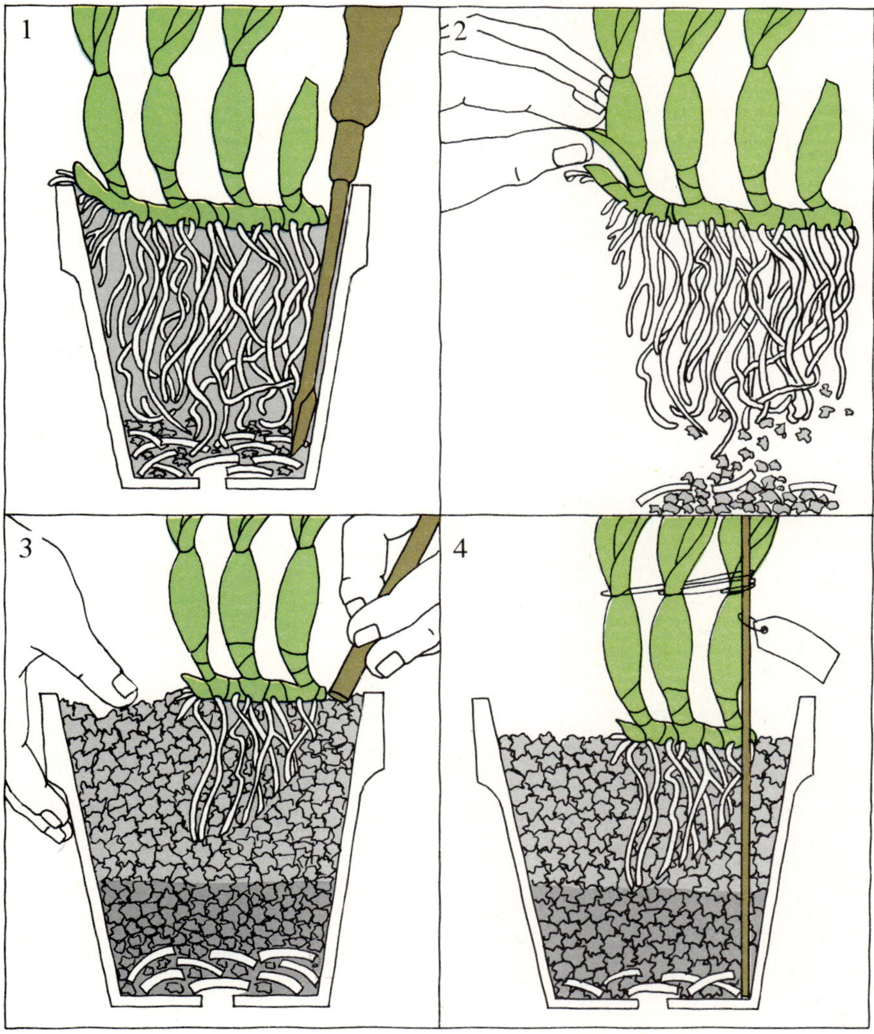

RAUM FÜR DIE WURZELN

UMTOPFEN OHNE SCHOCK

1. Soll eine sympodial wachsende Orchidee umgetopft werden, wartet man, bis der Neuzuwachs zu erscheinen beginnt. Am Tag vorher wird gegossen; man hebelt die Pflanze mit einem sterilisierten Schraubenzieher aus dem Topf.

2. Das alte Substrat wird von den Wurzeln geschüttelt und aus ihnen herausgewaschen. Tote Wurzeln mit einer sterilisierten Schere abschneiden, gesunde um ein Drittel kürzen und ausgetrocknete Pseudobulben entfernen, ebenso abgestorbene Hüllblätter der Pseudobulben. Die Pseudobulben werden mit einer weichen Zahnbürste und einer Insektizid-Lösung abgeschrubbt; Schnittflächen mit einem Fungizid bestäuben.

3. Der neue Topf muß sauber sein und so groß, daß er den Neuzuwachs der nächsten 2 Jahre aufnehmen kann. Über eine Schicht Tonscherben auf dem Boden kommt frisches Substrat. Die Orchidee so halten, daß ihr ältester Teil den Topfrand berührt und das Rhizom sich 1 cm unterhalb des Randes befindet. Den Raum um die Wurzeln mit Substrat füllen und dieses mit Daumen und einem Stöckchen gut andrücken.

4. Mit einer Stütze und weicher Schnur werden die Pseudobulben aufrecht gehalten. Gegossen wird erst wieder, wenn sich nach etwa einer Woche neue Wurzeln gebildet haben.

tur), was den Bedingungen, unter denen sie in der Natur wachsen, am meisten entspricht. *Stanhopea*- und *Gongora*-Arten sowie *Chysis aurea* und *Rodriguezia venusta* beispielsweise, also Arten mit überhängenden Blütentrieben, wurden früher in aufgehängte Orchideentöpfe mit durchlochten Wänden gepflanzt. Heute setzt man sie in runde Draht- oder in rechteckige Lattenkörbe, die ein feuchtigkeitsbewahrendes Material wie langfaseriges Torfmoos enthalten. Derartige Behälter sind in größeren Gartencentern erhältlich, man kann sie aber auch selbst anfertigen *(S. 59)*.

Andere Arten wie *Brassavola nodosa, Encyclia tampensis* und *Angraecum distichum* bringen zahlreiche Luftwurzeln hervor, die rasch austrocknen müssen; sie gedeihen oft am besten, wenn man sie auf Unterlagen wie ein Stück Baumfarnstamm, Korkrinde, Eichenholz oder Baumast montiert und dieses mit Draht an einer Wand aufhängt. Will man eine Orchidee auf einer solchen Unterlage befestigen, breitet man ihre Wurzeln auf einem flachen Polster aus feuchtem Torfmoos oder Osmundafasern aus, legt etwas vom gleichen Material auf die Wurzeln und bindet die Pflanze dann mit Nylonschnur oder dünnem, plastikummanteltem Draht durch mehrmaliges Umwickeln auf ihrer Unterlage fest. Einige wenige Orchideen wie die *Laelia*-Arten, *Broughtonia sanguinea* und *Brassavola digbyana* benötigen kein Torfmoos und können direkt auf die Unterlage gebunden werden. Wenn sich die Pflanze mit ihren Wurzeln in der Unterlage verankert hat, werden Schnur oder Draht entfernt, damit das Wachstum nicht behindert wird.

GIESSEN Wann und wie Orchideen gegossen und gedüngt werden, hängt von verschiedenen Faktoren ab – ob sie in einem Topf oder einem Korb wachsen oder epiphytisch kultiviert werden, ferner von den Eigentümlichkeiten und den Wachstumszyklen der einzelnen Arten sowie von den Umweltbedingungen, die sie zu verschiedenen Jahreszeiten vorfinden. Allgemein läßt sich jedoch sagen, daß mehr Orchideen durch zu reichliches Gießen eingehen als durch alle anderen möglichen Ursachen.

Der Grund dafür läßt sich bei genauer Betrachtung der Pflanzen leicht erkennen. Die Mehrzahl der als Zimmerpflanzen kultivierten Orchideen sind Epiphyten und als solche darauf eingestellt, daß sie zwischen zwei Regenschauern vom Wind, der sie in den Baumkronen leicht erreicht, wieder getrocknet werden. Viele von ihnen besitzen Pseudobulben, die als Vorratsbehälter dienen und ihnen im Notfall Wasser und Nährstoffe zur Verfügung stellen. Pseudobulben enthalten im Gegensatz zu den Speicherorganen der Zwiebelgewächse keine Erneuerungstriebe, sondern sind lediglich verdickte Sproßabschnitte. Wenn eine epiphytische Orchidee zuviel Wasser erhält, kann sie die überschüssige Wassermenge nicht aufnehmen; bleibt das Wasser bei schlechter Dränage im Wurzelbereich stehen, sterben die Wurzeln infolge mangelnder Luftzufuhr ab. Damit wird die Aufnahmefähigkeit der Pflanze weiter eingeschränkt. Die Pseudobulben beginnen zu schrumpfen – nicht weil zu wenig, sondern weil zu viel Wasser vorhanden ist –, und die Pflanze geht am Überfluß zugrunde.

Daraus folgt ganz eindeutig: Im Zweifelsfalle wird nicht gegossen. Von Zeit zu Zeit untersucht man das Substrat, und zwar nicht nur seine Oberfläche, die einen täuschend trockenen und hellen Eindruck machen kann. Man steckt einen Finger hinein oder noch besser einen Spatel oder ein Rundholz, das bis auf den Topfboden reicht. Wenn sich das Material dort kühl, feucht und elastisch anfühlt, wird nicht gegossen; nur wenn es einen trockenen und spröden Eindruck macht, erhält die Pflanze wieder Wasser. Wichtig ist, daß genau der Zeitpunkt abgepaßt wird, zu dem das Substrat auszutrocknen beginnt. Läßt man ein Borkensubstrat völlig trocken werden, ist es nur sehr schwer wieder mit Wasser zu sättigen; dann muß mehrmals gegossen werden, oder man trägt die Pflanze zum nächsten Ausguß und stellt den Topf in Wasser, bis sich das Substrat vollgesogen hat. Bei einiger Erfahrung kann man auch am Gewicht des Topfes erkennen, ob gegossen werden muß oder nicht.

VOLLBAD AM VORMITTAG

Wenn man gießt, sollte es immer gründlich geschehen; falls erforderlich, wird zweimal gegossen, bis überschüssiges Wasser durch die Dränagelöcher herausläuft. Gründliches Gießen wäscht auch die überschüssigen Düngersalze aus dem Substrat, bevor sie eine Konzentration erreichen, die die Wurzeln schädigen könnte. Die beste Zeit zum Gießen wie zum Besprühen sind der Vormittag oder der frühe Nachmittag, damit die Pflanzen die Feuchtigkeit noch bei Tageslicht aufnehmen können und nicht mit unverwerteten Resten in die Nacht gehen müssen. Bei bedecktem Himmel sollte man nicht gießen. Leitungswasser ist geeignet, sofern es nicht besonders salzhaltig oder alkalisch ist, was selten vorkommt. Wasser, das mit Natriumsalzen enthärtet wurde, ist nicht zu verwenden; diese Salze wirken in jeder Konzentration toxisch auf die Pflanzen und nehmen die Stelle von anderen Mineralien wie Kalzium und Magnesium ein, die zwar

NATURGEMÄSSE UNTERLAGEN FÜR EPIPHYTEN

Epiphyten erhalten genügend Luft und Raum, wenn man sie auf eine geeignete Unterlage montiert. Das können Baumäste sein, Teile von Korkrinde oder Stammstücke von Baumfarnen. Wird ein Baumfarnstamm verwendet, schneidet man eine Öffnung hinein, die die Pflanze aufnehmen kann. In allen anderen Fällen umgibt man die Wurzeln mit Osmundafasern oder Torfmoos, die beide die Feuchtigkeit gut halten, und bindet die Pflanze mit Nylonschnur oder dünnem Bindfaden an ihrer Unterlage fest, bis sie angewurzelt ist. Zum Aufhängen der montierten Pflanzen kann man einen Draht an der Unterlage befestigen oder Schraubösen anbringen. Unterlagen für Orchideen, die sich seitwärts ausbreiten, müssen immer waagerecht aufgehängt werden.

Wasser „hart" machen, den Pflanzen jedoch eher zuträglich sind. Wo das Leitungswasser stark gechlort ist, läßt man die benötigte Menge erst ein oder zwei Tage in einem flachen Behälter stehen, damit das Chlor verdunsten kann. Regenwasser ist besonders zum Besprühen der Pflanzen gut geeignet, sofern es sauber ist. Kaltes Wasser kann Orchideen, vor allem die *Phalaenopsis*-Arten, in ihrem Wachstum hemmen; deshalb sollte immer nur Wasser von Zimmertemperatur verwendet werden.

Bei der Entscheidung darüber, ob gegossen werden muß oder nicht, ist auch zu bedenken, daß das Substrat in kleinen Töpfen schneller austrocknet als in großen und in Tontöpfen schneller als in Kunststofftöpfen. Bei feuchter Witterung benötigen die Pflanzen weniger, bei trockener mehr Wasser. Auch im Winter ist bei kühler Witterung und wenig Sonne weniger Wasser erforderlich als an langen, sonnigen Sommertagen, an denen die Pflanzen kräftig wachsen und überdies am offenen Fenster oder auf einer Terrasse austrocknenden Winden ausgesetzt sind. Pflanzen, die wie einige *Dendrobium*- und *Cattleya*-Arten nach der Blüte eine Ruheperiode einlegen, erhalten während dieser Zeit wenig oder gar kein Wasser; erst wenn Anzeichen für neues Wachstum erkennbar sind, dürfen sie wieder ihre normale Wasserration bekommen. In Körben mit Torfmoos wachsende Orchideen müssen häufiger gegossen werden als eingetopfte Exemplare. Noch mehr Wasser benötigen epiphytisch kultivierte Orchideen, sie müssen bei warmer Witterung von Zeit zu Zeit in Wasser getaucht und häufig besprüht werden, damit ihre Wurzeln nicht austrocknen. Kleine Exemplare, die in Körben wachsen oder auf Baumstämmen oder ähnlichen Oberflächen sitzen, kann man zum Wässern in die Badewanne stellen; größere, schlecht zu transportierende Exemplare läßt man hängen und gießt sie an Ort und Stelle, nachdem man kiesgefüllte Untersetzer zum Auffangen des herabtropfenden Wassers untergestellt hat.

DÜNGEN Eine Reihe der für das Gießen aufgestellten Grundregeln gilt auch für das Düngen. In voller Sommersonne benötigen die Orchideen mehr Dünger als im schwachen Winterlicht; während der Wachstumsperiode verbrauchen sie mehr Nährstoffe als während der Ruheperiode. In der Regel wird ein Dünger verwendet, der Stickstoff, Phosphor und Kalium enthält; nur das Verhältnis der Nährstoffe schwankt entsprechend den speziellen Ansprüchen der einzelnen Arten. In Kiefernborke eingetopfte Pflanzen benötigen einen stickstoffreichen Dünger, weil die Bakterien, die die Borke abbauen, einen Teil des Stickstoffs verbrauchen. Stickstoffreiche Dünger sind in den meisten Orchideengärtnereien in flüssiger oder gekörnter Form erhältlich; gekörnte Dünger, die die in ihnen enthaltenen Nährstoffe nur allmählich freisetzen, sind für ausgewachsene Exemplare besonders geeignet. (Da Stickstoff das Blattwachstum fördert, werden solche Dünger angewendet, wenn Sämlinge und Jungpflanzen rascher zur Blühfähigkeit gebracht werden sollen.) Auf den Packungen ist in der Regel angegeben, wieviel in Wasser gelöster Dünger während der Wachstumsperiode in Abständen von 10 oder 14 Tagen verabreicht werden soll; die meisten Fachleute ziehen es jedoch vor, nur mit einem Bruchteil der angegebenen Menge zu düngen – zum Beispiel während der Wachstumsperiode und in der hellen Jahreszeit bei jedem dritten Gießen mit der Hälfte der auf der Verpackung empfohlenen Menge, und nur mit einem Viertel davon während der Ruheperiode, im Winter und bei bedecktem Himmel.

Epiphytisch kultivierte Exemplare benötigen keinen zusätzlichen Stickstoff; ihre Blätter werden – nur während der Wachstumsperiode – alle 14 Tage mit einer schwachen Flüssigdüngerlösung besprüht. Da Dünger trockene Wurzeln schädigen kann, müssen die Pflanzen unter Umständen vor dem Düngen erst gegossen werden.

Einige handelsübliche Orchideensubstrate, besonders die für *Paphiopedilum,* enthalten bereits langsam wirkende Dünger; es empfiehlt sich deshalb, die Angaben auf den Verpackungen genau zu lesen, bevor man den Pflanzen weitere Nährstoffe zukommen läßt.

Beim Düngen gilt wie beim Gießen, daß zu wenig besser ist als zu viel. Erhält eine Pflanze weniger Dünger als empfohlen oder vergißt man das Düngen einmal, kann nicht viel passieren. Wird dagegen eine Pflanze zu reichlich gedüngt, fördert man damit die Ausbildung von schlaffem und kraftlosem Neuzuwachs auf Kosten der Blüten. Man schadet den Pflanzen auch nicht, wenn man von Zeit zu Zeit zu einem anderen Dünger überwechselt. Wichtig ist nur, daß jeder Dünger mit Zurückhaltung verwendet wird und die Pflanzen alle paar Wochen gründlich gegossen werden, damit sich keine überschüssigen Düngersalze im Substrat ansammeln und die empfindlichen Wurzeln schädigen können.

Wenn man für die richtigen Wachstumsbedingungen und vernünftige Nährstoffzufuhr sorgt, treten bei Orchideen relativ selten Probleme auf; aber selbst in einer sorgsam gepflegten Sammlung kann es vorkommen, daß

SCHÄDEN ERKENNEN

DER BAU EINES ORCHIDEENKORBES

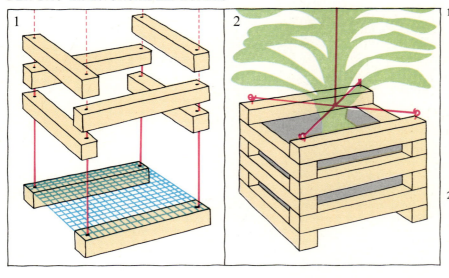

1. *Einen luftigen, quadratischen Korb für epiphytische Orchideen kann man aus 2,5 x 2,5 cm dicken Leisten bauen, die in gleichmäßigen Abständen von beiden Enden durchbohrt wurden. Den Boden bildet ein Quadrat aus feinem, an den beiden unteren Leisten befestigtem Draht- oder Kunststoffgeflecht. Dann werden die Leisten, abwechselnd längs und quer angeordnet, paarweise auf vier Stücke rostfreien Draht gefädelt. Die unteren Drahtenden werden im Holz verankert, die oberen zu Ösen gebogen.*

2. *Die Orchidee wird etwas von der Korbmitte versetzt eingepflanzt. Dann verbindet man die vier Drahtösen mit zwei diagonal geführten Drähten und befestigt an ihrem Schnittpunkt ein weiteres Drahtstück als Aufhänger.*

eine Pflanze nicht blühen will oder nicht bei guter Gesundheit zu sein scheint. Dafür kann es eine Reihe von Ursachen geben, die sich in drei Kategorien einteilen lassen. Macht eine Pflanze einen ungesunden Eindruck, sollte man zuerst herauszufinden suchen, ob sich irgendwelche Umwelteinflüsse nachteilig auswirken können. So können beispielsweise vergilbte Blätter im ältesten Teil einer Pflanze auf natürliche Alterungsvorgänge zurückzuführen sein; an jüngeren Pflanzenteilen dagegen können sie anzeigen, daß die Pflanze zu viel Licht oder zu wenig Stickstoff erhält, unter zu niedrigen Temperaturen leidet oder ein Teil ihrer Wurzeln durch zu reichliches Gießen funktionsunfähig geworden ist. Wenn einer dieser Faktoren schuld ist, genügt es oft schon, das Substrat austrocknen zu lassen oder die Pflanze an einen schattigeren Ort zu bringen, damit sie ihre volle Gesundheit zurückerlangt.

Als nächstes untersucht man die Pflanze auf das Vorhandensein so weitverbreiteter Schädlinge wie Milben, Schildläuse, Woll- und Schmierläuse oder Schnecken; das geschieht am besten mit einer Lupe. Gegen identifizierte Schädlinge kann man mit einem geeigneten Pflanzenschutzmittel vorgehen *(S. 146)*. Da derartige Mittel giftig sind, müssen die Anweisungen auf der Verpackung peinlich genau befolgt werden.

Wo weder Umweltfaktoren noch Schädlinge die Ursache sein können, besteht die Möglichkeit einer Erkrankung durch Bakterien, Pilze oder Viren. Eine der verbreitetsten Erkrankungen ist die von einem Pilz verursachte Schwarzfäule, die besonders dann auftritt, wenn in den oberen

EINE TREPPE AUS DRAHTGEFLECHT

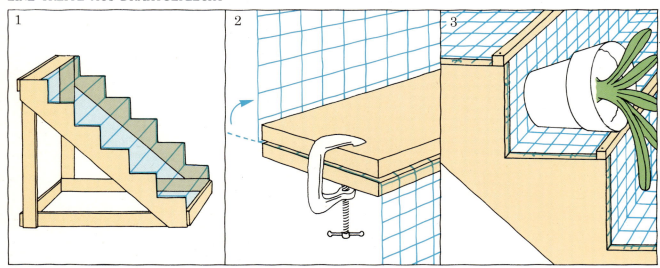

Man schneidet sieben 90 cm lange Bretter von 2,5 x 10 cm Querschnitt zu; vier bilden die Basis, zwei die Senkrechten, das siebte das obere Verbindungsstück. Die Seitenteile schneidet man aus einem 2,5 cm dicken und 30 cm breitem Holzbrett zu.

Für die Stufen der Treppe wird ein Stück plastikummanteltes Drahtgeflecht von 90 cm Breite und 1,80 m Länge benötigt. Zum Formen spannt man es mit Schraubzwingen zwischen zwei 90 cm lange, 2,5 cm dicke und 15 cm breite Bretter.

Die Stufen werden auf das Gestell geheftet und die Kanten mit quadratischen Leisten von 3,5 cm Stärke verstärkt. Diese dienen zugleich als Auflage für Töpfe, die man wie solche mit Phalaenopsis-Arten zum Schutz vor Wurzelfäule auf die Seite legt.

Pflanzenteilen kleine Wasserlachen stehenbleiben; am Neuzuwachs erscheinen schwarze Faulstellen und breiten sich nach unten auf das Rhizom aus. Die meisten Pilzkrankheiten lassen sich bekämpfen, indem man das Laub abtrocknen läßt, erkrankte Stellen herausschneidet und das verbleibende gesunde Gewebe mit einem Fungizid bestäubt.

VIRUSKRANKHEITEN

Gefährlicher sind die von den meisten Orchideengärtnern mit Recht gefürchteten – wenn auch noch relativ selten vorkommenden – Viruserkrankungen. Manche erkennt man daran, daß das Wachstum einer Pflanze gehemmt wird oder die Blätter ein gesprenkeltes Aussehen annehmen. Anderen von Viren befallenen Pflanzen hingegen ist äußerlich keine Schädigung anzumerken, aber wenn die lang erwartete Blütezeit gekommen ist, sind die Blüten deformiert oder farblich entstellt. Wieder andere Exemplare können Virenträger sein, ohne selbst unter den Erregern zu leiden. Da sich Viruserkrankungen nicht bekämpfen lassen, sind Hygienemaßnahmen das einzig wirksame Mittel gegen sie. Diese Krankheiten werden durch den Saft erkrankter Pflanzen übertragen; deshalb sterilisieren erfahrene Orchideengärtner Behälter und Werkzeuge, bevor sie sich von einer Pflanze der nächsten zuwenden, und lassen bei ihrem täglichen Inspektionsgang die Hände von den Pflanzen. Auf jeden Fall sollte man darauf verzichten, die Orchideen durch Abkneifen, Beschneiden und dergleichen in Form halten zu wollen, da die meisten Orchideen dadurch nichts gewinnen, wohl aber latente Viren leicht von einer Pflanze auf die andere übertragen werden können. Wenn verwelkte Blüten oder vergilbte Blätter von einem Exemplar entfernt werden müssen, darf man das natürlich tun, sollte aber nicht vergessen, das benutzte Werkzeug zu sterilisieren und sich gründlich die Hände zu waschen, bevor man sich der nächsten Pflanze zuwendet.

Gelegentlich kommt es vor, daß man ein paar Blüten abschneiden möchte, um sie in die Vase zu stecken oder zu verschenken. In diesem Fall sollte man abwarten, bis sich die Blüten zu voller Schönheit entwickelt haben – gewöhnlich ein oder zwei Tage nach dem Entfalten. Dann sind auch die Farben am intensivsten. Mit einer ungebrauchten Rasierklinge oder einer Schere, die nach der Berührung mit einem anderen Exemplar sterilisiert wurde, schneidet man jede Blüte mit einem möglichst langen Stengelstück ab; der Schnitt sollte schräg geführt werden, damit viele wasseraufnehmende Zellen freiliegen. Dann steckt man den Stengel sofort in einen Behälter mit lauwarmem Wasser (das Wasser darf die Blüte nicht berühren); der Behälter kommt an einen schattigen Ort oder bei einer Mindesttemperatur von 7° C in den Kühlschrank.

Eine Ansteckblume, die sich lange hält, kann man herstellen, indem man den Stengel mit Blumendraht versteift und in ein kleines, mit Wasser gefülltes Glasröhrchen steckt oder mit feuchter Watte und durchsichtiger Plastikfolie umgibt. Diese Umhüllung wird mit Seidenband umwickelt. An einem kühlen, feuchten Ort aufbewahrt, können sich Orchideenblüten zwei Wochen und länger halten.

Eine ganzjährige Pflanzenschau im Haus

Orchideen sind erstaunlich widerstandsfähige Pflanzen. Mit ein wenig sachkundiger Unterstützung von seiten des Gärtners gedeihen viele Arten überall im Haus, und ihr Besitzer kann sich das ganze Jahr über an ihnen erfreuen. Man braucht seine Zimmer ihretwegen durchaus nicht in dampfende Dschungel zu verwandeln, denn die meisten Orchideen schätzen Bedingungen, die auch dem Menschen zuträglich sind: eine relative Luftfeuchtigkeit von 40 % oder darüber, Nachttemperaturen zwischen 13° und 16° C, helles Licht und viel frische Luft. Mit ein paar Hilfsmitteln – einem Luftbefeuchter, künstlichen Lichtquellen, einem kleinen Ventilator und einem Heizkörperthermostaten – sind diese Bedingungen in jeder Wohnung leicht zu schaffen.

Behälter für Orchideen sind zumeist auffälliger als solche, in denen Blattpflanzen wachsen; mit Bedacht ausgewählt, können sie deshalb die Schönheit der im Haus kultivierten Orchideen noch unterstreichen. Epiphytische Orchideen kann man in Lattenkörbe aus Teak- oder Zedernholz setzen; sollen sie besonders natürlich wirken, montiert man sie auf ein Stück Baumast oder Korkrinde. Terrestrische Orchideen können, wie die Pflanzen auf dem Photo rechts, in eine Rabatte einbezogen oder in Töpfen auf eine Orchideenbank gestellt werden. Der Phantasie des Zimmergärtners sind hier keine Grenzen gesetzt – Zwergarten kann man sogar in leeren Schneckenhäusern kultivieren.

Obwohl Orchideen Behälter mit großen Dränagelöchern benötigen, lassen sich Wasserflecke auf Teppichen und Fußböden leicht vermeiden. Ein unter den Orchideen aufgestellter wasserdichter, mit Kies gefüllter Untersetzer fängt das Wasser auf; die aus ihm verdunstende Feuchtigkeit kommt den Pflanzen wiederum zugute. Bei größeren Sammlungen in einem Blumenfenster oder einem ans Haus angebauten Gewächshaus ist ein Ziegel- oder Fliesenboden besonders praktisch. Herabtropfendes Wasser richtet hier keinen Schaden an; man kann es sogar durch einen versteckt angebrachten Abfluß ableiten.

Orchideen belohnen den Zimmergärtner mit prächtigen Blüten, die sich länger halten als die der meisten anderen im Haus kultivierten Pflanzen. Bei den beliebten Frauenschuh-Arten zum Beispiel dauert die Blüte in der Regel vier bis sechs Wochen. Und wer seine Wahl unter Arten und Sorten trifft, die zu verschiedenen Zeiten blühen, kann sich ihrer hinreißenden Schönheit jeden Tag immer wieder aufs neue erfreuen.

Die Fenster dieses Wintergartens öffnen sich automatisch, wenn es für die Orchideen zu warm wird. In der Rabatte wachsen ein Cattleya-, *ein* Cymbidium- *und eine Reihe von* Phalaenopsis-*Exemplaren.*

Ein sonniges Orchideenfenster

Viele Orchideen sind an einem sonnigen Fenster gut aufgehoben; sogar *Cattleya*-Exemplare, die sehr viel Licht benötigen, gelangen an einem Süd- oder Westfenster in Glasnähe zur Blüte. Vorhänge aus dichtem Netzstoff oder Musselin sind ebenso wie Jalousien geeignet, die Pflanzen vor der heißen Mittagssonne zu schützen. Bei milder Witterung sorgen geöffnete Fenster für frische Luft.

Eine Fülle von Orchideen wächst in einem großen Erkerfenster mit verglastem Dach; in der Ecke ist ein Luftbefeuchter versteckt.

In ein vergrößertes Blumenfenster passen viele Orchideen; Untersetzer mit Kies und Wasser halten die Luft feucht.

Terrassentüren verbinden ein Eßzimmer mit einem lattenverkleideten Orchideenraum; die Luft wird mit einer Sprühanlage befeuchtet.

Zimmer mit exotischer Note

Ein mit dem Haus verbundenes Orchideengewächshaus kann mehr sein als nur ein Unterbringungsort für Pflanzen. Es kann den Wohnraum erweitern oder, hinter Fenstern angebaut, zum Nähertreten einladen. Für derartige „Wohn"-Gewächshäuser sind solche Arten und Sorten am besten geeignet, die Nachttemperaturen von 13° bis 16° C und Tagestemperaturen von 18° bis 24° C benötigen.

Ein an die Hauswand angebautes, 3 Meter langes Gewächshaus entzieht gleichzeitig das Nachbarhaus dem Blick. Die annähernd 3000 Orchideen, die hier kultiviert werden, erhalten Licht nur durch das verglaste Dach.

Epiphytische Orchideen, auf Baumstämme und Korkrinde montiert, schaffen in diesem unmittelbar an ein Schlafzimmer angrenzenden

Gewächshaus eine dschungelähnliche Atmosphäre. Das Instrument über der Tür zeigt die Luftfeuchtigkeit im Umkreis der Pflanzen an.

Wege zu einer großen Sammlung 4

Dem Orchideenliebhaber, der seine Pflanzensammlung vergrößern möchte, stehen verschiedene Möglichkeiten zur Verfügung, zu weiteren Exemplaren zu kommen. Er kann mit anderen Orchideengärtnern tauschen, sich auf eine bestimmte Gruppe spezialisieren oder weitverbreitete Arten, die an Interesse verloren haben, durch seltenere ersetzen. Wer schon über einige Erfahrung verfügt, verzichtet in der Regel auf den Kauf ausgewachsener Exemplare; er versucht sein Glück mit den preiswerteren Jungpflanzen oder vermehrt die Exemplare, die er bereits besitzt. Und vielleicht kommt einmal sogar der Tag, an dem ein Orchideengärtner den Wachstumszyklus dieser Pflanzen von Anbeginn verfolgen möchte, indem er Blüten bestäubt und neue Exemplare aus Samen anzieht.

Da es unmöglich ist, alle Mitglieder der riesigen Orchideenfamilie zu kennen, geschweige denn Bekanntschaft mit allen neuen Kultursorten zu schließen, haben sich die meisten Orchideengärtner spezialisiert. Manche begnügen sich mit einer Gattung, die sie besonders fasziniert. Andere legen ihrer Sammlung ein bestimmtes Thema zugrunde – sie kultivieren zum Beispiel klassische Arten, die in der frühen Geschichte der Orchideen eine Rolle spielten. Wieder andere besitzen sehr unterschiedliche Arten, deren Blüten nur Schattierungen einer bestimmten Farbe aufweisen. Für einen Orchideenliebhaber stellte die bekannte *Cattleya labiata* mit ihren lavendelfarbenen Blüten den Ausgangspunkt für eine „Purpurkollektion" dar; jetzt besitzt er fast 80 Exemplare mit Blüten, deren Farbskala vom blassesten Violett bis zu einem tiefen Purpur reicht, das fast – aber doch nicht ganz – schwarz wirkt.

Mit zunehmender Erfahrung verlagern einige Orchideenfreunde ihr Interesse von den prächtigen, großblütigen Kultursorten auf die weniger bekannten Wildformen. Unter diesen finden sich auch kleinwüchsige Arten, die sich mit dem beschränkten Raum in Terrarien oder unter künstlicher Beleuchtung bereitwillig abfinden; es gibt sogar ausgesprochen zwergwüchsige Arten, die man nur mit Hilfe einer Lupe bewundern kann. Die meisten Amateure vergrößern ihre Sammlung, indem sie nicht nur hin und wieder eine Pflanze erwerben, sondern ihre älteren Exemplare selbst vermehren. Die vegetative Vermehrung von Orchideen ist nicht schwierig

Obwohl aus Samen angezogen, die ein und derselben Samenkapsel entstammen, weisen die Blüten dieser drei Oncidium-Hybriden doch Unterschiede auf; die Blüten der oberen Pflanze haben größere und besser geformte Kron- und Kelchblätter.

und kostet fast nichts. Mit ihrer Hilfe kann man ältere Exemplare in handlichen Ausmaßen halten und gleichzeitig neue gewinnen, die man behalten oder gegen andere eintauschen kann. Viele Orchideengärtner sind froh, wenn sie für solche Dubletten Arten oder Sorten erhalten, die ihnen noch fehlen. Manche veranstalten gelegentlich eine Art Ausverkauf, bei dem sie überzählige Exemplare zu Sonderpreisen abgeben. Man kann sogar mit einem Freund zusammen ein besonders schönes Exemplar erwerben und dann einen „Eigentumsvertrag" schließen: Der eine pflegt es, bis es sich so weit entwickelt hat, daß es geteilt werden kann, dann darf der andere entscheiden, welches Teil er haben möchte.

TEILUNG VON PSEUDOBULBEN

Die einfachste Methode, neue Pflanzen durch Vermehrung zu gewinnen – und zwar solche, die schon bald Blüten tragen –, stellt die Teilung dar. Allerdings dürfen nur gut entwickelte Exemplare geteilt werden; die meisten sympodialen Arten müssen über mindestens sechs gesunde Pseudobulben verfügen, damit jedes Teilstück drei von ihnen umfaßt. (Zwar kann aus jeder Pseudobulbe eine neue Pflanze hervorgehen, aber wenn sie nicht von anderen Pseudobulben unterstützt wird, dauert es oft mehrere Jahre, bis diese neue Pflanze zur Blüte gelangt.)

Orchideen teilt man am besten zur gewohnten Umtopfzeit, das heißt, nachdem sie geblüht und eine Ruheperiode eingelegt haben und zu neuem Wachstum ansetzen. Wenn sich an der Basis der vordersten Pseudobulbe die neuen Wurzeln gerade zu zeigen beginnen, ist die Gefahr, daß man sie verletzt, relativ gering. Wenn sie schon etwas länger sind, wartet man besser noch so lange, bis sie eine Länge von 10 bis 12 Zentimetern erreicht haben, weil nur alte Wurzeln, wenn sie abgebrochen werden, neue Seitenwurzeln bilden. Am Tag vor dem Teilen sollte die Pflanze gründlich gegossen werden, damit sie sich leichter aus ihrem Behälter lösen läßt. Dann hebelt man sie mit einem langen Schraubenzieher – unter stetigem Druck – aus dem Topf; wenn sie nicht herauskommen will, fährt man mit einem Messer innen an der Topfwand entlang. Das Substrat wird von den Wurzeln gelöst, und dann muß man überlegen, wie man das Rhizom durchtrennen kann, damit jedes Teilstück drei oder vier Pseudobulben enthält. Um zu gewährleisten, daß keine Viruskrankheit übertragen wird, werden die Klingen der Schere, die man für diese Arbeit verwendet, sterilisiert; dann schneidet man das Rhizom durch und löst die Teile voneinander, indem man die Wurzeln behutsam entwirrt. Tote Wurzeln werden abgeschnitten, gesunde, die zu lang sind, gekürzt; auf keinen Fall dürfen jedoch junge, noch nicht verzweigungsfähige Wurzeln beschädigt werden. Die Schnittflächen werden mit einem Fungizid bestäubt. Nun kann das aus den vorderen, jüngeren Pseudobulben bestehende Teilstück eingetopft, abgestützt und etikettiert werden *(S. 55)*; in der Regel trägt es bereits in der folgenden Wachstumsperiode wieder Blüten.

Auch die älteren, als „Rückbulben" bezeichneten Pflanzenteile können aus ihren Reserveaugen neue Sprosse hervorbringen. Die Rückbulben sind jedoch weniger wüchsig als die jüngeren Pseudobulben, und bis zur Blühfähigkeit der aus ihnen gewonnenen Pflanzen können zwei Jahre vergehen. Da die Rückbulben nur wenige Wurzeln besitzen, muß man sie vor dem Eintopfen zur Ausbildung neuer Wurzeln anregen. Dazu stellt man das entsprechende Teilstück an einem Ort ohne direkte Sonneneinstrahlung auf ein Bett aus feuchtem Sand und Torfmoos und besprüht es ein- bis zweimal täglich mit Wasser. Wenn die Pseudobulben feucht gehalten werden, bilden sich gewöhnlich neue Wurzeln, und ein Reserveauge beginnt anzuschwellen. Wenn das der Fall ist, kann man das Teilstück eintopfen und mit einer Stütze aufrecht halten.

Einige Orchideen lassen sich durch Triebspitzen von ausgewachsenen Exemplaren vermehren. Monopodiale Arten mit senkrechten Stämmen wie zum Beispiel die *Vanda*-Arten und hochwüchsige sympodiale Orchi-

VERMEHRUNG DURCH DIE TRIEBSPITZE

VERMEHRUNGSMETHODEN

1. Jede Orchidee mit einer Reihe von Pseudobulben kann leicht durch Teilung vermehrt werden. Zu Beginn der Wachstumsperiode schneidet man das Rhizom in Teile mit mindestens drei Pseudobulben. Die Schnittflächen mit Fungizid bestäuben, die Wurzeln behutsam entwirren und die Teilstücke eintopfen.

2. Eine Orchidee mit langen, halmähnlichen Pseudobulben läßt sich durch Stecklinge vermehren. Nach der Blüte zerschneidet man den Sproß in Stücke, von denen jedes mehrere Blattknoten aufweist. Die Stecklinge werden auf feuchtes Torfmoos gelegt, bis zur Bewurzelung feucht und im Schatten gehalten und dann eingetopft.

3. Monopodial wachsende Orchideen mit Luftwurzeln am Stamm können durch Abtrennen und Eintopfen der Triebspitze vermehrt werden. Sind keine Luftwurzeln vorhanden, schneidet man den Stamm unter dem dritten oder vierten Blatt von oben bis zur Mitte ein und bestäubt die Schnittstelle mit Hormon-Bewurzelungspulver. Wenn die neuen Wurzeln 2–5 cm lang sind, wird die Spitze abgeschnitten und eingetopft; die Elternpflanze regeneriert nach einiger Zeit eine neue Sproßspitze.

4. Einige Orchideen können durch Seitentriebe vermehrt werden, die sich an den Blütentrieben oder in den Blattachseln am Stamm bilden. Sie werden (ohne daß man dabei ihre Wurzeln beschädigt) abgeschnitten und eingetopft.

deen wie die *Epidendrum*-Arten mit ihren rohrähnlichen Stämmen werden so groß, daß es ohnehin ratsam ist, ein Stück von ihnen abzuschneiden, um sie in vernünftigen Ausmaßen zu halten. An den Stämmen dieser Pflanzen bilden sich häufig Luftwurzeln. Wenn das der Fall ist, trennt man den Stamm direkt unter einer Wurzelgruppe durch, wobei sowohl ober- als auch unterhalb der Schnittstelle eine Reihe von Blättern sitzen sollte. Die Triebspitze wird in feine Kiefernborke oder eine Mischung aus Kiefernborke, Torf und Sand gepflanzt. Es empfiehlt sich, die Luftwurzeln durch Anfeuchten geschmeidig zu machen, weil sie dann nicht so leicht brechen, wenn man sie in das Substrat senkt.

Wenn keine Luftwurzeln vorhanden sind, kann man ihre Ausbildung fördern, indem man direkt unterhalb eines Blattes einen kleinen Schrägschnitt oder eine Kerbe in die Achse macht; die Schnittstelle wird mit einem Hormon-Bewurzelungspulver bestäubt. Wenn sich Wurzeln gebildet haben, wird der Stamm unter ihnen durchgetrennt und das obere Teil eingetopft. Das untere Teil bleibt in seinem Behälter, sofern es nicht umgetopft werden muß; an ihm entsteht aus Reserveaugen ein neuer Trieb, der nach einiger Zeit auch wieder Blüten trägt.

VERMEHRUNG DURCH SEITENTRIEBE

Einige Orchideen, zum Beispiel die *Epidendrum*-, *Dendrobium*-, *Vanda*- sowie ein paar *Phalaenopsis*-Arten, bringen sogar selbst Jungpflanzen hervor. Seitentriebe erscheinen in den Blattachseln und entwickeln eigene Luftwurzeln. Wenn diese gut 2 Zentimeter lang sind, kann man einen solchen Seitentrieb ablösen – gewöhnlich genügt eine kurze Drehung – und in einen kleinen Topf mit angefeuchteter Kiefernborke pflanzen. Man hält das Pflänzchen an der Krone, während man Borke in den Topf füllt und so behutsam andrückt, daß die zarten Wurzeln nicht brechen. Dann wird der Topf an einen Ort ohne direkte Sonneneinstrahlung gebracht und das Pflänzchen täglich mit Wasser besprüht; man kann es auch mit dem Topf in einen geschlossenen Anzuchtkasten stellen oder eine Plastiktüte überstülpen, damit die Feuchtigkeit erhalten bleibt. Das Wachstum einer solchen Jungpflanze kann man fördern, indem man dem Sprühwasser von Zeit zu Zeit ein wenig eines auf ein Viertel der angegebenen Stärke verdünnten Flüssigdüngers zusetzt; dabei ist jedoch Zurückhaltung geboten. Wenn das Pflänzchen fest angewurzelt ist, wird es wie ein ausgewachsenes Exemplar der betreffenden Art behandelt; später bringt es auch Blüten hervor.

Auch aus den stengelartigen Pseudobulben laubwerfender *Dendrobium*-Arten kann man, nachdem die Blätter abgefallen sind, Jungpflanzen anziehen, ebenso aus abgewelkten Blütentrieben von Pflanzen, die wie die Arten der Gattung *Phalaenopsis* ihre Blüten in Ständen tragen. Dazu schneidet man Pseudobulben beziehungsweise Blütentriebe in ungefähr 5 Zentimeter lange Stücke, von denen jedes eine oder mehrere höckerartige Knospen aufweisen muß. Diese Stücke werden flach in einen mit feuchtem Torfmoos und Sand gefüllten Kasten gelegt, der an einem Ort ohne direkte Sonneneinstrahlung aufgestellt wird. Die Stecklinge werden täglich mit Wasser besprüht. Wenn sich schließlich nach ungefähr zwei

Monaten aus den Knospen Jungpflanzen mit gut 2 Zentimeter langen Wurzeln gebildet haben, schneidet man die Bulben- oder Stengelreste ab und setzt die neuen Pflänzchen einzeln in kleine Töpfe.

Auch wer seine eigenen Exemplare vermehrt, sollte daneben stets nach anderen Möglichkeiten zum preisgünstigen Erwerb neuer Orchideen Ausschau halten. Einige Züchter bieten gelegentlich aus Rückbulben angezogene Jungpflanzen von wertvollen Kultursorten an, außerdem ausgewachsene Exemplare, die als Schnittblumenlieferanten gedient haben, und aus überschüssigem Bestand zusammengestellte Mischsendungen. Man studiere regelmäßig die Kataloge.

Einer der gebräuchlichsten Wege, ohne große Geldausgaben zu neuen Exemplaren zu kommen, besteht darin, daß man gut bewurzelte Jungpflanzen kauft, die erst in einigen Jahren Blüten hervorbringen werden. Solche Jungpflanzen werden gewöhnlich in 5-Zentimeter-Töpfen angeboten und benötigen Mindesttemperaturen von 16° C. Je näher eine Orchidee der Blühfähigkeit ist, desto teurer ist sie. Wer also genau weiß, was er haben möchte, und die lange Wartezeit in Kauf nehmen will, erwirbt junge Exemplare und spart so die Kosten, die dem Züchter durch weitere Pflege entstehen würden. In einigen Katalogen und Listen wird das ungefähre Alter der Pflanzen mit der Blattlänge angegeben, in anderen mit den Topfdurchmessern. Obwohl Orchideen unterschiedlich schnell wachsen, kann man die Zeit, die eine Pflanze bis zur Blühfähigkeit benötigt, in etwa nach den für die Gattung *Cattleya* aufgestellten Maßstäben abschätzen. Ein in einem 5-Zentimeter-Topf wachsendes *Cattleya*-Exemplar blüht in der Regel nach vier Jahren; bei einem 6-Zentimeter-Topf kann man nach drei Jahren mit Blüten rechnen, bei einem 8-Zentimeter-Topf nach zwei Jahren, bei einem 10-Zentimeter-Topf nach einem bis anderthalb und bei einem 12-Zentimeter-Topf nach einem halben bis einem Jahr. Bei Exemplaren, die in 15-Zentimeter-Töpfen wachsen, kann man damit rechnen, daß die Blüte nicht mehr lange auf sich warten läßt.

Als Jungpflanzen sind auch überragende Orchideen zu bescheidenen Preisen erhältlich. Am sichersten geht man, wenn man Namensorten von bekannten Eltern kauft, weil damit zu rechnen ist, daß ein großer Teil der Nachkommen dem Familiennamen Ehre macht. Andere, gewöhnlich aus neuen Kreuzungen hervorgegangene Sämlinge haben vielleicht noch keinen eigenen Namen, sondern werden nach den Eltern bezeichnet, wobei der weibliche Elternteil als erster genannt wird – zum Beispiel x *Blc.* Jane Helton 'Paul McKinley' x *Blc.* Lester McDonald 'Kelly', AM/AOS. Darüber, wie die Blüten ausfallen werden, kann der Züchter nur Vermutungen anstellen. Die erwähnte Kreuzung beispielsweise wurde unternommen „in der Hoffnung, Blüten in einem reizvollen Grün zu erzielen". Der Züchter erklärte jedoch, „daß eine Reihe von Exemplaren gelbe oder gelbgrüne Blüten mit rosa Lippe hervorbringt". Man geht also ein gewisses Risiko ein. Es ist möglich, daß die gekauften Sämlinge eines Tages eine Auszeichnung erringen, aber sehr wahrscheinlich ist es nicht.

PFLANZEN AUS ALTEN BULBEN

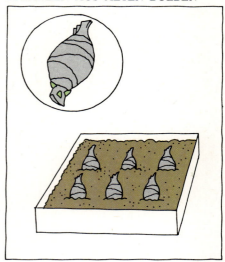

Um neue Cymbidium-Exemplare aus ruhenden alten Pseudobulben anzuziehen – sie werden „Rückbulben" genannt, weil sie am weitesten von der Wachstumsspitze der Pflanze entfernt sind –, schneidet man die Rückbulben mit einem sterilisierten Messer ab. Damit neues Wachstum möglich ist, muß jede Bulbe zumindest eine Knospe (auf der kleinen Zeichnung grün) besitzen. Mehrere Rückbulben werden aufrecht in einen mit feuchtem Torfmoos und Sand gefüllten, im Schatten aufgestellten Kasten gesetzt. Wenn sich neue Wurzeln gebildet haben, wird jede Bulbe in einen 10-cm-Topf gepflanzt.

KAUF VON JUNGPFLANZEN

Dennoch sind namenlose Sämlinge, wenn sie von angesehenen Züchtern stammen, in der Regel ein guter Kauf; sie bringen gewöhnlich schöne Blüten hervor, und das Warten auf das, was herauskommen mag, ist spannend und auch nicht ohne Reiz.

Noch näher dem Anfang eines Orchideenlebens ist man beim Kauf von Sämlingen mit bloßen Wurzeln, die in großen Gruppen wuchsen und uneingetopft angeboten werden. Sie müssen in Einzeltöpfe pikiert, gepflegt und nochmals umgetopft werden, aber auch sie bringen zu gegebener Zeit Blüten hervor. Noch preiswerter sind die ganz kleinen Sämlinge, von denen jeweils 35 bis 50 Exemplare in einem Glaskolben mit Agar-Agar angeboten werden. In dieser Form sind meist nur die gängigsten Kultursorten erhältlich; sie werden von Händlern gekauft, die große Mengen von Pflanzen aufziehen und weiterverkaufen. Wo diese Sämlinge erhältlich sind, tut jemand, der sich auf die Aufzucht von Sämlingen versteht und viele Exemplare von einer Sorte benötigt, einen guten Kauf.

SÄMLINGE IN GLASKOLBEN

Sämlinge, die noch auf einem Agar-Agar-Nährboden in Glaskolben wachsen, sollten nur von erfahrenen Orchideengärtnern erworben werden. Die Sämlinge benötigen sehr viel Pflege, und es kann sehr lange dauern – zwischen vier und sieben Jahre –, bis Blüten erscheinen.

In einem Glaskolben wachsende Sämlinge müssen natürlich in gutem Zustand eintreffen; es schadet jedoch nichts, wenn sich einige von ihnen aus ihrem Nährboden gelöst haben. Wenn man die Pflänzchen nicht herausschütteln kann, gibt man lauwarmes Wasser in das Glas und gießt dann Wasser und Sämlinge zusammen aus. Sollten ein paar Exemplare darin hängenbleiben oder sind sie schon so groß, daß sie nicht herausrutschen können, wickelt man den Glaskolben in Zeitungspapier und

(Fortsetzung S. 80)

Der Stammbaum einer Hybride

Zwar blühte die erste von Menschenhand geschaffene Orchideenhybride bereits im Jahre 1856, aber die Schwierigkeit, Samen zur Keimung zu bringen, bestand weiter. Bis 1890 gab es nur 200 registrierte Hybriden.

Nachdem jedoch die Grundlagen für die modernen Keimungstechniken geschaffen waren, stieg die Zahl der Sorten rapide an. Ende der 1970er Jahre lag sie bei über 35 000, und alljährlich kommen Hunderte von Hobbygärtnern und Fachleuten geschaffene neue Kreuzungen hinzu. Da der Stammbaum bei einer ganzen Reihe von ihnen genau verzeichnet wurde, kann man die Entstehungsgeschichte dieser Pflanzen Schritt für Schritt verfolgen.

Auf den folgenden Seiten wird der Stammbaum von Paphiopedilum Miller's Daughter dokumentiert, einer 1971 ausgezeichneten Paphiopedilum-Hybride, deren Vorfahren um 1880 erstmals gekreuzt wurden. Einige Merkmale dieser Vorfahren sind noch heute erkennbar – so die blaßroten Flecken von P. niveum *(oben rechts)* und die rundliche Form von P. bellatulum *(oben links)*

Durch Kreuzungen dieser sechs Paphiopedilum-Arten wurden einige der 38 an der Entstehung von P. Miller's Daughter beteiligten Hybriden hervorgebracht.

Vorfahren

P. BELLATULUM

P. NIVEUM

P. VILLOSUM

P. DRURYI

P. SPICERIANUM

P. INSIGNE

Großeltern

P. BRADFORD 'WESTGATE'

P. CHILTON, AM/RHS

P. F. C. PUDDLE, FCC/RHS

P. CHARDMORE 'MRS. COWBURN', FCC/RHS

Eltern

P. CHANTAL 'ALOHA'
P. DUSTY MILLER 'MARY', AM/RHS

Unter den Vorfahren von P. Miller's Daughter finden sich zahlreiche preisgekrönte Orchideen, darunter auch die makellos geformte P. Dusty Miller 'Mary' (oben). Das berühmteste Familienmitglied dürfte die für die Vererbung der weißen Blütenfarbe bekannte P. F. C. Puddle sein.

Nachkomme

P. MILLER'S DAUGHTER 'CARMEN', AM/RHS

Mit seidigen, weißen Kronblättern, rundlicher Form, kräftigem Stengel und eiförmiger Lippe ist diese Orchidee das Ergebnis 90jähriger Züchtung. Doch auch sie stellt keinen Endpunkt dar, sondern dient ihrerseits wieder als Elternpflanze für künftige Kreuzungen.

zerschlägt ihn. Dann werden die Sämlinge mit lauwarmem Wasser abgespült und die ineinander verwachsenen Wurzeln vorsichtig gelöst. Anschließend erhalten sie ein Bad, dem ein schwaches, Pilze und Bakterien abtötendes Pflanzenschutzmittel zugesetzt wurde; damit wird der Umfallkrankheit vorgebeugt, der Sämlinge leicht zum Opfer fallen. Für das Auspflanzen bereitet man eine flache Schale oder einen Kasten vor; über eine Dränageschicht kommt feingemahlene Borke oder ein geeignetes Sämlingssubstrat aus 3 Teilen Borke und 1 Teil Sand oder aus Borke, Sand und feingesiebtem Torf zu gleichen Teilen. Substrat und Behälter müssen sterilisiert werden, indem man beides bei einer Temperatur von 150° C für eine Stunde in den Backofen stellt. Wenn das Substrat abgekühlt ist, wird es mit der pilz- und bakterientötenden Lösung angefeuchtet.

Zum Einpflanzen der Sämlinge sticht man in Abständen von 2 bis 3 Zentimetern Löcher in das Substrat; dazu kann man etwa einen Schraubenzieher verwenden, der aber unbedingt vorher sterilisiert worden sein muß. Nun wird jeder Sämling in sein Loch gesetzt und das Substrat sanft angedrückt. Das Pflanzgefäß kommt an einen schattigen Ort, an dem die Temperaturen nicht unter 16° C absinken. Für hohe Luftfeuchtigkeit wird durch tägliches Besprühen gesorgt; man kann das Gefäß auch mit durchsichtiger, mit Stöckchen gehaltener Plastikfolie umhüllen. Ein- oder zweimal wöchentlich erhalten die Sämlinge eine schwache Düngergabe (ungefähr ⅓ Teelöffel auf 4 Liter Wasser). Nach ein paar Wochen können sie in helles, indirektes Licht oder unter Leuchtstoffröhren gebracht werden, die täglich 14 bis 16 Stunden lang eingeschaltet sind. Nach 8 bis 12 Monaten sind sie so groß, daß sie in Einzeltöpfe pikiert werden können.

ANZUCHT AUS SAMEN   Mancher Hobbygärtner gewinnt beim Umgang mit den ganz jungen Sämlingen so viel Selbstvertrauen, daß er noch einen Schritt weitergeht und versucht, ganz von vorn anzufangen. Der Meristem-Methode bedienen sich allerdings nur ganz wenige, weit fortgeschrittene Amateure. Bei dieser Methode müssen aus einem Vegetationspunkt winzige, nur unter dem Mikroskop erkennbare Gewebeteilchen herausgeschnitten und in Reagenzgläsern auf einer Apparatur in dauernder Bewegung gehalten werden; später muß das sich entwickelnde Gewebe unter sterilen Laborbedingungen wieder zerteilt werden. Ein solches Vorgehen erfordert nicht nur eine kostspielige Ausrüstung, sondern auch Geschick und Geduld. Weniger kompliziert ist die Anzucht von Orchideen aus Samen.

Dabei ist der erste Schritt, die Bestäubung der Blüte, zugleich der einfachste. In der Natur ist dazu ein recht kompliziertes Zusammenwirken von Blüte und Insekt erforderlich, für eine Menschenhand dagegen ist die Bestäubung das Werk eines Augenblicks. Für den ersten Versuch eignet sich besonders eine große *Cattleya*-Blüte, deren Fortpflanzungsorgane gut zu sehen sind. Wenn sich die Blüte vollständig geöffnet hat, versucht man, mit einer sauberen Pinzette oder einem Zahnstocher die Pollinien aus der Anthere am oberen Ende der Säule zu lösen, wobei man ein Stück Papier unterhält, um sie aufzufangen. Wenn die ganze Anthere herunterfällt, müssen die Pollinien aus ihrer Umhüllung gelöst werden. Sie können nun auf die Narbe der gleichen Blüte, die einer anderen Blüte der gleichen Pflanze oder auf die Narbe einer anderen, genetisch mit ihr verwandten Pflanze übertragen werden. Dieser Vorgang läßt sich vereinfachen, wenn man mit der Pinzette oder dem Zahnstocher zuerst den klebrigen Überzug der Narbe berührt und dann ein Pollinium. In die klebrige Masse der Narbenhöhle wird nun auf beiden Seiten je ein Pollinium hineingedrückt; damit ist die Bestäubung beendet.

ERNTEZEIT

Ein oder zwei Tage später beginnt die bestäubte Blüte zu welken. Sobald das geschieht, werden Kron- und Kelchblätter abgeschnitten, um die Gefahr einer Infektion so gering wie möglich zu halten; die Säule darf dabei jedoch nicht beschädigt werden. Bei genauem Hinsehen erkennt man nach ungefähr einer Woche, daß die Säulenspitze anzuschwellen und der Fruchtknoten sich zu vergrößern beginnt – die Pollenkörner schicken lange, dünne Schläuche mit Samenzellen in ihn hinab. Nach zwei oder drei Monaten kommt es zur Befruchtung. Dann vergehen weitere sechs Monate, bis die Fruchtkapsel ungefähr die Größe einer kleinen Zitrone erreicht hat; nach ungefähr neun Monaten beginnt sie zu vergilben und sich in Längsrichtung zu spalten. Bevor Samen herausfallen können, wird diese Kapsel abgeschnitten und an einem trockenen Ort in einem offenen Glasbehälter gelagert, bis sie sich ganz geöffnet hat. Man schüttet die Samen auf ein Stückchen Papier, das man zu einem kleinen Umschlag

VOM GLASKOLBEN IN DEN KASTEN

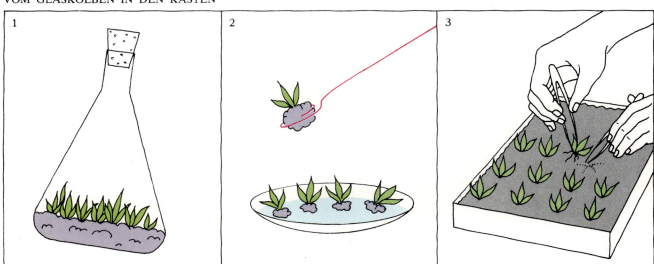

Gelegentlich werden junge Sämlinge in Glaskolben angeboten. Um sie aus dem Gefäß zu holen, gießt man etwas lauwarmes Wasser hinein und schwenkt es behutsam, damit sich der Agar-Agar-Nährboden von den Wurzeln löst.

Die Sämlinge werden aus dem Glaskolben in eine flache Schale gegossen und, falls erforderlich, mit einer Drahtöse voneinander gelöst. Alle Agar-Agar-Reste von den Wurzeln spülen und die Sämlinge dann in einer Fungizid-Lösung baden.

Die ihrer Größe entsprechend sortierten Sämlinge werden gruppenweise in Abständen von 2–3 cm in einen Kasten mit feiner Kiefernborke gepflanzt; die Borke leicht andrücken. Nach einem Jahr kann in Einzeltöpfe pikiert werden.

faltet, auf dem der Name der Sorte oder der Eltern und das Datum vermerkt wird. Dieser Umschlag kommt zusammen mit ein paar Eßlöffeln Kieselgel (zum Absorbieren von Feuchtigkeit) in ein fest verschließbares Gefäß, das im Kühlschrank gelagert wird.

Schwieriger ist der nächste Schritt – die Samen zur Keimung zu bringen. Er sollte Fachleuten überlassen bleiben, da er eine weitgehend sterile Umgebung, eine Laborausrüstung und sehr viel Sorgfalt erfordert.

DER EWIGE TRAUM

Das aufregende Unterfangen, eine besonders geschätzte Orchidee durch Samen zu vermehren, ist fast immer mit einem Traum verknüpft – der verlockenden Vorstellung, es könne eines Tages durch Kreuzen der richtigen Pflanzen eine überragende neue Orchidee entstehen. Die Wahrscheinlichkeit, daß es dazu kommt, ist allerdings sehr gering. Das Kreuzen von Pflanzen ist eine komplizierte Wissenschaft; außerdem gibt es bereits Tausende von Hybriden.

Aber für jeden, den das Orchideenfieber gepackt hat, ist das Schöne noch schöner denkbar, das Duftende noch duftender, das Bizarre noch bizarrer; die Blüten könnten zahlreicher erscheinen, sich länger halten oder in kürzeren Abständen gebildet werden. Den Kombinationsmöglichkeiten sind kaum Grenzen gesetzt, und die Chance, daß bei einer Kreuzung etwas Neues herauskommt, besteht durchaus. Die Vergangenheit lehrt, daß nicht nur Fachleute, sondern auch einfallsreiche und ausdauernde Hobbygärtner solche Neuheiten schaffen können.

Dennoch empfiehlt es sich, früher gemachte Erfahrungen nicht außer acht zu lassen. Natürlich ist man leicht versucht, zwei seiner Lieblingspflanzen auszuwählen, die Pollinien der einen auf die Narbe der anderen zu übertragen und abzuwarten, was herauskommt. Dabei darf man jedoch nichts Unmögliches erwarten. Einmal können nur genetisch verwandte

BESTÄUBUNG VON HAND

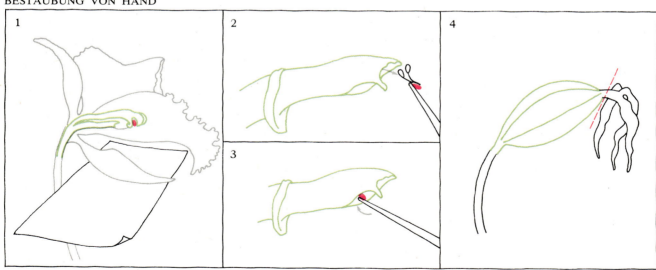

Sollen zwei Orchideen miteinander gekreuzt werden, wählt man das Exemplar mit der kleineren Blüte als Mutter-, das mit der größeren Blüte als Vaterpflanze. Zum Auffangen der Pollinien ein Stück Papier unter die Vaterpflanze halten.

Mit einem sauberen Zahnstocher die Anthere von der Säulenspitze der Mutterpflanze entfernen. Aus der Anthere der Vaterpflanze mit einem anderen Zahnstocher die Pollinien herauslösen (2) und auf die Narbe der Mutterpflanze drücken (3).

Wenn die bestäubte Blüte welkt, werden ihre Kron- und Kelchblätter entfernt. Der Fruchtknoten vergrößert sich, nach 9–12 Monaten ist die Frucht ausgereift. Sie wird kurz vor der Reife geerntet; wenn sie ganz reif ist, fallen die Samen heraus.

Gattungen erfolgreich miteinander gekreuzt werden; so läßt sich eine *Cattleya* zwar mit einer *Laelia* kreuzen, nicht aber mit einer *Paphiopedilum*-Art. Selbst wenn eine Befruchtung stattfindet, muß man möglicherweise nach ein paar Jahren feststellen, daß nur ein kümmerliches Exemplar dabei herausgekommen ist. Schöne, gesunde Eltern bringen nicht nur schöne, gesunde Nachkommen hervor, und unerwünschte Eigenschaften in den Erbanlagen können jederzeit wieder durchschlagen. Damit ist vor allem bei Kreuzungen zwischen Hybriden zu rechnen; die Ergebnisse sind weniger verläßlich als bei Kreuzungen zwischen Wildformen. Die Nachkommen von Hybriden können sehr unterschiedlich aussehen und neben schönen und wüchsigen Exemplaren mit reizvollen Blüten auch verkümmerte und verkrüppelte umfassen.

Bei der Orchideenzucht muß ein Elternteil seine Vorzüge in vielen Kreuzungen über einen langen Zeitraum hinweg unter Beweis gestellt haben. Die erste Kreuzung zwischen zwei Orchideen wurde 1856 von John Dominy unternommen; rund 20 Jahre später wurde von jemand anderem die zweite Hybride geschaffen. Und weitere 20 Jahre später, um 1890, waren erst 200 Kreuzungen gelungen.

Ab 1895 jedoch begann die Zahl der Hybriden so rasch zu wachsen, daß die englische Gartenbaufirma Frederick Sander and Sons begann, die Namensorten in einem Register zusammenzufassen. Dieses beachtliche Werk wurde von der Familie Sander fortgeführt, bis die Royal Horticultural Society es im Jahre 1961 übernahm. Seither werden alle neuen Hybriden dort registriert, und das Register wird durch periodische Veröffentlichungen ständig auf dem neuesten Stand gehalten.

BERÜHMTE AHNEN

Wenn man in *Sanders' List of Orchid Hybrids* nachschlägt, die in vielen botanischen Fachbüchereien sowie bei Orchideen-Gesellschaften und -züchtern erhältlich ist, kann man den Vorfahren jeder Namensorte nachspüren und bei jeder Hybride feststellen, mit welcher anderen sie bereits gekreuzt wurde. Dabei fällt auf, daß manche Pflanzen ihre Elternrolle besser spielen als andere, indem sie erwünschte Eigenschaften verläßlicher an ihre Nachkommen weitergeben. Ihre Namen erscheinen in den Orchideenkatalogen immer wieder; überragende Elternsorten wie *Phalaenopsis* Cast Iron Monarch oder *Paphiopedilum* F. C. Puddle sind jedem Orchideenzüchter ein Begriff.

Die Wahl bewährter Elternpflanzen vergrößert natürlich ganz erheblich die Chance, daß sich unter ihren Nachkommen eine bemerkenswerte neue Orchidee befindet; zugleich ist es aber auch wahrscheinlicher, daß die geplante Kreuzung bereits vorgenommen wurde. Dennoch gibt es ein paar heißersehnte Ergebnisse, die zum Zeitpunkt der Niederschrift dieses Buches noch niemandem gelungen waren – eine *Cattleya* mit Blüten in einem ganz klaren Rot zum Beispiel oder ein reinweiß blühendes *Paphiopedilum*-Exemplar. Und die wahren Romantiker unter den Orchideenliebhabern sind natürlich weiterhin auf der Suche nach der geheimnisvollen schwarzen Orchidee, die sich jedem Zugriff entzieht.

Eine illustrierte Enzyklopädie der Orchideen 5

Obwohl Orchideen exotische Pflanzen sind, blüht doch eine ganze Reihe von ihnen unter den im Haus gegebenen Bedingungen. In der folgenden Enzyklopädie finden sich Arten aus dem tropischen Regenwald, die viel Wärme und Feuchtigkeit benötigen, aber auch solche, die auf nebelverhangenen Bergen wachsen und eine feuchte und kühle Umgebung vorziehen. Der größte Teil der aufgeführten Orchideen paßt sich jedoch den mittleren Temperaturen und der geringen Luftfeuchtigkeit moderner Wohnzimmer an. Damit die bestmöglichen Bedingungen für die Pflanzen geschaffen werden können, ist für jede Art angegeben, welche Temperaturen und wieviel Licht und Feuchtigkeit sie benötigt.

Auch die Wachstumsgewohnheiten der Pflanzen werden beschrieben, da sie für ihre Pflege ebenso bestimmend sind wie der Ort ihrer Herkunft. Es gibt eine Reihe von terrestrischen Orchideen, deren Wurzelsystem sich in der Erde entwickelt. Andere dagegen sind Epiphyten, die sich an Bäume und Felsen klammern und mit Hilfe von Luftwurzeln Nährstoffe und Feuchtigkeit aufnehmen. Epiphytische Orchideen kann man in sogenannten erdefreien Pflanzstoffen kultivieren, die überwiegend aus gemahlener Kiefernborke bestehen, aber auch in Körbchen setzen oder auf ein Stück Korkrinde oder Baumfarnstamm montieren. Terrestrische Orchideen können dagegen in eine Substratmischung gepflanzt werden, die Lauberde oder ähnliches Material enthält. Die unterschiedlichen Substrate verlangen auch unterschiedliche Dünger, deren Zusammensetzung gleichfalls genannt wird. Ein Beispiel: Eine epiphytische, auf einen Baumfarnstamm oder eine ähnliche Oberfläche montierte Orchidee benötigt einen Dünger, der Stickstoff, Phosphor und Kalium zu gleichen Teilen enthält, während dieselbe Orchidee, wenn sie in einem Substrat mit Kiefernborke wächst, einen stickstoffreicheren Dünger erhalten muß.

Die Enzyklopädie beschreibt 85 Orchideengattungen mit zum Teil mehreren Arten und Kultursorten. Der Gattungsname steht in Versalien über jeder Eintragung; die Artbezeichnungen sind kursiv gesetzt, die Namen von Kultursorten gerade. Sofern ein deutscher Name gebräuchlich ist, steht er in Klammern und ist im Register als Querverweis zu dem wissenschaftlichen aufgeführt.

Einige der hier gezeigten Orchideen sind im enzyklopädischen Teil mit einer Einzelabbildung vertreten, andere werden dort nur beschrieben. Zu letzteren gehören die rote Masdevallia coccinea *(unten, Mitte);* Phalaenopsis Dianne Rigg *(links, Mitte); die blau geäderte* Vanda Rothschildiana *(Mitte); die braun gefleckte* Brassia lanceana *(oben rechts); und (darunter)* Laelia pumila *mit langer, zweifarbiger Lippe.*

Aërangis rhodosticta

Aëranthes grandiflora

A

AËRANGIS
A. citrata; A. rhodosticta

Die wächsernen, sternförmigen Blüten dieser Gattung sind cremefarben oder gelb und fallen durch einen Sporn auf, der häufig länger ist als die eigentliche Blüte. Die Pflanzen sind monopodiale Epiphyten, deren Stamm in der Regel klein bleibt. **A.** *citrata* blüht im Spätwinter und Frühjahr. Von einem 10 cm langen Stamm hängt ein etwa 20 cm langer Stengel mit blaßgelben Blüten anmutig über; diese sind 1,5–2,5 cm lang und haben einen 2–3 cm langen Sporn. Die 6–10 fleischigen, immergrünen Blätter werden 7–15 cm lang.

A. *rhodosticta* besitzt einen sehr kurzen Stamm und fleischige, überhängende Blätter, die bis zu 15 cm lang werden. Der prächtige, gleichfalls überhängende Blütenstand erreicht eine Länge von 40 cm und trägt 6–25 cremeweiße Blüten, die 2–3 cm lang sind und eine leuchtendrote Säule haben. Die Blüten halten sich sehr lange und werden vom Herbst bis zum Frühjahr hervorgebracht.

KULTUR. Die *Aërangis*-Arten gedeihen am besten bei Nachttemperaturen von 16°–18° C und Tagestemperaturen von 21°–27° C. Sie benötigen fast das ganze Jahr hindurch indirektes oder gedämpftes Licht oder täglich 14–16 Stunden künstliche Beleuchtung; direkte Sonne vertragen sie nur im Winter. Die Pflanzen können auf ein Stück Korkrinde oder Baumfarnstamm gesetzt oder in ein Substrat eingetopft werden, das aus Osmundafasern und Torfmoos zu gleichen Teilen besteht; um es durchlässiger zu machen, sollte man noch etwas Vermiculit zusetzen. Falls Osmundafasern nicht erhältlich sind, kann statt dessen ausschließlich Torfmoos verwendet werden. Wenn die Pflanzen für ihren Behälter zu groß geworden sind oder das Substrat sich zu zersetzen beginnt und nicht mehr gut dräniert, müssen sie umgetopft werden. Sobald sie fest angewurzelt sind, wird das Substrat gleichmäßig feucht gehalten; die Luftfeuchtigkeit sollte 50–60 % betragen und der Raum gut belüftet sein. Bei jedem dritten Gießen eingetopfter Pflanzen wird dem Gießwasser ein handelsüblicher Orchideendünger mit hohem Stickstoffgehalt zugesetzt; epiphytisch kultivierte Exemplare erhalten bei jedem dritten Gießen einen Zimmerpflanzendünger. Beide Dünger müssen auf die Hälfte der angegebenen Stärke verdünnt werden. Eine Vermehrung ist durch gut entwickelte und bewurzelte Ableger möglich.

AËRANTHES
A. grandiflora

Der Gattungsname dieser spinnenartigen, blaßgrünen, monopodialen Orchidee bedeutet „Luftblume" – die Blüten scheinen in der Luft zu schweben. An der Stammspitze bilden sich lederige neue Blätter; Blütentriebe und Luftwurzeln erscheinen aus den Achseln im unteren Teil des Stammes. Die duftenden Blüten halten sich lange und fallen dadurch auf, daß ihre Kron- und Kelchblätter eine breite Basis haben und in lange, schmale Spitzen auslaufen. Die Blätter werden bis zu 25 cm lang. An einem drahtigen, überhängenden Stengel von 15–25 cm Länge erscheinen 1 oder 2 wächserne Blüten mit einem Durchmesser von 10–15 cm. Die Kelchblätter sowie die kürzeren Kronblätter laufen spitz zu und bilden einen fünfzackigen Stern; die breite, blasse Lippe gleicht einer fleischigen Zunge. Die Blütezeit liegt zwischen Sommer und Winter.

KULTUR. *A. grandiflora* gedeiht in einer feuchten Tropenatmosphäre am besten. Die Temperaturen sollten nachts zwischen 16° und 18° C und am Tage zwischen 21° und 27° C liegen. Die Pflanze benötigt viel, aber gedämpftes Sonnenlicht, ist aber auch mit 14–16 Stunden künstlicher Beleuchtung pro Tag zufrieden. Den Winter über muß sie feucht gehalten werden; damit die Wurzeln nicht faulen, muß das Substrat sehr gut dränieren. Eine Luftfeuchtigkeit von 50–70 % ist erforderlich.

Die besten Ergebnisse erzielt man, wenn man die Pflanzen in Orchideenkörbe mit Osmundafasern oder auf ein Stück Korkrinde oder Baumfarnstamm setzt. Für die Kultur in Töpfen verwendet man ein Substrat aus 7 Teilen gemahlener Borke, dem man je 1 Teil (nach Volumen gemessen) Osmundafasern und Torfmoos zusetzt. Bei jedem dritten Gießen wird mit Flüssigdünger in der Hälfte der angegebenen Stärke gedüngt; in Körben wachsende und epiphytisch kultivierte Exemplare erhalten einen langsam wirkenden Dünger in gekörnter Form. Alle 2 Jahre wird in frisches Substrat umgetopft. Wenn die Pflanzen unansehnlich werden und ihre unteren Blätter abwerfen, teilt man sie bei Einsetzen des neuen Wachstums.

AËRIDES
A. japonicum; A. odoratum; A. vandarum

Diese epiphytischen Orchideen bringen lange Trauben aus kleinen, duftenden Blüten hervor, die sich lange halten. *A. japonicum* ist eine hübsche kleine Art. An ihrem kurzen Stamm entwickeln sich 3 oder 4 kurze und lederige Blätter. Im Frühsommer erscheint ein überhängender Trieb mit bis zu 12 Blüten. Diese sind weiß oder grünlichweiß, 2–3 cm lang und aus ovalen Kron- und Kelchblättern zusammengesetzt; die seitlichen Kelchblätter tragen an der Basis purpurne Streifen, die Lippe ist weiß mit purpurner Zeichnung.

A. odoratum ist in Kultur häufiger anzutreffen. Der Stamm dieser Art kann bis zu 1,50 m hoch werden und trägt eine dichte Masse von glänzenden, riemenförmigen Blättern, die 20–25 cm lang und 5 cm breit werden. Im Sommer hängt der bis zu 60 cm lange Blütenstand unter dem Gewicht von mehr als 20 wächsernen, 2–5 cm langen Blüten über. Die duftenden, weißen Blüten sind oft bräunlich- oder reinpurpurn überhaucht und gefleckt, während die Lippe eine breite, purpurfarbene Schwiele trägt. Die Lippenbasis hat die Form eines hornförmigen Sporns, die Säule ähnelt einem winzigen Vogelkopf. *A. vandarum* bringt im Herbst und Winter reinweiße, duftende Blüten mit gedrehten und gewellten Kronblättern hervor.

KULTUR. Die Arten der Gattung *Aërides* benötigen helles Sonnenlicht oder täglich 14–16 Stunden künstliche Beleuchtung. *A. japonicum* bevorzugt Temperaturen, die nachts zwischen 13° und 16° C und am Tage zwischen 18° und 24° C liegen, sowie eine Luftfeuchtigkeit um 50 %. *A. odoratum* und *A. vandarum* gedeihen im Warmhaus am besten; die Temperaturen sollten nachts zwischen 16° und 18° C und am Tage, vor allem während der Wachstumsperiode, zwischen 21° und 27° C liegen. Eine Luftfeuchtigkeit von 70 % läßt sich durch wassergefüllte Untersetzer, tägliches Besprühen der Pflanzen und Befeuchten der Luft erreichen. Damit keine Pilzkrankheiten auftreten, muß für gute Belüftung gesorgt werden. Alle Arten werden während der Wachstumsperiode reichlich gegossen, benötigen aber ein gut dränierendes Substrat. Im Winter wird weniger gegossen und die Luft weniger stark angefeuchtet.

Als Substrat eignet sich ein handelsüblicher Orchideenkompost oder eine Mischung aus 7 Teilen gemahlener Borke und je 1 Teil Osmundafasern, Torfmoos und Vermiculit. Falls Osmundafasern nicht erhältlich sind, verwendet man statt dessen 2 Teile Torfmoos. Die Töpfe müssen geräumig sein, damit sie das rasch wachsende Wurzelsystem beherbergen können. Auch eine Kultur in Orchideenkörben mit Osmunda- oder Baumfarnfasern ist möglich. Gedüngt wird bei jedem dritten Gießen; eingetopfte Pflanzen benötigen einen stickstoffreichen Orchideendünger, in Körben wachsende einen Dünger mit ausgeglichenem Nährstoffgehalt; in beiden Fällen wird der Dünger auf die Hälfte der angegebenen Stärke verdünnt. Umgetopft wird nur, wenn sich das Substrat zu zersetzen beginnt (in der Regel nach 3 oder 4 Jahren), da die Wurzeln leicht brechen.

Die Vermehrung erfolgt, wenn die Pflanzen unansehnlich werden und die unteren Blätter abzuwerfen beginnen. Wenn sich zu Beginn der Wachstumsperiode die grünen Wurzelspitzen merklich verlängern, trennt man den oberen Teil der Pflanze so ab, daß zu beiden Seiten der Schnittstelle Wurzeln vorhanden sind. Dann lenkt man die Luftwurzeln des oberen Teils in einen neuen Topf und umgibt sie mit Substrat. Außerdem können sich an der Pflanzenbasis Seitentriebe entwickeln, die man abtrennen und eintopfen kann.

Aërides odoratum

Angraecum sesquipedale

Anguloa clowesii

AËRIDES RETUSUM siehe *Rhynchostylis*

ANGRAECUM
A. distichum, Syn. *Mystacidium distichum; A. sesquipedale*
 Dieser Gattung gehören über 200 Arten an, die sich in Größe, Struktur und Wachstumsgewohnheiten voneinander unterscheiden. Es sind monopodiale Epiphyten, die überwiegend weiße oder blaßgrüne, sternförmig ausgebreitete Blüten mit langen und geschwungenen Spornen tragen. *A. distichum* wird nur 7–12 cm hoch. Gut entwickelte Pflanzen können im Herbst bis zu 100 weiße Blüten mit einem Durchmesser von 0,5–1 cm hervorbringen, die wie Narzissen duften und sich etwa 2 Wochen halten. Auch zu anderen Jahreszeiten können Blüten erscheinen. Fleischige und leuchtendgrüne, 0,5 cm breite Blätter überlappen einander am Stamm.
 A. sesquipedale blüht im Winter, oft um die Weihnachtszeit. An jedem Trieb erscheinen 2–4 duftende Blüten. Sie halten sich lange, sind sternförmig und elfenbeinweiß und können einen Durchmesser bis zu 18 cm haben; von jeder Blüte hängt ein fast 30 cm langer, gelblichgrüner Sporn herab. An dem 60–90 cm hohen Stamm sitzen dunkle, oft weiß bepuderte, überhängende Blätter, die ungefähr 30 cm lang und bis zu 5 cm breit sind.
 KULTUR. Die meisten Arten der Gattung **Angraecum** können sich den Bedingungen auf einer Fensterbank anpassen; sie gedeihen am besten in indirektem Licht oder bei täglich 14–16 Stunden künstlicher Beleuchtung. Ideal sind Temperaturen, die nachts zwischen 13° und 16° C und tagsüber zwischen 18° und 24° C liegen. Die Kultur ist möglich in Orchideenkörben mit Osmunda- oder Baumfarnfasern, auf einem Stück Korkrinde oder Baumfarnstamm sowie in Töpfen mit einer Mischung aus je 1 Raumteil Osmundafasern, Torfmoos, Vermiculit und gemahlener Borke. Die Mischung muß ständig feucht gehalten werden, aber gut dränieren; damit eine Luftfeuchtigkeit von ungefähr 60 % gewährleistet ist, wird der Topf auf einen feuchtigkeitsspendenden Untersetzer gestellt.
 Die Pflanzen werden bei jedem dritten Gießen gedüngt. In Töpfen wachsende Exemplare benötigen einen stickstoffreichen Dünger, in Körben oder epiphytisch kultivierte einen handelsüblichen Zimmerpflanzendünger; beide Dünger werden auf die Hälfte der angegebenen Stärke verdünnt. Eine Vermehrung ist durch Abtrennen und Eintopfen bewurzelter Seitentriebe möglich. Außerdem kann man eine gesunde Pflanze, die mindestens 20 cm lange Luftwurzeln entwickelt hat, so teilen, daß beiderseits der Schnittstelle mehrere Wurzeln vorhanden sind. Das abgetrennte Teil wird eingetopft; bei richtiger Pflege blüht auch die Mutterpflanze später wieder.

ANGRAECUM ARCUATUM siehe *Cyrtorchis*
ANGRAECUM FALCATUM siehe *Neofinetia*

ANGULOA
A. clowesii; A. ruckeri
 Die Blüten dieser Gattung weisen zwei Eigentümlichkeiten auf: Durch ihre becherförmig angeordneten Kelchblätter sehen sie Tulpenblüten sehr ähnlich; außerdem ist die Lippe so beweglich angesetzt, daß sie schon im leichtesten Windhauch schaukelt. Aus Pseudobulben entwickeln sich lange, breite, sommergrüne Blätter; außerdem bringt jede Pseudobulbe einen Blütenstand hervor.
 Im späten Frühjahr entwickeln sich an den 20–30 cm langen, beblätterten Stengeln von *A. clowesii* duftende, wächserne Einzelblüten mit zitronen- bis goldgelben Kron- und Kelchblättern, die die kleinen, mit weißem Flaum besetzten Lippen fast verdecken. Die Blüten werden bis zu 8 cm lang und 5–8 cm breit. Aus der Spitze jeder Pseudobulbe wachsen 2–4 runzelige, 45–60 cm lange Blätter.
 A. ruckeri ist ähnlich, besitzt jedoch kleinere Blätter und größere, gleichfalls duftende Blüten, die außen olivgrün bis gelb gefärbt sind,

während die Innenseiten der Kronblätter ein leuchtendes Rot aufweisen. *A. ruckeri* blüht vom Frühjahr bis zum Sommer.

KULTUR. Die Arten der Gattung *Anguloa* bevorzugen eine kühle und schattige Umgebung. Wenn sie unter künstlicher Beleuchtung kultiviert werden, sollte diese täglich 14–16 Stunden eingeschaltet sein. Zu empfehlen sind Nachttemperaturen von 10°–13° C, Tagestemperaturen von 16°–21° C sowie eine Luftfeuchtigkeit von 50 %. Während der Wachstumsperiode wird reichlich gegossen; nach der Blüte dürfen die Pflanzen bis zum Einsetzen des neuen Wurzelwachstums mehrere Wochen lang kein Wasser erhalten. Diese Ruheperiode ist für die Ausbildung von Blüten unerläßlich.

Als Substrat eignet sich eine gut dränierende Mischung aus 2 Teilen grobem Torf, 2 Teilen sandiger Lehmerde und je 1 Teil Vermiculit und feiner Kiefernborke; auch ein handelsübliches Orchideensubstrat kann verwendet werden. Während der Wachstumsperiode erhalten die Pflanzen bei jedem dritten Gießen einen auf die Hälfte der angegebenen Stärke verdünnten Zimmerpflanzendünger. Eine Vermehrung ist durch Teilung beim Umtopfen möglich; jedes Teilstück muß aus 3 oder 4 Pseudobulben bestehen.

ANOECTOCHILUS siehe *Haemaria*

ANSELLIA
A. africana
Diese tropische Orchidee fällt durch eine kräftige braune Zeichnung auf ihren gelben Blüten auf. Sie ist leicht zur Blüte zu bringen und sieht auch dann sehr hübsch aus, wenn sie nicht in Blüte steht. Zwischen einer dichten Masse aufrechter Luftwurzeln entwickeln sich 60–90 cm hohe, schilfähnliche Pseudobulben, an deren Seiten sich 4–7 lederige Blätter von bis zu 30 cm Länge und 3 cm Breite bilden. Vom Frühjahr bis zum Sommer erscheinen aus den Blattachseln verzwegte Triebe, die unter dem Gewicht zahlreicher Blüten überhängen. Die Blüten sind 2–5 cm lang und halten sich im allgemeinen ungefähr einen Monat.

KULTUR. *A. africana* benötigt direkte Sonne oder täglich 14–16 Stunden künstliche Beleuchtung. Während der Wachstumsperiode sollten die Nachttemperaturen zwischen 16° und 18° C und die Tagestemperaturen zwischen 21° und 27° C liegen. In dieser Zeit wird das Substrat völlig durchnäßt, muß dann aber etwas abtrocknen, bevor wieder gegossen werden darf. Für eine Luftfeuchtigkeit von 50–70 % wird gesorgt, indem man den Topf auf einen feuchtigkeitsspendenden Untersetzer stellt, täglich Wasser versprüht und einen Luftbefeuchter einsetzt. Zum Schutz vor Pilzkrankheiten muß für gute Belüftung im Umkreis der Pflanzen gesorgt werden. Wenn die Pseudobulben ausgereift sind, werden Boden- und Luftfeuchtigkeit etwas verringert, um die Pflanzen zu reichlicher Blütenbildung anzuregen. Als Substrat eignet sich eine Mischung aus 7 Teilen Kiefernborke, 1 Teil Vermiculit und 1 Teil grobem Torf oder Torfmoos. Bei jedem dritten Gießen wird mit einem handelsüblichen, stickstoffreichen Orchideendünger in der Hälfte der angegebenen Stärke gedüngt. Eine Vermehrung ist durch die Ableger möglich, die sich in den Blattachseln entwickeln, außerdem durch Teilung beim Umtopfen; jedes Teilstück muß aus 3 oder 4 Pseudobulben bestehen.

ARACHNIS
A. flos-aëris, Syn. *Epidendrum flos-aëris* (und 8 weitere Synonyme)
Sichelförmige Kelchblätter, nach innen gewölbte seitliche Kronblätter und ein beutelförmiger Sporn an der Lippenbasis kennzeichnen diese beliebte epiphytische Orchidee. In der Natur schlingt sich der kräftige Stamm, der bis zu 4,50 m lang werden kann, um Bäume. Die Blätter sind 10–18 cm lang, die Blüten, die fast das ganze Jahr hindurch erscheinen, sitzen an 1,20–1,50 m langen Trieben. In Kultur erscheinen im Herbst an jedem Trieb 8–15 wie Moschus duftende,

Ansellia africana

Arachnis flos-aëris

x *Ascocenda* Meda Arnold

glänzend blaßgelbe Blüten, die purpurn bis bräunlich getüpfelt und gestreift sind und bis zu 10 cm lang und 8 cm breit werden.

KULTUR. *A. flos-aëris* gelangt nur bei sehr viel direktem Sonnenlicht zur Blüte. Die Temperaturen sollten nachts zwischen 16° und 18° C und am Tage zwischen 21° und 29° C liegen. Eine Luftfeuchtigkeit von 50–70 % läßt sich erreichen, indem man die Pflanze auf einen feuchtigkeitsspendenden Untersetzer stellt, täglich Wasser versprüht und einen Luftbefeuchter einsetzt. Die Ansprüche dieser Orchidee lassen sich im Warmhaus am besten erfüllen. Da sie das ganze Jahr hindurch reichlich gegossen werden muß, ist gute Belüftung zum Schutz vor Pilzkrankheiten unerläßlich. Man pflanzt sie in einen Topf, in dem ihr Wurzelsystem genügend Platz findet; als Substrat eignet sich eine Mischung aus 7 Teilen Kiefernborke, 1 Teil Osmundafasern, 1 Teil Vermiculit und 1 Teil grobem Torf. Bei jedem Gießen wird mit einem stickstoffreichen Orchideendünger in der Hälfte der angegebenen Stärke gedüngt. Wenn sich das Substrat zu zersetzen beginnt, muß umgetopft werden (durchweg alle 2 Jahre).

Wenn die Pflanzen ihre unteren Blätter abzuwerfen beginnen, sollten sie bei Einsetzen des neuen Wachstums geteilt werden; beiderseits der Schnittstelle müssen einige Wurzeln vorhanden sein. Die Wurzeln des oberen Teils werden angefeuchtet, in einen neuen Topf geleitet und mit frischem Substrat umgeben. Auch an der Pflanzenbasis kann sich Neuzuwachs bilden, wenn sie mit einer Schicht Torfmoos abgedeckt wird.

x ASCOCENDA

x *A.* Meda Arnold; x *A.* Tan Chai Beng; x *A.* Yip Sum Wah

Aus einer Kreuzung zwischen den Gattungen *Ascocentrum* und *Vanda* hervorgegangen, vereinen diese Orchideen in sich die geringe Höhe und leuchtende Blütenfärbung der Gattung *Ascocentrum* mit den größeren Blüten der Gattung *Vanda*. An Trieben, die aus den unteren Achseln eines 20–40 cm langen Stammes erscheinen, entwickeln sich Gruppen aus 2–8 cm großen Blüten mit flachen Kron- und Kelchblättern sowie kleinen, becherförmigen Lippen.

x *A.* Meda Arnold bringt Blüten hervor, deren Farbskala von Orange über Rot zu Bläulichviolett reicht; sie können einfarbig oder gesprenkelt sein. x *A.* Tan Chai Beng blüht blau bis purpurn, während x *A.* Yip Sum Wah, eine der bekanntesten Sorten, rosa, orangefarbene oder rote, gelegentlich gesprenkelte Blüten trägt. Diese Pflanzen eignen sich für die Kultur auf beengtem Raum, da sie schon in 10- oder 20-cm-Töpfen im Frühjahr oder Sommer ein- oder mehrmals Blüten hervorbringen, die sich einen Monat lang halten können.

KULTUR. Diese Orchideen sind zwar sehr anpassungsfähig, blühen aber am besten, wenn sie reichlich Licht und Wärme erhalten. Sie bevorzugen direkte Sonne oder täglich 14–16 Stunden künstliche Beleuchtung sowie Temperaturen, die nachts zwischen 16° und 18° C und tagsüber zwischen 21° und 27° C liegen. Eine Luftfeuchtigkeit von 50–70 % erreicht man durch feuchtigkeitsspendende Untersetzer, Versprühen von Wasser und Verwendung eines Luftbefeuchters. Das Substrat muß gleichmäßig feucht gehalten werden und gut dränieren, damit die Wurzeln nicht faulen; im Umkreis der Pflanzen muß für gute Luftzirkulation gesorgt werden.

Die Pflanzen können in Körbe aus Teak oder Hartholz gesetzt werden, die mit Osmunda- oder Baumfarnfasern gefüllt sind, oder in Töpfe mit einem handelsüblichen Substrat auf der Basis von Kiefernborke oder einer Mischung aus volumengleichen Teilen von Osmundafasern, Vermiculit und Torfmoos sowie 5 Teilen gemahlener Borke. Gedüngt wird bei jedem dritten Gießen mit einem auf die Hälfte der angegebenen Stärke verdünnten Dünger; für eingetopfte Pflanzen wird ein stickstoffreicher Orchideendünger verwendet, für Pflanzen in Körben ein handelsüblicher Zimmerpflanzendünger.

Wenn das Substrat sich zu zersetzen beginnt (gewöhnlich nach 3–4 Jahren), müssen die Pflanzen umgetopft werden. Eine Vermehrung ist zu Beginn der Wachstumsperiode möglich. Dabei wird der Stamm so geteilt, daß sich beiderseits der Schnittstelle Luftwurzeln befinden;

die Luftwurzeln des abgetrennten Teils werden angefeuchtet, in einen Topf oder einen Holzkasten gelenkt und mit gut angedrücktem Substrat umgeben. Auch an der Basis der alten Pflanze kann sich nach einiger Zeit Neuzuwachs bilden.

ASCOCENTRUM
A. ampullaceum, Syn. *Saccolabium ampullaceum; A. miniatum; A. Sagarik Gold*

Zahllose Blüten in leuchtenden Rot-, Gelb- und Orangetönen machen den Reiz dieser Gattung kurzstämmiger, monopodialer Epiphyten aus. Im Frühjahr und Sommer bringt *A. ampullaceum* an einem bis zu 25 cm langen Stamm einen oder mehrere aufrechte, ungefähr 15 cm lange Stände aus dunkelrosa Blüten von 12–18 mm Durchmesser hervor. Die dicht beieinanderstehenden, lederigen Blätter sind 12–15 cm lang und knapp 2 cm breit.

Die kleinwüchsige Art *A. miniatum* bringt im Frühjahr und Frühsommer 20–40 leuchtend gelborange Blüten in einer aufrechten Traube hervor. Fleischige, 7–20 cm lange Blätter schmiegen sich um den knapp 10 cm hohen Stamm. Bei *A. Sagarik Gold* ist der Stamm etwas länger, und die Blüten sind etwas dunkler gefärbt als bei *A. miniatum.* Ihren Namen erhielt diese Sorte nach einem thailändischen Züchter, der *A. miniatum* mit *A. curvifolium* kreuzte.

KULTUR. Wegen ihres großen Licht- und Wärmebedarfs lassen sich diese Orchideen im Warmhaus am besten kultivieren. Sie benötigen direkte Sonne oder täglich 14–16 Stunden künstliche Beleuchtung, Nachttemperaturen von 16°–18° C, Tagestemperaturen von 21°–29° C sowie eine Luftfeuchtigkeit von mindestens 50 %. Sie können in Körben mit Osmunda- oder Baumfarnfasern ebenso kultiviert werden wie in Töpfen mit einer Mischung aus 5 Teilen gemahlener Borke und je 1 Raumteil Vermiculit, Osmundafasern und Torfmoos; auch ein handelsübliches Orchideensubstrat ist geeignet. Das Substrat muß gleichmäßig feucht gehalten werden. Eingetopfte Pflanzen erhalten bei jedem dritten Gießen einen stickstoffreichen Orchideendünger; Pflanzen in Körben erhalten ebenso oft einen langsam wirkenden gekörnten Dünger oder werden regelmäßig mit einem Blattdünger besprüht. In jedem Fall muß der Dünger auf die Hälfte der angegebenen Stärke verdünnt werden. Umgetopft wird, wenn das Substrat sich zu zersetzen beginnt und nicht mehr gut dräniert. Eine Vermehrung ist durch Seitentriebe möglich, an denen sich mehrere Wurzeln gebildet haben.

Ascocentrum ampullaceum

ASPASIA
A. epidendroides, Syn. *A. fragrans* und *Odontoglossum aspasia*

Ihr dunkles, immergrünes Laub macht die epiphytische Art *A. epidendroides* zu einer hübschen Zimmerpflanze; sie ist leicht zu kultivieren, und ihre Blüten halten sich lange. Aus jeder der 5 cm breiten und fast 15 cm hohen Pseudobulben entwickeln sich 2 ungefähr 30 cm lange, lederige Blätter. Im Frühjahr und Sommer erscheinen an der Basis jeder Pseudobulbe 1 oder 2 Triebe, an denen 2–12 Blüten von 3–4 cm Länge sitzen, die sich in der Regel 5–7 Wochen halten. Sie sind weiß bis grün gefärbt und lavendelfarben oder braun gezeichnet. Die Lippe ist gewöhnlich weiß mit lavendelfarbener oder purpurner Zeichnung und gelbem Zentrum.

KULTUR. *A. epidendroides* bevorzugt gemäßigte Temperaturen, die während der Wachstumsperiode nachts zwischen 13° und 16° C und am Tage zwischen 18° und 24° C liegen sollten; im Winter sind Tagestemperaturen von 10°–16° C zu empfehlen. Die Luftfeuchtigkeit sollte zwischen 50 und 70 % liegen. Der Lichtbedarf dieser Art ist gering; sie kann auf einer Fensterbank kultiviert werden oder bei täglich 14–16 Stunden schwacher künstlicher Beleuchtung.

Die Pflanze kann auf ein Stück Korkrinde montiert oder in einen Topf gepflanzt werden, der eine Mischung aus 7 Teilen gemahlener Borke, je 1 Raumteil Osmundafasern und Torfmoos sowie etwas Vermiculit zur Verbesserung der Dränage enthält. Während der

Aspasia epidendroides

Wachstumsperiode muß das Substrat feucht gehalten, darf aber nicht durchnäßt werden; dann wird eine einmonatige Ruheperiode eingehalten, während der das Substrat jedoch nicht völlig austrocknen darf. Bei jedem dritten Gießen erhalten eingetopfte Pflanzen einen stickstoffreichen Orchideendünger und epiphytisch kultivierte Exemplare einen handelsüblichen Zimmerpflanzendünger; beide Dünger werden auf die Hälfte der angegebenen Stärke verdünnt. Wenn das Substrat sich zu zersetzen beginnt und nicht mehr gut dräniert, wird bei Einsetzen des neuen Wurzelwachstums umgetopft. Eine Vermehrung ist zum gleichen Zeitpunkt durch Teilung in Gruppen von 3 oder 4 Pseudobulben möglich.

B

BARKERIA
B. spectabilis, Syn. *B. lindleyana* var. *spectabilis, Epidendrum lindleyanum* var. *spectabile* und *E. spectabile*

Die Arten der Gattung *Barkeria* haben viele Merkmale mit denen der Gattung *Epidendrum* gemeinsam und wurden früher auch dieser zugerechnet. Es sind Epiphyten mit aufrechten Pseudobulben, von denen jede mehrere schmale, etwas fleischige Blätter hervorbringt. Blütenfarbe und Lippenform sind variabel, die Blüten erscheinen in endständigen Trauben oder Rispen an langen Trieben.

B. spectabilis ist in Mexiko, Guatemala, Honduras und Costa Rica heimisch und eine sehr variable Art. Ihre spindelförmigen Pseudobulben werden bis zu 15 cm lang, die grünen Blätter sind sehr schmal, laufen spitz zu und haben häufig purpurne Streifen. Sie sind fleischig, aber relativ kurzlebig und werden bald abgeworfen. Die hängenden Blüten haben einen Durchmesser von 5–8 cm, die Blütenfarbe liegt zwischen Reinweiß und Dunkelpurpurn; die Lippen sind gewöhnlich rötlichpurpurn gefleckt. Die Blütezeit setzt im Winter ein und dauert das ganze Frühjahr hindurch an.

KULTUR. Die Arten der Gattung *Barkeria* gedeihen im Gewächshaus am besten. Sie bevorzugen helles, indirektes Licht, können aber auch bei künstlicher Beleuchtung kultiviert werden, wenn diese täglich 14–16 Stunden eingeschaltet ist. Die Nachttemperaturen dürfen nicht unter 13° C absinken, die Tagestemperaturen sollten zwischen 18° und 21° C liegen, die Luftfeuchtigkeit zwischen 50 und 75 %. An heißen Tagen muß das Gewächshaus gut belüftet werden.

B. spectabilis kann in eine handelsübliche Orchideenmischung oder in das für *Epidendrum* empfohlene Substrat gepflanzt werden. 2–3 Tage nach dem Eintopfen wird das Substrat leicht angefeuchtet; die Pflanzen benötigen eine hohe Luftfeuchtigkeit, bis das neue Wurzelwachstum eingesetzt hat. Von diesem Zeitpunkt an wird ausgiebiger gegossen, das Substrat muß jedoch vor jedem erneuten Gießen etwas abgetrocknet sein. Während der Wachstumsperiode können die Pflanzen bei jedem dritten Gießen einen auf die Hälfte der angegebenen Stärke verdünnten stickstoffreichen Flüssigdünger erhalten. Im Herbst sollten sie weniger Wasser und mehr Licht als üblich erhalten; diese angedeutete Ruheperiode gewährleistet neue Blüten. Jedes zweite Jahr wird umgetopft. Eine Vermehrung ist durch Teilung beim Umtopfen möglich.

BIFRENARIA
B. harrisoniae

Die Arten dieser Gattung wachsen in tropischen Wäldern auf Bäumen und bemoosten Steinen, wobei sie häufig gewaltige Kolonien aus kantigen und glänzenden Pseudobulben bilden, denen lederige Blätter und hübsche große Blüten entwachsen.

B. harrisoniae bringt in der Regel aus den jüngsten Pseudobulben zwei Stengel hervor, an denen jeweils 1 oder 2 cremeweiße Blüten von 7–8 cm Durchmesser sitzen; die behaarten Lippen sind purpurn oder kastanienbraun mit leuchtendgelben Schwielen. Die süß duftenden Blüten erscheinen im Frühjahr oder zu Beginn des Sommers und halten sich lange. Aus den 5–8 cm hohen, eiförmigen Pseudobulben

Barkeria spectabilis

gehen immergrüne, bis zu 30 cm lange und 12 cm breite Blätter hervor, die wie gelackt aussehen.

KULTUR. Während der Wachstumsperiode im Sommer benötigt *B. harrisoniae* Temperaturen, die nachts zwischen 13° und 16° C liegen und am Tage zwischen 18° und 24° C, sowie täglich 3–4 Stunden direkte Sonne oder 14–16 Stunden künstliche Beleuchtung. Das Substrat muß gleichmäßig feucht gehalten werden, die Luftfeuchtigkeit sollte mindestens 50 % betragen.

Wenn die neuen Pseudobulben ausgereift sind, benötigt die Pflanze, um neue Blüten ansetzen zu können, eine 3–5 Wochen dauernde Ruheperiode an einem kühleren und schattigeren Ort; sie erhält nur so viel Wasser, daß die Pseudobulben nicht schrumpfen. Die Kultur erfolgt in Töpfen mit einem handelsüblichen Orchideensubstrat oder einer Mischung aus 7 Teilen gemahlener Borke, 1 Teil Osmundafasern, 1 Teil Vermiculit und 1 Teil grobem Torf (oder 2 Teilen Torf, falls Osmundafasern nicht erhältlich sind). Gedüngt wird während der Wachstumsperiode mit einem auf die Hälfte der angegebenen Stärke verdünnten stickstoffreichen Dünger. Wenn die Pflanzen für ihren Topf zu groß geworden sind oder das Substrat erneuert werden muß, kann man sie während der Ruheperiode umtopfen. Eine Vermehrung ist durch Teilung nach der Blüte möglich; jedes Teilstück muß 4 oder 5 Pseudobulben haben.

BLETILLA
B. striata, Syn. *B. hyacinthina* und *Bletia hyacinthina*

Die terrestrischen *Bletilla*-Arten besitzen kurze Wurzelstöcke, die Büschel oder Polster aus auffallend geäderten, lanzettlichen Blättern hervorbringen. Die Blütenstände ähneln denen der Gattung *Cymbidium* und erscheinen im Sommer. Von den insgesamt neun in Ostasien heimischen Arten ist fast ausschließlich *B. striata* erhältlich und in Kultur verbreitet. Sie ist in China und Japan wildwachsend anzutreffen und eignet sich hervorragend für Anfänger, weil sie sehr widerstandsfähig und leicht zu kultivieren ist. Ihre überhängenden, gefältelten Blätter erreichen eine Länge von 30 cm und mehr; an den langen, drahtigen Trieben sitzen mehrere 3–4 cm große, rosapurpurne Blüten mit dunkleren, längs gerippten Lippen. Die Blätter sterben im Herbst ab; anschließend legen die Pflanzen eine Ruheperiode bis zum nächsten Frühjahr ein.

KULTUR. *B. striata* kann fast überall im gemäßigten Klima im Freien kultiviert werden, sofern sie an einem geschützten Standort tief eingepflanzt wird. Der Boden sollte humusreich und feucht, aber gut dräniert sein. Man kann sie auch als Topfpflanze im Kalthaus halten; ihr Standort sollte im Sommer leicht beschattet und gut belüftet sein. Als Substrat kommt jede handelsübliche Blumenerde in Betracht, bessere Erfolge erzielt man jedoch mit einem Torfkultursubstrat. Während der Wachstumsperiode wird reichlich gegossen und alle 2 Wochen mit einem Flüssigdünger gedüngt. Wenn das Laub im Herbst zu vergilben beginnt, schränkt man das Gießen so weit ein, daß das Substrat nur ganz wenig feucht ist. Eine Vermehrung ist möglich durch Teilung der Wurzelstöcke im Herbst oder bei Einsetzen des neuen Wachstums im Frühjahr.

BRASSAVOLA
B. cordata; *B. cucullata*; *B. digbyana*, korrekt *Rhyncholaelia digbyana*; *B. glauca*, korrekt *Rhyncholaelia glauca*; *B. nodosa*

Die Arten dieser Gattung sind überwiegend Epiphyten mit dünnen Pseudobulben, die je ein fleischiges Blatt tragen. Die Blüten haben schmale, spitz zulaufende Kron- und Kelchblätter und eine breite, herzförmige Lippe. Sie erscheinen einzeln oder in Trauben bis zu 7 Stück an einem Trieb. Die Blütezeit ist je nach Art verschieden.

Die Pseudobulben von *B. cordata* werden 7–12 cm, die Blätter 40 cm lang. Zwischen Sommer und Herbst erscheinen 3–6 duftende, blaßgrüne Blüten von 4 cm Durchmesser; jede Blüte besitzt eine große, weiße, Lippe, die die Säule wie eine Klaue umschließt.

Bifrenaria harrisoniae

Bletilla striata

Brassavola digbyana

Brassavola nodosa

B. cucullata bietet mit ihren cremeweißen, zugespitzten und herabhängenden, bandähnlichen Kron- und Kelchblättern von 10 cm Länge einen etwas gespenstischen Anblick. An *B. digbyana* fällt vor allem die ungewöhnlich breite, gefranste Lippe auf. Im Frühjahr oder Sommer erscheint eine einzige herrliche Blüte mit einem Durchmesser von ungefähr 18 cm, die wächsern glänzt und in der Nacht einen zitronenähnlichen Duft verströmt. Kron- und Kelchblätter sind blaß gelblichgrün, die etwa 8 cm breite Lippe ist weiß mit einem gelblichgrünen Fleck im Schlund und einem Anflug von Goldgelb am unteren Rand. Diese Art kann bis zu 45 cm hoch werden.

Blätter und Pseudobulben von *B. glauca* sind blaßgrün und häufig weiß bepudert. Im Herbst oder Frühjahr erscheinen duftende Einzelblüten mit einem Durchmesser von 7–10 cm. Die blaßgrünen Kron- und Kelchblätter sind hinter einer weißen, wachsartig geränderten Lippe sternförmig ausgebreitet.

B. nodosa verströmt in der Nacht einen süßen Duft. An jedem Trieb stehen 5–10 cm große, spinnenartige Blüten in Gruppen von 1–6; sie haben weiße Lippen und weiße oder grünliche Kron- und Kelchblätter. Diese Art blüht möglicherweise nur im Spätsommer oder Winter, kann aber unter idealen Bedingungen über das ganze Jahr verteilt bis zu 50 Blüten hervorbringen.

KULTUR. Die *Brassavola*-Arten bevorzugen Temperaturen, die nachts zwischen 13° und 16° C und am Tage zwischen 18° und 24° C liegen, sowie eine Luftfeuchtigkeit von 40–60 % im Winter und 40–70 % im Sommer. Während ihrer Wachstumsperiode benötigen sie 3–5 Stunden direkte Sonne an einem Südfenster oder 14–16 Stunden kräftige künstliche Beleuchtung pro Tag. Eine Kultur ist möglich auf aufgehängten Rindenstücken oder in Töpfen mit einem handelsüblichen Orchideensubstrat oder einer Mischung aus 7 Teilen gemahlener Borke und je 1 Raumteil Osmundafasern, Vermiculit und grobem Torf (oder 2 Teilen Torf, falls Osmundafasern nicht erhältlich sind). Die Töpfe sollten auf einem feuchtigkeitsspendenden Untersetzer stehen. Bis die Pflanzen fest verwurzelt sind, wird nur wenig gegossen; danach darf das Substrat vor jedem erneuten Gießen nur noch wenig feucht sein. Nach der Blüte benötigen die Pflanzen eine zweiwöchige Ruheperiode, während der sie nur so viel Wasser erhalten, daß das Substrat nicht völlig austrocknet.

Gedüngt wird bei jedem dritten Gießen. Eingetopfte Pflanzen erhalten einen stickstoffreichen Dünger, epiphytisch kultivierte Exemplare einen handelsüblichen Zimmerpflanzendünger; in beiden Fällen ist der Dünger auf die Hälfte der angegebenen Stärke zu verdünnen. Wenn das Substrat sich zu zersetzen beginnt und nicht mehr gut dräiniert oder der Wurzelstock der Pflanzen über den Topfrand hinauswächst, muß umgetopft werden; das ist in der Regel alle 2–3 Jahre erforderlich. Eine Vermehrung ist durch Teilung in Gruppen von 3 oder 4 Pseudobulben möglich.

BRASSIA

B. caudata; B. lanceana; B. lawrenceana; B. maculata, Syn. *B. guttata; B. verrucosa*

Typisch für die epiphytischen *Brassia*-Arten sind lange, dünne Kron- und Kelchblätter, die aussehen wie Spinnenbeine; die Kronblätter sind meist kleiner. Die 7–15 cm langen Pseudobulben bringen je 1–3 Blätter und 1 oder 2 Blütentriebe hervor.

B. caudata bildet im Herbst 2 überhängende, 40–45 cm lange Triebe mit 3–12 Blüten von 12–20 cm Länge aus. Kron- und Kelchblätter sind grünlichgelb gefärbt und braun gepunktet; die breite, gekräuselte, gelbe oder gelblichgrüne Lippe läuft spitz zu und trägt nahe der Basis einen braunen Fleck. Die ledrigen Blätter sind immergrün und werden bis zu 30 cm lang und 6 cm breit.

Die stark duftenden Blüten von *B. lanceana* werden bis zu 12 cm lang; ihre Kron- und Kelchblätter sind grünlichgelb mit braunen Flecken, die Lippe ist cremefarben und häufig gleichfalls braun gefleckt. Die Blütentriebe werden ungefähr 45 cm lang, tragen 7–12 Blüten und erscheinen im Sommer und Herbst.

B. lawrenceana ist eine besonders hübsche Art. Die Kelchblätter, die eine Länge von 8 cm und mehr erreichen, sind ebenso wie die Kronblätter braun und grün gefärbt, die Lippe ist grün und gelb. Die Blüten duften und erscheinen im Spätsommer in langen Ständen.

B. maculata hat 12–20 cm lange Blüten, die gewellte Lippe ist cremeweiß mit braunen oder purpurnen Flecken. Die Pflanze bringt zwischen Herbst und Frühjahr ein- oder zweimal ihre duftenden Blüten hervor, die sich 6 Wochen lang halten können.

An den überhängenden Trieben von *B. verrucosa* sitzen 10–15 duftende, grünliche Blüten mit schwärzlichpurpurnen Flecken und weißer, grün gefleckter Lippe. Die Blüten haben einen Durchmesser von 15–20 cm und erscheinen im Frühsommer.

KULTUR. Die Arten dieser Gattung blühen bereitwillig und können auf der Fensterbank kultiviert werden; bei künstlicher Beleuchtung muß diese täglich 14–16 Stunden eingeschaltet sein, wenn sich Blüten bilden sollen. Die Temperaturen sollten nachts zwischen 13° und 16° C und tagsüber zwischen 18° und 24° C liegen. Während der Wachstumsperiode muß reichlich gegossen und für eine Luftfeuchtigkeit von 50–70 % sowie gute Belüftung gesorgt werden. Wenn die neuen Pseudobulben ausgereift sind, ist eine Ruheperiode von 2 Wochen erforderlich, während der die Pflanzen nicht gedüngt, weniger gegossen und kühler gehalten werden. *Brassia*-Arten können in ein handelsübliches Orchideensubstrat eingetopft werden oder in eine Mischung aus 7 Teilen gemahlener Borke und je 1 Raumteil Torf, Vermiculit und Osmundafasern (oder die doppelte Menge Torf). Gedüngt wird während der Wachstumsperiode bei jedem dritten Gießen. Eingetopfte Pflanzen erhalten einen stickstofffreien Dünger, epiphytisch kultivierte Exemplare einen handelsüblichen Zimmerpflanzendünger; beide Dünger werden auf die Hälfte der angegebenen Stärke verdünnt. Wenn die Pflanzen über den Topfrand hinauswachsen oder das Borkensubstrat sich zu zersetzen beginnt, müssen sie umgetopft werden. Eine Vermehrung ist durch Teilung in Gruppen von 3 oder 4 Pseudobulben möglich.

x BRASSOLAELIOCATTLEYA
x *B.* Ermine 'Lines'; x *B.* Fortune; x *B.* Norman's Bay

Diese Gattungsbastarde sind durch Kreuzung der Gattungen *Brassavola*, *Laelia* und *Cattleya* entstanden und zeichnen sich durch große, kräftig gefärbte Blüten aus, deren Lippen dunkler sind als Kron- und Kelchblätter und außerdem häufig gekräuselte Ränder haben. Die Blüten sind überwiegend gelb oder lavendelfarben, haben vielfach Durchmesser von mehr als 15 cm und halten sich im allgemeinen ungefähr 2 Wochen lang. Sämtliche Züchtungen sind Epiphyten mit Pseudobulben; die meisten von ihnen bringen aus jeder Pseudobulbe jeweils nur ein Blatt hervor.

x *B.* Ermine 'Lines' trägt reingelbe Blüten, deren Kelchblätter viel schmaler sind als die Kronblätter; die Lippe ist verlängert, am Rand leicht gekräuselt und an der Basis röhrenförmig. Im Winter erscheinen an jedem Trieb 3–6 Blüten von gut 10 cm Durchmesser; die Höhe der Pflanzen schwankt zwischen 40 und 60 cm.

x *B.* Fortune bringt im Sommer und Herbst an jedem Trieb 2–4 leuchtendgelbe Blüten von 16 cm Durchmesser mit rosa Lippe hervor. Die Pflanzen werden bis zu 60 cm hoch.

Die Blüten von x *B.* Norman's Bay sind magentarot mit etwas dunklerer, goldgelb geäderter und leicht gekräuselter Lippe. Sie haben einen Durchmesser von 15–20 cm, sitzen in Gruppen von 2–4 an einem Trieb und können zwischen Herbst und Frühjahr jederzeit erscheinen. Die Höhe dieser Sorte liegt bei 75 cm.

KULTUR. x *Brassolaeliocattleya* benötigt gemäßigte Temperaturen, die nachts zwischen 13° und 16° C und am Tage zwischen 18° und 24° C liegen sollten. Im Winter ist eine Luftfeuchtigkeit von 40–60 % erforderlich, im Sommer muß sie zwischen 40 und 70 % liegen; außerdem ist für gute Belüftung im Umkreis der Pflanzen zu sorgen. Sie benötigen helles, aber gedämpftes Licht oder täglich 14–16 Stunden künstliche Beleuchtung.

Brassia caudata

x *Brassolaeliocattleya* Norman's Bay

Broughtonia sanguinea

Als Substrat eignet sich eine handelsübliche Orchideenmischung, die ähnlich zusammengesetzt ist wie die für *Cattleya*. Gegossen wird nur, wenn das Substrat fast völlig trocken geworden ist. Bei jedem dritten Gießen erhalten die Pflanzen einen auf die Hälfte der angegebenen Stärke verdünnten stickstoffreichen Dünger. Umgetopft werden muß, wenn das Substrat sich zu zersetzen beginnt oder der Wurzelstock über den Topfrand hinauswächst. Zu diesem Zeitpunkt kann auch eine Vermehrung durch Teilung in Gruppen von 3 oder 4 Pseudobulben erfolgen.

BROUGHTONIA
B. sanguinea

Diese epiphytische Orchidee wird nicht größer als 30 cm und bringt dichte Gruppen aus 5 cm langen, häufig gegeneinander abgeplatteten Pseudobulben hervor, aus deren Spitze je 2 steife, 10 cm lange Blätter wachsen. Die schlanken Blütentriebe werden knapp 40 cm lang und tragen 6–12 auffallende, rote Blüten mit einem Durchmesser von 2–5 cm; die Kelchblätter sind schmaler als die Kronblätter. Die breite, rundliche Lippe ist dunkel geädert, an der Basis röhrenförmig verwachsen und häufig mit einem gelben Fleck gezeichnet. Die Blütezeit liegt im Frühjahr, kann aber unter idealen Bedingungen schon im Herbst einsetzen; die einzelnen Blüten halten sich lange. Die Gattungen *Broughtonia* und *Cattleya* sind nahe verwandt und können untereinander gekreuzt werden.

KULTUR. *B. sanguinea* bevorzugt hohe Temperaturen; sie sollten nachts zwischen 16° und 18° C und am Tage zwischen 21° und 29° C liegen, während die Luftfeuchtigkeit das ganze Jahr hindurch 40–60 % betragen sollte. In Gegenden mit warmem Klima kann die Pflanze in voller Sonne im Freien kultiviert werden; wird sie jedoch im Haus gehalten, gedeiht sie an einem Ost- oder Westfenster am besten. Während der Blütezeit vom Herbst bis zum Frühjahr muß sie so viel Sonne wie möglich erhalten; künstliche Beleuchtung muß kräftig und täglich 14–16 Stunden lang eingeschaltet sein.

B. sanguinea blüht am verläßlichsten, wenn man sie auf ein Stück Korkrinde oder Baumfarnstamm montiert, aber auch ein mit Osmunda- oder Baumfarnfasern gefüllter Korb ist möglich. Außerdem kann sie in Töpfe mit einem handelsüblichen Orchideensubstrat oder einer Mischung aus 7 Teilen gemahlener Borke und je 1 Teil grobem Torf und Vermiculit gepflanzt werden. Da die Pflanze jedoch für Wurzelfäule besonders anfällig ist, muß auf gute Dränage geachtet werden, und während der Ruheperiode darf sie keinesfalls zu viel Wasser erhalten. Gegossen werden sollte regelmäßig, aber nur so viel, daß das Substrat gleichmäßig feucht, aber nie durchnäßt ist. Gedüngt wird bei jedem dritten Gießen. Für Exemplare, die epiphytisch oder in Körben kultiviert werden, eignet sich ein handelsüblicher Zimmerpflanzendünger mit ausgeglichenem Nährstoffgehalt, während in Töpfen wachsende Pflanzen einen stickstoffreichen Dünger erhalten müssen; beide Dünger werden auf die Hälfte der angegebenen Stärke verdünnt. Das Wurzelwachstum von *B. sanguinea* sollte so selten wie möglich gestört werden; deshalb topft man sie nur um, wenn der Wurzelstock über den Topfrand hinauswächst oder das Substrat sich zu zersetzen beginnt. Das geschieht am besten dann, wenn das neue Wurzelwachstum eingesetzt hat. Zum selben Zeitpunkt kann auch eine Vermehrung durch Teilung erfolgen, wobei jedes Teilstück 3 oder 4 Pseudobulben enthalten muß.

BULBOPHYLLUM
B. lobbii; B. vitiense

Diese tropische Orchideengattung umfaßt über 1000 Arten, die sämtlich Epiphyten sind und sich in bezug auf die Wuchsform wenig unterscheiden. Ihren waagerecht wachsenden Wurzelstöcken entsprießen Pseudobulben, die 1 oder 2 fleischige Blätter hervorbringen. Die bizarren Blüten verströmen einen starken Duft. Die Farbskala der Blüten ist praktisch unbegrenzt.

B. lobbii wird mit Blättern ungefähr 30 cm hoch. An jedem Trieb sitzt eine wächserne, duftende Blüte von 7–10 cm Durchmesser, die blaßgelb bis kupfern gefärbt und purpurn gezeichnet und gefleckt ist. Die Blütezeit liegt zwischen dem späten Frühjahr und dem Sommer, die einzelnen Blüten halten sich ungefähr 2 Wochen.

B. vitiense ist auf den Fidschi-Inseln heimisch und blüht im Sommer. Die elfenbeinfarbenen und blaßrosa Blüten sind klein, stehen aber in dichten Ständen beieinander, die bis zu 15 cm lang sein können. Sie erscheinen zwischen sehr schmalen, länglichen Blättern, die den Spitzen von Pseudobulben entsprießen, die durch eine ausgeprägte vierkantige Form auffallen.

KULTUR. Die meisten *Bulbophyllum*-Arten gedeihen am besten bei Nachttemperaturen von 16°–18° C und Tagestemperaturen von 21°–29° C, die hier genannten Arten bevorzugen jedoch Nachttemperaturen von 10°–13° C und Tagestemperaturen von 16°–21° C. Sie benötigen gedämpftes Sonnenlicht oder Halbschatten oder täglich 14–16 Stunden künstliche Beleuchtung; die Luftfeuchtigkeit sollte zwischen 60 und 70 % liegen.

Eine Kultur ist möglich auf einem Stück Korkrinde oder Baumfarnstamm, in Töpfen oder in flachen, mit Osmunda- oder Baumfarnfasern gefüllten Orchideenkörben. Für Töpfe verwendet man am besten ein handelsübliches Orchideensubstrat; die Töpfe müssen so groß sein, daß sie dem kriechenden Rhizom genügend Platz bieten. Das Substrat wird gleichmäßig feucht gehalten. Pflanzen in Töpfen werden gelegentlich mit einem auf die Hälfte der angegebenen Stärke verdünnten stickstoffreichen Dünger gedüngt; epiphytisch oder in Körben kultivierte Pflanzen erhalten einen gleichfalls auf die Hälfte der angegebenen Stärke verdünnten Zimmerpflanzendünger mit ausgeglichenem Nährstoffgehalt. Umgetopft wird nur, wenn das Substrat sich zu zersetzen beginnt. Eine Vermehrung ist durch Teilung in Gruppen von 4 Pseudobulben möglich.

BULBOPHYLLUM LONGISSIMUM siehe *Cirrhopetalum*
BULBOPHYLLUM MEDUSAE siehe *Cirrhopetalum*
BULBOPHYLLUM ORNATISSIMUM siehe *Cirrhopetalum*
BULBOPHYLLUM UMBELLATUM siehe *Cirrhopetalum*

C

CALANTHE
C. vestita

Diese Orchidee bringt an bis zu 75 cm langen Trieben anmutige Blüten von 4–8 cm Durchmesser hervor; sie erscheinen im Winter in Gruppen von 6–12 und können weiß, rot, rosa oder purpurn gefärbt und orangefarben oder gelb gezeichnet sein. Kron- und Kelchblätter sind in Form und Größe fast identisch und überlappen einander; die sehr breite Lippe ist in 4 rundliche Lappen zerteilt, ihre röhrenförmige Basis läuft in einen gut 2 cm langen, vorwärts gebogenen Sporn aus. Eine weitere Eigentümlichkeit dieser terrestrischen Orchidee sind große, kantige, in der Mitte eingeschnürte Pseudobulben. Jede Pseudobulbe bringt 3 oder 4 breite, gefältelte Blätter hervor, die abfallen, bevor die Blütentriebe an der Basis der Pseudobulben oder die Blüten selbst erscheinen. Es gibt eine Reihe von Varietäten, von denen *C. vestita* var. *regnieri* die bemerkenswerteste ist. Ihre Blüten sind kleiner, erscheinen später und sind rosarot mit Lippen in einem etwas dunkler getönten Rosa.

KULTUR. *C. vestita* bevorzugt Temperaturen, die nachts zwischen 13° und 15° C und am Tage zwischen 18° und 21° C liegen, und eine Luftfeuchtigkeit von 40–60 %. Die Pflanze gedeiht am besten in gedämpftem Sonnenlicht oder bei schwacher künstlicher Beleuchtung, die täglich 14–16 Stunden lang eingeschaltet ist. Sie wird in eine Mischung aus 2 Teilen grobem Torf, 2 Teilen sandiger Lehmerde und je 1 Teil Vermiculit und gemahlener Kiefernborke eingetopft. Bis zum Einsetzen des neuen Wachstums wird nur wenig gegossen; danach muß das Substrat gleichmäßig feucht gehalten werden. Die

Calanthe vestita

Catasetum fimbriatum

Cattleya aurantiaca

Blätter dürfen erst mit Wasser besprüht werden, wenn sie sich ganz entfaltet haben. Während der Wachstumsperiode wird bei jedem zweiten Gießen mit einem auf die Hälfte der angegebenen Stärke verdünnten Zimmerpflanzendünger mit ausgeglichenem Nährstoffgehalt gedüngt. Wenn die Blätter zu vergilben beginnen, muß das Gießen wieder eingeschränkt werden.

Nach der Blüte darf weder gedüngt noch gegossen werden. Man legt den Topf entweder bis zum nächsten Frühjahr an einem kühlen Ort auf die Seite oder holt die Pseudobulben aus dem Topf, bestäubt sie mit einem Fungizid und lagert sie bei 16° C an einem trockenen Ort. (Gelegentlich legt eine Pflanze keine Ruheperiode ein, und der Neuzuwachs erscheint bereits, bevor die Blüten verwelkt sind; in diesem Fall wird gleich wieder mit dem regelmäßigen Gießen begonnen.) Die Pseudobulben müssen wieder eingetopft werden, sobald das neue Wachstum einsetzt; sie werden geteilt und einzeln oder in Gruppen von 3 oder 4 eingepflanzt.

CATASETUM
C. fimbriatum

Die *Catasetum*-Arten schleudern ihre Pollinien bei der leisesten Berührung aktiv heraus. Eine einzige Pflanze kann sowohl männliche als auch weibliche Blüten hervorbringen, die gleichzeitig oder zu verschiedenen Zeiten erscheinen, meist jedoch an getrennten Trieben sitzen. Männliche und weibliche Blüten unterscheiden sich in bezug auf Größe, Form und Farbe erheblich voneinander; die männlichen Blüten sind gewöhnlich stärker gedreht, die weiblichen einfacher gebaut. In der Regel sind, zumal in Kultur, die männlichen Blüten in der Überzahl. Sie duften aromatisch, sind blaßgelb oder blaßgrün mit braunen Flecken, haben einen Durchmesser von 4–6 cm und erscheinen in Gruppen von 7–15 an überhängenden, 45 cm langen Trieben. Die Lippen besitzen einen Mechanismus, der die Pollinien freisetzt, wenn er von einem Insekt oder zufällig vom Gärtner berührt wird. Die Pflanzen blühen im Sommer oder Herbst, nachdem die 25 cm langen Blätter abgefallen sind.

KULTUR. *C. fimbriatum* gedeiht am besten bei gemäßigten Temperaturen, die nachts zwischen 13° und 16° C und am Tage zwischen 18° und 24° C liegen. Während der Wachstumsperiode sollte die Luftfeuchtigkeit 50–70 % betragen, während der Ruheperiode muß sie geringer sein. Bis die Blätter abgeworfen werden, benötigen die Pflanzen helles, indirektes Licht, während der Blütezeit volle Sonne; künstliche Beleuchtung muß täglich 14–16 Stunden lang eingeschaltet sein. In Gegenden mit mildem Klima können die Pflanzen den Sommer im Freien verbringen. Man kann sie auf einem Stück Baumfarnstamm kultivieren, in Körben mit Osmunda- oder Baumfarnfasern oder in Töpfen mit einem handelsüblichen Orchideensubstrat oder einer Mischung aus 7 Teilen gemahlener Borke, 1 Teil grobem Torf und 1 Teil Vermiculit. Während der Wachstumsperiode wird regelmäßig gegossen; in der Ruheperiode erhalten die Pflanzen nur so viel Wasser, daß die Pseudobulben nicht schrumpfen.

Eingetopfte Pflanzen düngt man während der Wachstumsperiode gelegentlich mit einem stickstoffreichen Dünger; epiphytisch oder in Körben kultivierte Exemplare werden mit einem Zimmerpflanzendünger gedüngt. In beiden Fällen muß der Dünger auf die Hälfte der angegebenen Stärke verdünnt werden. Umgetopft wird alljährlich im Frühjahr, wenn das neue Wachstum einsetzt. Eine Vermehrung ist beim Umtopfen durch Teilung möglich; man kann die Pseudobulben einzeln oder in Gruppen von 3 oder 4 einpflanzen.

CATTLEYA
C. aurantiaca; C. Bob Betts; *C. bowringiana; C. citrina,* Syn. *Encyclia citrina; C. gaskelliana,* Syn. *C. labiata* var. *gaskelliana; C. intermedia; C.* Louise Georgianna; *C. luteola; C. mossiae,* Syn. *C. labiata* var. *mossiae; C. percivaliana,* Syn. *C. labiata* var. *percivaliana; C. skinneri; C. trianae,* Syn. *C. labiata* var. *trianae*

Die Arten dieser Gattung werden sehr geschätzt, weil sie leicht zu kultivieren sind und viele prächtige Blüten in herrlichen Farben und Formen hervorbringen, die sich bis zu 6 Wochen lang halten können. In der Natur wachsen die Pflanzen auf Felsen und Bäumen, ihre Größe schwankt zwischen 15 cm und ungefähr 1 m. Man unterscheidet zwei Gruppen: Die eine wird als unifoliat bezeichnet und bringt pro Pseudobulbe nur ein Blatt hervor; bei der anderen, der bifoliaten, wachsen aus jeder Pseudobulbe zwei Blätter, manchmal auch drei. Die Pseudobulben der unifoliaten Arten sind selten länger als 30 cm, die Blüten dagegen relativ groß. Bifoliate Arten bringen kleinere Blüten in größerer Zahl hervor, während ihre Pseudobulben eine Länge bis zu 1 m erreichen können.

C. aurantiaca ist eine kleine bifoliate Art mit fleischigen, gelbgrünen Blättern; sie bringt im zeitigen Frühjahr kurze Triebe mit 3–20 rötlichorange gefärbten Blüten von 4 cm Durchmesser hervor. Kron- und Kelchblätter sind gleich groß; die Lippe ist herzförmig.

C. Bob Betts ist aus einer Kreuzung von *C. Bow Bells* mit *C. mossiae* 'Wageneri' hervorgegangen. An ihren rundlichen, weißen Blüten fällt der gelbe Schlund auf; sie haben einen Durchmesser von 18 cm und können zu jeder Jahreszeit erscheinen. Die Pseudobulben der bifoliaten Art *C. bowringiana* werden bis zu 90 cm hoch; an 18 cm langen Trieben erscheinen im Spätherbst und Winter 5–20 rötlichpurpurne Blüten mit tiefpurpurner Lippe.

C. citrina, eine hängende bifoliate Art, wächst aus eiförmigen, 5 cm langen Pseudobulben nach unten. Die Blätter sind graugrün, die Blüten zitronengelb mit gekräuselter, weiß geränderter Lippe. Da sich die 7–8 cm langen Blüten nicht ganz öffnen, wirken sie röhrenförmig. Die Blütezeit liegt zwischen Herbst und Frühjahr.

C. gaskelliana ist eine variable unifoliate Art; zumeist besitzt sie keulenförmige Pseudobulben, aus denen im Sommer 2–5 duftende, ungefähr 15 cm lange Blüten erscheinen, die verschiedene Purpurtöne aufweisen können; daneben gibt es eine weißblühende Varietät. Diese Art ist besonders leicht zu kultivieren.

C. intermedia ist bifoliat und bringt bis zu 45 cm lange Pseudobulben hervor. Im Sommer erscheinen 7–12 cm große Blüten mit blaßrosa oder lavendelfarbenen Kron- und Kelchblättern; die Lippe ist rötlichpurpurn gezeichnet. Auch von dieser Art gibt es eine weiße Varietät. *C. Louise Georgianna* entstand durch Kreuzung von *C. intermedia* mit *C. Souvenir de Louis Sander*. Ihre 12 cm großen, sternförmig ausgebreiteten Blüten sind reinweiß.

Die 5–8 cm langen Pseudobulben der unifoliaten Art *C. luteola* bringen je einen kurzen Trieb hervor, an dem 2–6 wächsern gelbe, duftende Blüten mit einem Durchmesser von 5 cm sitzen, die sich lange halten. Die Lippe kann gelb oder weiß gefärbt und purpurn oder rot gestreift sein. Blütezeit ist der Frühwinter, gelegentlich werden mehrmals im Jahr Blüten gebildet.

C. mossiae ist unifoliat und blüht im Frühjahr. Die Blüten können einen Durchmesser bis zu 20 cm erreichen; sie haben lavendelfarbene Kron- und Kelchblätter, gekräuselte Lippen und einen gelben Schlund. Von der Lippe aus erstreckt sich eine purpurne Zeichnung bis in den Schlund hinein.

C. percivaliana ist unifoliat. Ihre moderig duftenden Blüten haben einen Durchmesser von 10–12 cm; die Farbe der Kron- und Kelchblätter schwankt zwischen einem hellen und dunklen Rosapurpur, der mittlere Lappen der Lippe ist purpurn und trägt Streifen in einem dunkleren Purpurton, die sich bis in den gelborangefarbenen Schlund erstrecken. Blütezeit ist der Winter.

C. skinneri ist die Nationalpflanze von Costa Rica. Sie ist bifoliat und bringt im Frühjahr oder zu Beginn des Sommers 5–10 nicht duftende Blüten von ungefähr 8 cm Durchmesser hervor. Kron- und Kelchblätter sind rosa bis purpurn, der Schlund ist weiß.

C. trianae, die Nationalpflanze von Kolumbien, ist unifoliat. Im Winter erscheinen Blüten mit einem Durchmesser von 15–18 cm; sie haben schmale, gebogene Kelchblätter und breite Kronblätter, die reinweiß bis dunkel amethystfarben sind. Die Lippe ist karmin- bis purpurrot, der Schlund gelborange.

Cattleya Bob Betts

Cattleya citrina

Cattleya skinneri

Caularthron bicornutum

KULTUR. Die Arten der Gattung *Cattleya* gedeihen am besten in hellem, durch Vorhänge gedämpftem Licht oder bei kräftiger künstlicher Beleuchtung, die täglich 14–16 Stunden lang eingeschaltet sein muß; *C. percivaliana* benötigt direkte Sonne. Zu empfehlen sind Nachttemperaturen von 13°–16° C, Tagestemperaturen von 18°–24° C sowie eine Luftfeuchtigkeit von 50–60 %. *C. citrina* muß etwas kühler gehalten werden.

Alle Arten mit Ausnahme von *C. citrina* werden in ein handelsübliches, speziell für *Cattleya* bestimmtes Substrat eingetopft. Wegen ihrer eigentümlichen, abwärts gerichteten Wuchsform wird *C. citrina* am besten auf einem Stück Korkrinde oder Baumfarnstamm kultiviert. Um die Wurzelbildung zu fördern, dürfen die Pflanzen in den ersten 2–3 Wochen nach dem Eintopfen nur sparsam gegossen werden. Bei Einsetzen des neuen Wachstums kann reichlicher gegossen werden, aber vor jedem erneuten Gießen muß das Substrat etwas abgetrocknet sein. In Töpfen wachsende Exemplare erhalten während der Wachstumsperiode bei jedem dritten Gießen einen auf die Hälfte der angegebenen Stärke verdünnten stickstoffreichen Dünger. Epiphytisch kultivierte Pflanzen werden mit einem gleichfalls auf die Hälfte der angegebenen Stärke verdünnten Zimmerpflanzendünger mit ausgeglichenem Nährstoffgehalt gedüngt. Wenn die neuen Pseudobulben ausgereift sind, benötigen die Pflanzen eine ungefähr 2 Wochen dauernde Ruheperiode, während der nicht gedüngt und nur wenig gegossen werden darf. Die Pflanzen werden bei Einsetzen des neuen Wachstums umgetopft, wenn sie über den Topfrand hinauswachsen oder das Substrat sich zu zersetzen beginnt und nicht mehr gut dräniert. Eine Vermehrung ist durch Teilung in Gruppen von 3 oder 4 Pseudobulben möglich.

CAULARTHRON
C. bicornutum, Syn. *Diacrium bicornutum* und *Epidendrum bicornutum*

Diese epiphytische Orchidee wird zwar wegen ihrer herrlichen reinweißen, 5–8 cm großen Blüten sehr geschätzt, bei Orchideensammlern ist sie jedoch äußerst unbeliebt. Sie wächst an den Küsten der Karibischen Inseln, und ihre hohlen Pseudobulben werden häufig von Feuerameisen bewohnt, deren Stiche sehr schmerzhaft sind. Den Spitzen der bis zu 25 cm langen Pseudobulben entsprießen 3–5 Blätter, die ungefähr 20 cm lang werden, und ein aufrechter, bis zu 30 cm langer Trieb mit 5–20 süßlich duftenden Blüten. Ihre Lippen sind purpurn und karminrot getupft und haben einen gelben Schlund. Die Blütezeit dieser Art liegt zwischen Spätfrühjahr und Sommer; die Pflanze läßt sich leicht mit den Angehörigen der Gattungen *Cattleya*, *Epidendrum* und *Laelia* kreuzen.

KULTUR. *C. bicornutum* gedeiht am besten bei Nachttemperaturen von 16°–18° C und Tagestemperaturen von 21°–29° C. Diese Art benötigt mindestens 8 Stunden direkte Sonne pro Tag, nur während der Bildung des Neuzuwachses muß sie vor direkter Sonne geschützt werden. Künstliche Beleuchtung sollte kräftig und täglich 14–16 Stunden lang eingeschaltet sein. Zum guten Gedeihen ist eine Luftfeuchtigkeit von 50–60 % erforderlich.

C. bicornutum wird in Töpfe mit einem handelsüblichen Orchideensubstrat gepflanzt oder in eine Mischung aus 7 Teilen gemahlener Borke, 1 Teil Osmundafasern, 1 Teil Vermiculit und 1 Teil grobem Torf (oder 2 Teilen Torf, falls Osmundafasern nicht erhältlich sind). Während der Wachstumsperiode muß das Substrat gleichmäßig feucht gehalten werden. Bei jedem dritten Gießen erhalten die Pflanzen einen auf die Hälfte der angegebenen Stärke verdünnnten stickstoffreichen Dünger. Nach der Blüte wird nicht mehr gedüngt und nur so viel gegossen, daß die Pseudobulben nicht schrumpfen. Diese Orchidee blüht am reichsten, wenn ihr Wurzelwachstum nicht gestört wird; deshalb sollte man sie nur umtopfen, wenn das Substrat sich zu zersetzen beginnt. Das geschieht am besten bei Einsetzen des neuen Wachstums; bei dieser Gelegenheit kann man die Pflanzen auch durch Teilung in Gruppen von 4 Pseudobulben vermehren.

CHYSIS
C. aurea

An dieser epiphytischen Orchidee fallen die ungewöhnlich langen, keulenförmigen und fleischigen Pseudobulben auf, die nach unten wachsen und 30–40 cm lange, dünne Blätter hervorbringen. Die Pflanze trägt gewöhnlich im Sommer Gruppen von 5–10 duftenden, wächsernen Blüten, die gleichzeitig mit den Blättern erscheinen, einen Durchmesser von ungefähr 5 cm haben und sich 2–3 Wochen lang halten. Die breiten, gelben Kron- und Kelchblätter können an der Basis blasser gefärbt sein; die becherförmige Lippe ist gelb oder weiß gefärbt und weist eine rote, rotbraune oder braune Zeichnung auf; auf dem mittleren Lappen trägt sie samtige, zahnartige Grate.

KULTUR. *C. aurea* gedeiht am besten bei Temperaturen, die nachts zwischen 13° und 16° C und am Tage zwischen 18° und 24°C liegen, sowie einer Luftfeuchtigkeit von 40–60 %. Sie bevorzugt gedämpftes Sonnenlicht an einem Ost- oder Westfenster, kann aber auch bei täglich 14–16 Stunden künstlicher Beleuchtung oder im Gewächshaus kultiviert werden. Man pflanzt sie in Körbe mit Osmunda- oder Baumfarnfasern oder in Töpfe mit einem handelsüblichen Orchideensubstrat oder einer Mischung aus 7 Teilen gemahlener Borke sowie je 1 Teil Vermiculit und grobem Torf. Während der Wachstumsperiode muß die Pflanze täglich mit Wasser besprüht und reichlich gegossen werden; vor jedem erneuten Gießen muß das Substrat aber fast völlig ausgetrocknet sein.

Bei jedem dritten Gießen erhalten in Körben kultivierte Exemplare einen Zimmerpflanzendünger mit ausgeglichenem Nährstoffgehalt; in Töpfen wachsende Pflanzen benötigen einen stickstoffreichen Dünger. Beide Dünger werden auf die Hälfte der angegebenen Stärke verdünnt. Wenn gegen Ende der Wachstumsperiode die neuen Pseudobulben ausgereift sind, müssen die Pflanzen bei niedrigeren Temperaturen eine Ruheperiode einlegen; in dieser Zeit werden sie nicht gedüngt und weniger gegossen. Bei Einsetzen des neuen Wachstums werden sie in die Wärme zurückgebracht und wie zuvor gedüngt und gegossen. Zu diesem Zeitpunkt können sie auch umgetopft werden, falls das Substrat sich zu zersetzen beginnt; dabei kann man sie auch durch Teilung in Gruppen von 3 oder 4 Pseudobulben vermehren.

Chysis aurea

CIRRHOPETALUM
C. guttulatum, Syn. *C. umbellatum* und *Bulbophyllum umbellatum;*
C. longissimum, Syn. *Bulbophyllum longissimum; C. medusae,* Syn. *Bulbophyllum medusae; C. ornatissimum,* Syn. *Bulbophyllum ornatissimum; C. vaginatum*

Dieser epiphytischen Gattung kleiner und oft bizarrer Orchideen gehören ungefähr 70 Arten an, die in tropischen Wäldern von Zentralafrika über den Malaiischen Archipel bis Tahiti anzutreffen sind. Wie die Angehörigen der ihr nahe verwandten Gattung *Bulbophyllum* bringen sie kleine Pseudobulben mit 1 oder 2 Blättern aus kriechenden Rhizomen hervor. Die Blüten stehen gewöhnlich in dichten Dolden an schlanken Trieben; sie sind klein und besitzen eine gelenkige Lippe, die sich beim leichtesten Luftzug bewegt.

C. guttulatum wird 15–25 cm hoch und bringt aus 2–5 cm langen, eiförmigen Pseudobulben riemenförmige Blätter hervor. An der Spitze jedes purpurn gefleckten Triebes sitzen 5–9 Blüten, die ungefähr 2 cm lang, grünlichgelb gefärbt und dunkelpurpurn getüpfelt sind; die Lippe ist kastanienbraun. Diese Art ist im Himalaya heimisch und blüht im Herbst.

C. longissimum bringt im Winter 5–8 leuchtend gefärbte Blüten hervor, die sich am oberen Ende eines 15–20 cm langen Triebes wie ein Fächer öffnen. Kron- und Kelchblätter sind rosa mit purpurnen Streifen, die kleine Lippe ist gelbgrün. An diesen Blüten fallen die Kelchblätter auf – die beiden seitlichen hängen zusammen und laufen in 10–15 cm lange Schwänze aus.

C. medusae trägt dichte Dolden aus gelben, kaum 1 cm großen Blüten. Die beiden seitlichen Kelchblätter sind fadenförmig verlän-

Cirrhopetalum medusae

Coelogyne cristata

gert und hängen ungefähr 12 cm lang herab. Die Blüten erscheinen in den Herbst- und Wintermonaten.

Die Blüten von *C. ornatissimum* sind gelb oder bräunlich gefärbt und rot oder purpurn gestreift und stehen in dichten Gruppen von 3–5 am Ende der Blütentriebe. Auch bei dieser Art sind die beiden seitlichen Kelchblätter verlängert und hängen fadenförmig 7–8 cm lang herab. Blütezeit ist ebenfalls Herbst und Winter.

C. vaginatum wirkt wie ein verkleinertes Abbild von *C. medusae*. Die konischen Pseudobulben dieser Art werden 2–3 cm lang, während die Blätter eine Länge von 5–10 cm und die blaßgelben Blüten eine Länge von gleichfalls 2–3 cm erreichen.

KULTUR. Die Kulturansprüche dieser Gattung ähneln denen von *Bulbophyllum*. Wichtig ist, daß die Nachttemperaturen nicht unter 16° C absinken und die Tagestemperaturen mindestens 21° C betragen. Die Pflanzen benötigen gedämpftes Sonnenlicht oder leichten Schatten sowie während der Wachstumsperiode eine Luftfeuchtigkeit von 60–70 %. Sie werden am besten auf ein Stück Korkrinde oder Baumfarnstamm montiert, man kann sie aber auch in Körbe oder Töpfe mit durchlochten Wänden pflanzen, die ein handelsübliches Orchideensubstrat enthalten. Während der Wachstumsperiode erhalten die Pflanzen bei jedem zweiten oder dritten Gießen einen auf die Hälfte der angegebenen Stärke verdünnten Zimmerpflanzendünger. Eine Vermehrung ist durch Teilung in Gruppen von 3 oder 4 Pseudobulben möglich.

COCHLIODA

C. sanguinea, Syn. *Symphoglossum sanguineum* und *Mesospinidium sanguineum*

Die anmutigen und oft leuchtend gefärbten *Cochlioda*-Arten wachsen auf Bäumen und bemoosten Felsen in den höheren Lagen der Anden von Ekuador, Peru und Kolumbien. Sie bilden lockere Gruppen von meist etwas plattgedrückten Pseudobulben, aus denen jeweils 1 oder 2 schmale Blätter sowie überhängende Triebe mit endständigen Blüten hervorgehen. Die Blüten öffnen sich weit und haben eine dreifach gelappte Lippe. Die Pseudobulben von *C. sanguinea* sind oval und blaßgrün und tragen schmale, weiche Blätter von ungefähr 25 cm Länge. Die rosa bis rötlichen Blüten sind zwar klein, erscheinen aber in großer Zahl (bis zu 100) an verzweigten Trieben, die bis zu 90 cm lang werden können. Die Blütezeit liegt gewöhnlich zwischen Herbst und Frühjahr.

KULTUR. *C. sanguinea* benötigt feuchtkühle Luft. Ideal sind Temperaturen, die nachts bei 7°–10° C und am Tage bei 18° C liegen. Während der Wachstumsperiode sollte die Luftfeuchtigkeit 75 % oder mehr betragen. Da die Blätter bei starkem Licht leicht verbrennen, ist direkte Sonne nicht zu empfehlen. Die Pflanzen blühen am besten, wenn ihre Wurzeln mit beschränktem Raum auskommen müssen; deshalb pflanzt man sie in die kleinstmöglichen Töpfe, die ein handelsübliches Orchideensubstrat enthalten oder eine Mischung, die in etwa der für *Odontoglossum* empfohlenen entspricht. Fest verwurzelte Pflanzen erhalten während der Wachstumsperiode bei jedem dritten Gießen einen auf die Hälfte der angegebenen Stärke verdünnten Zimmerpflanzendünger. Umtopfen sowie Vermehrung durch Teilung erfolgen im Frühjahr.

COELOGYNE

C. barbata; C. corymbosa; C. cristata; C. flaccida; C. graminifolia; C. massangeana; C. ochracea; C. pandurata

Die Arten dieser epiphytischen Gattung tragen ihre duftenden Blüten in Gruppen an über- oder herabhängenden Trieben. Die Pseudobulben gehen aus kräftigen Rhizomen hervor, und aus jeder Pseudobulbe wachsen 1–4 schmale, gefältete, immergrüne Blätter, die zwischen 8 und 60 cm lang sein können.

C. barbata trägt im Winter und Frühjahr große, schneeweiße Blüten; die Lippen sind stark gekräuselt und haben einen sepiabraunen Bart. Die Blüten sitzen an aufrechten Trieben, die Länge der Blätter schwankt zwischen 20 und 40 cm.

C. corymbosa bringt im Spätsommer 3–7 Blüten mit einem Durchmesser von ungefähr 8 cm hervor. Sie sind weiß, gewellt und sternförmig ausgebreitet; der Schlund ist orange und gelb gestreift. Diese Art zählt zu den besten und beliebtesten der Gattung. Ebenfalls großer Beliebtheit erfreut sich *C. cristata;* im Winter und zeitigen Frühjahr trägt sie 5–8 schneeweiße Blüten mit einem Durchmesser von 5–10 cm und leuchtendgelben Tupfen im Zentrum.

Die Blüten von *C. flaccida* sind weiß bis blaß gelblichbraun, haben orangegelbe oder karminrote Streifen im Schlund und verströmen einen starken Duft. Sie stehen in Gruppen von 7–9 an den Trieben und erscheinen im Winter und zu Beginn des Frühjahrs. *C. graminifolia* blüht zwischen Winter und Frühjahr. An 7–15 cm langen Trieben erscheinen 2–4 Blüten von 5 cm Durchmesser. Sie sind weiß mit braunen und gelborangefarbenen Streifen.

C. massangeana bringt von Frühjahr bis Herbst an 40 cm langen Trieben bis zu 20 stark duftende, 5 cm große Blüten hervor. Kron- und Kelchblätter sind blaßgelb, die Lippe ist braun gefärbt und weiß geädert. An den aufrechten Trieben von *C. ochracea* sitzen im Frühjahr 7–9 Blüten mit einem Durchmesser von 4 cm. Sie sind weiß, haben eine orange und gelb gezeichnete Lippe und duften sehr stark.

C. pandurata bringt an 45–75 cm langen Trieben 5–15 grünlichgelbe Blüten mit einem Durchmesser von 7–10 cm hervor. Die Lippe ist mit parallelen, samtartigen, schwarzen Streifen gezeichnet. Die Blütezeit dauert sehr lange und kann sich vom Winter bis zum Spätsommer oder Herbst erstrecken.

KULTUR. Die Arten der Gattung *Coelogyne* gedeihen in hellem indirektem oder durch Vorhänge gedämpftem Licht am besten; künstliche Beleuchtung sollte von mittlerer Intensität und täglich 14–16 Stunden lang eingeschaltet sein. Die meisten Arten bevorzugen eine kühle Umgebung mit Nachttemperaturen von 10°–13° C und Tagestemperaturen von 16°–21° C; *C. graminifolia, C. massangeana* und *C. pandurata* verlangen gemäßigte Temperaturen von 13°–16° C in der Nacht und 18°–24° C am Tage. Die Luftfeuchtigkeit sollte für alle Arten 60–75 % betragen. Wegen ihrer überhängenden Blüten montiert man die Pflanzen zweckmäßigerweise auf Stücke von Korkrinde oder Baumfarnstamm oder pflanzt sie in Orchideenkörbe mit Osmunda- oder Baumfarnfasern. Sollen sie eingetopft werden, verwendet man ein handelsübliches Orchideensubstrat oder eine Mischung aus 7 Teilen gemahlener Borke, 1 Teil Torf, 1 Teil Vermiculit und 1 Teil Osmundafasern; wenn Osmundafasern nicht erhältlich sind, kann man auch 2 Teile Torf verwenden.

Während der Wachstumsperiode, die von Art zu Art verschieden ist, werden die Pflanzen reichlich gegossen; vor jedem erneuten Gießen muß das Substrat jedoch fast völlig trocken geworden sein. Nach der Blüte wird nur so viel gegossen, daß die Pseudobulben nicht schrumpfen. Während der Wachstumsperiode werden die Pflanzen gelegentlich gedüngt. Epiphytisch oder in Körben kultivierte Exemplare erhalten einen Flüssigdünger mit ausgeglichenem Nährstoffgehalt, eingetopfte Pflanzen einen langsam wirkenden Dünger in gekörnter Form; der Flüssigdünger muß auf die Hälfte der angegebenen Stärke verdünnt werden. Umgetopft wird nur, wenn das Substrat sich zu zersetzen beginnt oder die Pflanzen für ihren Behälter zu groß geworden sind. Beim Einsetzen des neuen Wachstums werden die Pseudobulben mit frischem Substrat umgeben. Eine Vermehrung ist beim Umtopfen möglich; dabei teilt man die Pflanzen in Gruppen von mindestens 3 Pseudobulben.

CYCNOCHES
C. chlorochilum (Schwanen-Orchidee)

Typisch für diese epiphytische Orchidee ist die schlanke, gebogene Säule, die vom Zentrum der Lippe ausgeht und an den Hals eines Schwans erinnert, während die nach hinten und oben gebogenen Kron- und Kelchblätter dem Körper und den erhobenen Flügeln

Coelogyne pandurata

SCHWANEN-ORCHIDEE
Cycnoches chlorochilum

Cymbidium finlaysonianum

eines Schwans zu ähneln scheinen. Die Pflanze besitzt zylindrische, 20–30 cm lange Pseudobulben, deren oberer Teil von 5–8 Blättern mit einer Länge bis zu 60 cm umhüllt ist; wenn sich die Blüten zu entwickeln beginnen, vergilben die Blätter und fallen ab. Aus den Achseln der oberen Blätter erscheinen – überwiegend im Sommer – 15–30 cm lange Triebe, an denen jeweils 2–10 Blüten mit einem Durchmesser von 10–15 cm sitzen. Kron- und Kelchblätter sind gelbgrün, die Lippe ist weiß mit dunkelgrüner Basis. Die wächsernen Blüten verströmen einen würzigen Duft, der morgens am stärksten ist, und halten sich ungefähr 3 Wochen lang.

KULTUR. *C. chlorochilum* gedeiht am besten bei täglich mindestens 4 Stunden direkter Sonne; nur im Sommer ist die Pflanze vor der Mittagssonne zu schützen. Künstliche Beleuchtung muß kräftig und täglich 14–16 Stunden lang eingeschaltet sein. Die Temperaturen sollten nachts zwischen 13° und 16° C und am Tage zwischen 18° und 24° C liegen, die Luftfeuchtigkeit 50–75 % betragen.

Man setzt die Pflanzen in kleine Töpfe oder Orchideenkörbe mit einer Mischung aus 7 Teilen gemahlener Borke und je 1 Raumteil Vermiculit, grobem Torf und Osmundafasern; wenn Osmundafasern nicht erhältlich sind, kann man auch 2 Teile Torf verwenden. Während der Wachstumsperiode muß das Substrat gleichmäßig feucht gehalten werden. Wenn die neuen Pseudobulben ausgereift sind, gewöhnlich im Winter, wird nur noch so viel gegossen, daß sie nicht schrumpfen. Während der Wachstumsperiode erhalten die Pflanzen einen auf die Hälfte der angegebenen Stärke verdünnten stickstoffreichen Dünger. Umgetopft werden sollte alljährlich oder immer dann, wenn eine Pflanze und ihr Wurzelstock über den Rand ihres Behälters hinauszuwachsen beginnen. Eine Vermehrung ist bei Beginn des neuen Wachstums im zeitigen Frühjahr möglich, indem man die Pflanzen teilt und die Pseudobulben einzeln oder in Gruppen bis zu 4 wieder einpflanzt.

CYMBIDIUM

C. devonianum; C. eburneum, Syn. *C. syringodorum; C. finlaysonianum; C.* Hawtescens; *C.* Jungfrau; *C. pumilum; C. tigrinum*

In bezug auf Farbskala, Zahl und Haltbarkeit der Blüten können nur wenige Orchideen mit den Arten der Gattung *Cymbidium* konkurrieren. Sie bringen je nach Art und Kultursorte an jedem Trieb bis zu 30 weiße, rosa, kastanienbraune, bronze- oder mahagonifarbene, gelbe oder grüne Blüten mit einem Durchmesser von 5–12 cm hervor. Kron- und Kelchblätter sind ungefähr gleich groß, während die Lippe mit ihren aufrechten Seitenlappen und dem hängenden Mittellappen dem Rumpf eines Bootes ähnelt.

Die meisten Arten und Sorten blühen im Frühjahr. Wenn die Pflanzen kühl gehalten werden, können sich die Blüten bis zu 12 Wochen lang halten; abgeschnittene Triebe halten sich 4–6 Wochen lang. Einige Arten wachsen auf Bäumen oder Steinen, andere in der Erde, aber alle besitzen Wurzelstöcke, aus denen unterschiedlich dicke Pseudobulben hervorgehen; manche wirken wie bloße Sproßverdickungen, während andere ausgeprägte Kugelform haben. Die langen, grasähnlichen Blätter überdauern mehrere Jahre.

C. devonianum bringt 2–5 Blätter bis zu 35 cm Länge und einen gleichfalls 35 cm langen, überhängenden Blütentrieb hervor. Die Blüten sind 2–4 cm groß; Kron- und Kelchblätter sind olivgrün gefärbt und purpurn gestreift oder gefleckt, die Lippe ist rot bis purpurn mit dunkleren Rändern. Die schmalen Blätter von *C. eburneum* werden bis zu 60 cm lang. An aufrechten, bis zu 30 cm langen Trieben erscheinen 1 oder 2 große, duftende Blüten; sie sind elfenbeinweiß mit gelben Flecken auf der Lippe.

C. finlaysonianum hat 60–90 cm lange Blätter, die Blütentriebe können bis zu 1 m lang werden. Die Blüten sind gelblichbraun, die Lippen rotbraun gesprenkelt; Kron- und Kelchblätter haben gelegentlich rötlichbraune Mittelstreifen.

Die Kultursorten *C.* Hawtescens und *C.* Jungfrau sind große Pflanzen, die einen Raum von ungefähr 35 cm im Quadrat einnehmen und bis zu 12 cm große Blüten hervorbringen. Die Blüten von *C.* Hawtescens sind leuchtendgelb, die von *C.* Jungfrau weiß.

Daneben gibt es eine ganze Reihe von kleinwüchsigen Kultursorten, die selten höher als 30 cm werden und an 40–50 cm langen Trieben bis zu 30 Blüten hervorbringen. Sie sind leicht zu kultivieren und auch auf einer Fensterbank zur Blüte zu bringen. Die Blüten der kleinwüchsigen können wie die der größeren Namensorten verschiedene Schattierungen von Grün, Weiß, Rot und Gelb aufweisen.

C. pumilum ist eine kleine Art mit 15–30 cm langen Blättern und 10–12 cm langen Blütentrieben. Die Blüten haben einen Durchmesser von 2–3 cm; Kron- und Kelchblätter sind rötlichbraun mit gelben Rändern, die weiße Lippe ist rötlichbraun gefleckt.

Auch *C. tigrinum* ist eine kleinwüchsige Art. Sie besitzt dicht beieinanderstehende Pseudobulben und bringt nur 15 cm lange Triebe hervor, an denen gewöhnlich 3 Blüten mit einem Durchmesser von etwa 8 cm sitzen. Kron- und Kelchblätter sind grün gefärbt und braun überhaucht und gefleckt; die Lippe ist weiß mit karminroter Zeichnung. Die Blätter werden ungefähr 10 cm lang.

KULTUR. Die Arten und Sorten der Gattung *Cymbidium* benötigen kühle Nächte und warme, sonnige Tage. Die Nachttemperaturen müssen für die meisten von ihnen zwischen 10° und 13° C und die Tagestemperaturen zwischen 16° und 24° C liegen, nur die kleinwüchsigen Arten und Sorten bevorzugen höhere Nachttemperaturen von 13°–16° C. Niedrige Temperaturen sind vor allem im Herbst wichtig, wenn die Blütentriebe angelegt werden. Die Luftfeuchtigkeit muß 50–60 % betragen.

Die besten Erfolge erzielt man, wenn die Pflanzen täglich mindestens 4 Stunden direkte Sonne erhalten; vor der heißen Mittagssonne müssen sie jedoch geschützt werden, da sonst ihre Blätter verbrennen können. Die größeren Arten und Sorten sind wegen ihrer Ausmaße für eine Kultur unter künstlicher Beleuchtung nur schlecht geeignet; die kleineren dagegen können bei täglich 14–16 Stunden starker künstlicher Beleuchtung mit Erfolg kultiviert werden. Es empfiehlt sich, die größeren Arten und Sorten – nicht nur wegen ihrer Größe, sondern auch wegen ihrer Kulturansprüche – im Gewächshaus oder Wintergarten zu halten; in Gegenden mit mildem Klima können sie im Sommer ins Freie gebracht werden.

Die Kultur erfolgt in Töpfen mit einer Mischung aus 5 Teilen gemahlener Borke und 2 Teilen grobem Torf oder einem handelsüblichen Orchideensubstrat. Während der Wachstumsperiode muß das Substrat gleichmäßig feucht gehalten werden. Wenn die Pseudobulben ausgereift sind, wird ein paar Wochen lang nur ganz wenig gegossen. Bei jedem dritten Gießen erhalten die Pflanzen einen auf die Hälfte der angegebenen Stärke verdünnten stickstoffreichen Dünger. Wenn das Substrat sich zu zersetzen beginnt, kann nach der Blüte umgetopft werden; dabei kann man die Pflanzen auch gleich durch Teilung in Gruppen von 3 oder 4 Pseudobulben vermehren.

CYPRIPEDIUM
C. acaule; C. calceolus; C. reginae (alle Arten heißen Frauenschuh)

Dieser in den gemäßigten Zonen Europas, Nordamerikas und Asiens heimischen Gattung gehören ungefähr 50 überwiegend terrestrische Arten an. Typisch für sie ist die schuhförmige Lippe; außerdem zeichnen sie sich dadurch aus, daß sie im Gegensatz zu den meisten anderen Orchideen nicht nur ein, sondern zwei pollentragende Staubblätter besitzen.

C. acaule hat 5–20 cm lange Blätter, die auf der Oberseite dunkelgrün, auf der Unterseite dagegen silbrig sind. Im späten Frühjahr und im Sommer erscheinen auf 20–40 cm langen Trieben einzelnstehende Blüten. Die Kron- und Kelchblätter sind gelblichgrün bis grünlichbraun und haben braune oder purpurne Streifen; die samtige Lippe kann Schattierungen zwischen Rosakarmin und Reinweiß aufweisen und ist rosa geädert.

C. calceolus besitzt aufrechte Sprosse, die 30–45 cm lang und von 5–20 cm langen Blättern umhüllt sind. Die Pflanze bringt im Frühjahr

Cymbidium Jungfrau

FRAUENSCHUH
Cypripedium calceolus

und Sommer 1–3 Blüten mit einem Durchmesser von 7–10 cm hervor. Kron- und Kelchblätter sind gelb mit einem Anhauch von Grün bis Bräunlichpurpur, die Lippe kann hell- bis dunkelgelb sein und ist gewöhnlich innen purpurn gefleckt oder geädert. Diese Art ist in Deutschland heimisch, aber sehr selten geworden.

C. reginae hat einen aufrechten, 45–90 cm langen Sproß; er wird von flaumigen Blättern umhüllt, die bis zu 20 cm lang und 12 cm breit werden. Im Frühsommer erscheinen 3 duftende, weiße Blüten mit einem Durchmesser von ungefähr 8 cm; die schuhförmige Lippe ist rosa oder purpurn gestreift.

KULTUR. Obwohl es den Anschein hat, als könne die Natur die Ansprüche der Frauenschuh-Arten mühelos erfüllen, sind diese Pflanzen in Kultur nur sehr schwer zufriedenzustellen. Sie benötigen Schatten und einen feuchten und sauren Boden; der Grad an Feuchtigkeit und Azidität ist jedoch von Art zu Art verschieden. *C. acaule* bevorzugt einen sehr sauren Boden, den man, falls erforderlich, durch Zusetzen von saurem Material wie zum Beispiel Lauberde erhält. Für *C. calceolus* dagegen darf der Boden nur leicht sauer sein, dafür aber leicht feucht bis sumpfig; diese Art bevorzugt Halbschatten. *C. reginae* schließlich benötigt einen säurereichen, sehr feuchten Boden (von sumpfig bis völlig naß).

Gepflanzt werden die Frauenschuh-Arten im Frühjahr, wobei die Wurzelstöcke von *C. acaule* und *C. calceolus* 2–3 cm und die von *C. reginae,* die flacher sind, rund 1 cm tief eingepflanzt werden müssen. Die Pflanzen benötigen Abstände von 30–60 cm. Nach dem gründlichen Gießen erhalten sie eine leichte Mulchschicht aus Laub oder gut verrottetem Kompost. Während der Wachstumsperiode muß reichlich gegossen werden; wenn die Blüten abgewelkt sind, wird das Gießen eingeschränkt. Frauenschuh-Exemplare dürfen nicht verpflanzt werden. Sie wachsen durch Ausbildung neuer Rhizomausläufer und bringen im Laufe der Zeit immer mehr Blüten hervor.

CYRTORCHIS

C. arcuata, Syn. *Angraecum arcuatum*

Typisch für diese monopodiale Epiphyte sind kleine, sternförmig ausgebreitete, weiße Blüten; Kron- und Kelchblätter und Lippe haben die gleiche Größe. Am Stamm sitzen wechselständig angeordnete, steife, 10–15 cm lange Blätter; die Blütentriebe wachsen waagerecht aus den Blattachseln hervor. Die im Winter und Frühjahr erscheinenden Triebe tragen mindestens 8 Blüten mit einem Durchmesser von 4 cm. Sie sind wächsern, duften und besitzen einen deutlich gekrümmten, ungefähr 8 cm langen, grünen Sporn, der unter der Lippe hervorkommt.

KULTUR. *C. arcuata* bevorzugt eine warme Umgebung mit Nachttemperaturen von 16°–18° C und Tagestemperaturen von 21°–27° C. Ausgenommen im Sommer, wo sie um die Mittagszeit beschattet werden muß, benötigt sie täglich mindestens 4 Stunden direkte Sonne; künstliche Beleuchtung sollte kräftig und täglich 14–16 Stunden lang eingeschaltet sein. Ideal ist eine Luftfeuchtigkeit von 50–60 %. Man kann *C. arcuata* auf ein Stück Korkrinde oder Baumfarnstamm montieren, aber auch in einen Topf mit einer Mischung aus 7 Teilen gemahlener Borke, 1 Teil Osmundafasern, 1 Teil Vermiculit und 1 Teil grobem Torf pflanzen. Während der Wachstumsperiode muß das Substrat gleichmäßig feucht gehalten werden. Epiphytisch kultivierte Pflanzen erhalten während der Wachstumsperiode einen Flüssigdünger mit ausgeglichenem Nährstoffgehalt, in Töpfen gezogene Exemplare benötigen stickstoffreichen Dünger; in beiden Fällen muß der Dünger auf die Hälfte der angegebenen Stärke verdünnt werden. Wenn die Ruheperiode einsetzt, wird nicht mehr gedüngt, außerdem muß das Substrat vor jedem erneuten Gießen leicht abgetrocknet sein. Umgetopft wird bei Einsetzen des neuen Wachstums, wenn das Substrat sich zu zersetzen beginnt oder die Pflanzen für ihren Behälter zu groß geworden sind. Eine Vermehrung ist durch Abtrennen der Seitentriebe möglich, die sich an der Basis älterer Exemplare bilden.

Cyrtorchis arcuata

D

DENDROBIUM

D. aggregatum; D. bigibbum; D. densiflorum; D. Gatton Sunray; *D. heterocarpum,* Syn. *D. aureum; D. infundibulum* var. *jamesianum,* Syn. *D. jamesianum; D. kingianum; D. loddigesii; D. nobile; D. primulinum; D. pulchellum,* Syn. *D. dalhousieanum; D.* x *superbiens; D. wardianum,* Syn. *D. pendulum; D. williamsonii*

Dendrobium ist mit mehr als 1000 Arten eine der größten Orchideengattungen. Die Größe der einzelnen Arten schwankt zwischen knapp 2 cm und fast 3 m. Die meisten von ihnen sind Epiphyten, und alle besitzen verzweigte Wurzelstöcke. Die Pseudobulben sind bei einigen Arten keulenförmig, bei anderen dagegen stengelartig und spindelförmig, so daß sie eine gewisse Ähnlichkeit mit Schilfrohr haben. Es gibt immergrüne und laubwerfende Arten, und auch die Blütenstände sind unterschiedlich ausgebildet. Bei manchen Arten sitzen die Blüten in hängenden Trauben am oberen Ende der Pflanzen; bei anderen erscheinen die Triebe aus den Blattachseln, und die Blüten können einzeln oder in Trauben stehen. Typisch für alle Blüten ist jedoch das sogenannte „Kinn", das sich am Fuß der Säule durch die Verwachsung der beiden seitlichen Kelchblätter gebildet hat. Die meisten Blüten halten sich 2–3 Wochen.

D. aggregatum bringt 5 cm lange Pseudobulben mit jeweils nur einem immergrünen, ungefähr 8 cm langen Blatt hervor. Im Frühjahr erscheinen überhängende Triebe mit 5–15 Blüten von jeweils 4 cm Durchmesser. Die Blüten sind goldgelb, die Lippe ist in einem etwas dunkleren Gelb gefärbt.

D. bigibbum besitzt 30–45 cm lange, stengelartige Pseudobulben mit 10 cm langen, immergrünen Blättern. Im Frühjahr erscheinen aus den oberen Blattachseln an alten und neuen Sprossen überhängende Triebe, die bis zu 30 cm lang werden und Stände aus 4–12 Blüten tragen. Die 5 cm großen, rötlichpurpurnen Blüten haben eine gekerbte Lippe mit weißem Kamm.

D. densiflorum ist eine aufrechte, immergrüne Art mit 30 cm langen Pseudobulben; die ungefähr 10 cm langen Blätter erscheinen in Gruppen aus dem oberen Teil der Pseudobulben. Im Frühjahr trägt die Pflanze in dichten Ständen an langen, überhängenden Trieben leuchtend orangefarbene Blüten mit einem Durchmesser von 5 cm; die Lippe ist in einem dunkleren Orange gefärbt.

Die aus einer Kreuzung zwischen *D. pulchellum* var. *luteum* und *D. Illustre* hervorgegangene *D.* Gatton Sunray gehört zur Gruppe der mit stengelartigen Pseudobulben versehenen Dendrobien. Ihre duftenden Blüten haben einen Durchmesser von 10 cm und sind gelb, nur das Zentrum der Lippe ist kastanienbraun. Die Blüten erscheinen im Sommer in Gruppen von 8–12.

D. heterocarpum besitzt glatte, rundliche Pseudobulben, die 30–45 cm lang und 2–3 cm dick sind; die sommergrünen Blätter werden ungefähr 10 cm lang. Im Spätwinter und zeitigen Frühjahr erscheinen aus den Achseln zweijähriger Bulben duftende Blüten in Zweier- oder Dreiergruppen. Sie haben einen Durchmesser von 5 cm, sind cremegelb und färben sich im Verblühen dunkel goldgelb; die Lippe ist gelblichbraun mit roten Streifen.

D. infundibulum var. *jamesianum* besitzt dünne, aufrechte, ungefähr 45 cm lange Pseudobulben und 7–8 cm lange, immergrüne Blätter. Die Blüten erscheinen im Frühjahr, gewöhnlich in Dreiergruppen, am Ende der Triebe; sie sind weiß mit roter Zeichnung auf der Lippe und haben einen Durchmesser von rund 10 cm.

D. kingianum hat 15–30 cm lange Pseudobulben, die spitz zulaufen und im oberen Teil 3–6 dichtgedrängt stehende, 10 cm lange, immergrüne Blätter hervorbringen. Aus den Blattachseln erscheinen im zeitigen Frühjahr 10–20 cm lange Triebe mit jeweils 2–9 duftenden Blüten von gut 2 cm Durchmesser; sie sind weiß bis rötlichpurpurn und weisen eine purpurne Zeichnung auf.

D. loddigesii besitzt schlanke, stengelartige und verzweigte Pseudobulben; aus den Verzweigungsstellen und Blattachseln gehen Luftwurzeln hervor. Die Pseudobulben werden 10–20 cm lang und tragen sommergrüne, bis zu 8 cm lange Blätter. Die duftenden Blüten

Dendrobium aggregatum

Dendrobium bigibbum

Dendrobium Gatton Sunray

Dendrobium nobile

erscheinen zwischen Spätwinter und Frühjahr einzeln aus den Blattachseln. Sie sind rosapurpurn mit großer, gekräuselter Lippe und gelborangefarbenem Zentrum.

Die in Kultur am weitesten verbreitete und zugleich meistgekreuzte Art dieser Gattung ist *D. nobile*. Aus bis zu 60 cm langen, stengelartigen Pseudobulben gehen 7–10 cm lange Blätter hervor, von denen die meisten im Herbst abgeworfen werden. Vom Winter bis zum Frühsommer erscheinen dann an den zweijährigen, unbeblätterten Pseudobulben die Blüten aus den oberen Blattachseln. Sie bilden Zweier- oder Dreiergruppen und haben einen Durchmesser von 7–8 cm. Kron- und Kelchblätter sind weiß mit purpurnen Spitzen; die überwiegend weiße Lippe ist an der Spitze rosa, im Schlund dagegen rötlichpurpurn gefärbt.

C. primulinum ist eine leicht zu kultivierende, laubwerfende Art, die im Frühjahr paarweise beieinanderstehende, duftende Blüten mit einem Durchmesser von 5 cm oder mehr hervorbringt. Kron- und Kelchblätter sind blaß bläulichpurpurn, die Lippe ist blaßgelb mit einem Anhauch von Purpur und mit weichen Haaren bedeckt. Die überhängenden Pseudobulben sind ungefähr 30 cm lang und 1 cm dick, die Blätter werden etwa 10 cm lang.

Die stengelartigen Pseudobulben von *D. pulchellum* werden 0,90–1,50 m lang, die Blätter sind immergrün. Im Frühjahr erscheinen aus den oberen Blattachseln überhängende Triebe mit 5–12 nach Moschus duftenden Blüten. Sie haben einen Durchmesser von 7–12 cm und sind gelb mit rosa Adern; die Lippe ist gekräuselt und im Schlund dunkelpurpurn gefleckt.

D. x superbiens ist eine Naturhybride von *D. discolor* und *D. bigibbum* var. *phalaenopsis*. Ihre dünnen Pseudobulben werden 0,90–1,50 m lang, die 4–11 cm langen Blätter sind immergrün. Aus einer der oberen Blattachseln erscheint im Herbst ein überhängender Trieb, der fast 1 m lang wird und bis zu 20 purpurrote Blüten mit einem Durchmesser von 7–8 cm trägt; die Blüten haben blassere Ränder und eine dunkler gefärbte und stark gewellte Lippe.

Die leicht zu kultivierende, laubwerfende Art *D. wardianum* blüht um die Frühjahrsmitte. Die dünnen, überhängenden Pseudobulben erreichen eine Länge bis zu 1,20 m, die rund 10 cm langen Blätter werden abgeworfen, bevor die Blüten erscheinen. Die in Dreiergruppen zusammenstehenden Blüten haben einen Durchmesser von etwa 8 cm, Kron- und Kelchblätter sind weiß und rötlichpurpurn gefärbt, die Lippe ist weiß mit einem purpurnen Fleck, der Schlund leuchtend orangefarben mit zwei purpurnen Flecken.

D. williamsonii bringt an 20–45 cm langen Trieben endständige Gruppen aus bis zu 12 Blüten mit einem Durchmesser von 5 cm hervor. Kron- und Kelchblätter sind elfenbeinweiß, die Lippe ist purpurn. Die schlanken Pseudobulben werden 30–90 cm lang, die immergrünen Blätter erreichen Längen um 15 cm.

KULTUR. Die Arten der Gattung *Dendrobium* gedeihen in hellem, gedämpftem Licht am besten. Wegen ihrer Größe sind sie zum Teil nur schlecht unter künstlicher Beleuchtung zu kultivieren, aber einige der kleineren Arten bringen Blüten hervor, wenn sie täglich 14–16 Stunden kräftiger künstlicher Beleuchtung ausgesetzt sind. *D. aggregatum*, *D. kingianum*, *D. loddigesii* und *D. nobile* benötigen gemäßigte Temperaturen, die während der Wachstumsperiode nachts zwischen 13° und 16° C und am Tage zwischen 18° und 24° C liegen, vor Beginn der Blütezeit nachts aber auf ungefähr 0° C gesenkt werden sollten. Die anderen Arten müssen wärmer gehalten werden; die Nachttemperaturen sollten 16°–18° C und die Tagestemperaturen 21°–29° C betragen. Zu empfehlen ist eine Luftfeuchtigkeit, die ständig zwischen 50 und 70 % liegt.

Alle genannten Arten werden in Töpfe mit einer Mischung aus 7 Teilen gemahlener Borke, 1 Teil Osmundafasern oder Torfmoos, 1 Teil Vermiculit und 1 Teil grobem Torf gepflanzt; höhere Arten mit stengelartigen Pesudobulben müssen abgestützt werden. Kleinere Exemplare kann man auch auf ein Stück Korkrinde oder Baumfarnstamm montieren. Immergrüne Arten müssen das ganze Jahr hindurch gleichmäßig feucht gehalten werden; das Gießen wird nur etwas eingeschränkt, wenn die Pflanzen nicht wachsen. Laubwerfende Arten dagegen werden nur während der Wachstumsperiode gleichmäßig feucht gehalten; während der Ruheperiode wird nur so viel gegossen, daß die Pseudobulben nicht schrumpfen. Man kann die Pflanzen während dieser Zeit auch mit Wasser besprühen, anstatt sie zu gießen. Eingetopfte Pflanzen erhalten während der Wachstumsperiode gelegentlich einen auf die Hälfte der angegebenen Stärke verdünnten stickstoffreichen Dünger; epiphytisch kultivierte Exemplare werden mit einem gleichfalls auf die Hälfte der angegebenen Stärke verdünnten Zimmerpflanzendünger gedüngt.

Die beste Zeit zum Umtopfen ist gekommen, wenn sich neue Wurzeln und Blätter zu entwickeln beginnen; es sollte geschehen, wenn das Substrat sich zu zersetzen beginnt und nicht mehr gut dräniert. Eine Vermehrung ist möglich, indem man ältere Exemplare beim Umtopfen in Gruppen von 3 oder 4 Pseudobulben zerlegt. Beim Teilen immergrüner Arten sollten die Teile neben jungen auch ein paar ältere Pseudobulben enthalten, da die Blüten am Zuwachs des Vorjahres gebildet werden.

DENDROCHILUM
D. filiforme, Syn. *Platyclinis filiformis*

An den überhängenden Trieben dieser Orchidee sitzen in Doppelreihen bis zu 100 sehr kleine, duftende Blüten mit einem Durchmesser von knapp 0,5 cm. Sie haben weiße bis gelbliche Kron- und Kelchblätter, eine dreilappige gelbe Lippe und eine gezähnte Säule. Die Pflanze ist epiphytisch und bringt dichte Gruppen von eiförmigen Pseudobulben hervor, die gut 2 cm lang werden; jeder Pseudobulbe entwächst ein einziges, ungefähr 15 cm langes, immergrünes Blatt. Die 20–25 cm langen Blütentriebe erscheinen an den Blattbasen, die Blütezeit liegt im Frühjahr und Sommer.

KULTUR. *D. filiforme* gedeiht am besten bei gemäßigten Temperaturen, die nachts 13°–16° C und am Tage 18°–24° C betragen sollten. Die Pflanze benötigt mindestens 4 Stunden direkte Sonne täglich, muß aber im Sommer vor der heißen Mittagssonne geschützt werden; künstliche Beleuchtung sollte 14–16 Stunden lang eingeschaltet sein und die Luftfeuchtigkeit 50–60 % betragen. Man kann die Pflanzen auf ein Stück Korkrinde oder Baumfarnstamm montieren oder in ein handelsübliches Orchideensubstrat eintopfen; auch eine Mischung aus 7 Teilen gemahlener Borke, 1 Teil Osmundafasern, 1 Teil Vermiculit und 1 Teil grobem Torf (oder 2 Teilen Torf, falls Osmundafasern nicht erhältlich sind) ist geeignet. Während der Wachstumsperiode muß das Substrat gleichmäßig feucht gehalten werden; im Winter, wenn die Pflanzen eine Ruheperiode einlegen, muß es vor jedem erneuten Gießen leicht abgetrocknet sein. Während der Wachstumsperiode erhalten Pflanzen in Töpfen einen stickstoffreichen Dünger; epiphytisch kultivierte Exemplare benötigen einen Zimmerpflanzendünger mit ausgeglichenem Nährstoffgehalt. Beide Dünger müssen auf die Hälfte der angegebenen Stärke verdünnt werden. Wenn das Substrat sich zu zersetzen beginnt, werden die Pflanzen im Frühjahr bei Einsetzen des neuen Wachstums umgetopft. Dabei ist auch eine Vermehrung durch Teilung in Gruppen von 4 Pseudobulben möglich.

DIACRIUM siehe *Caularthron*
DINEMA siehe *Epidendrum*

DORITIS
D. pulcherrima, Syn. *Phalaenopsis buyssoniana* und *P. esmeralda*

Diese Pflanze, die eine der vermutlich nur zwei Arten der Gattung *Doritis*, bringt an jedem Zweig ihrer 60–90 cm langen Triebe bis zu 20 Blüten hervor, die einen Durchmesser von 2–3 cm haben und verschiedene Schattierungen von Rosapurpurn aufweisen können; die Lippen sind orange, rot oder purpurn gefärbt. Im Laufe des

Dendrochilum filiforme

Doritis pulcherrima

Encyclia cordigera

Encyclia cochleata

Herbstes und Winters öffnen sich immer neue Knospen, so daß die Blütezeit zwischen 2–5 Monate dauern kann. *D. pulcherrima* ist in der Natur auf Bäumen anzutreffen und bringt dicke, wechselständige Blätter von 12–20 cm Länge hervor. Durch Kreuzung mit *Phalaenopsis* ist der Gattungsbastard x *Doritaenopsis* entstanden.

KULTUR. *D. pulcherrima* gedeiht am besten im Halbschatten oder bei 14–16 Stunden kräftiger künstlicher Beleuchtung täglich. Im Sommer, wenn sich neue Blätter und Wurzeln bilden, ist der Lichtbedarf geringer. Ideal sind Nachttemperaturen von 16°–18° C und Tagestemperaturen von 21°–27° C. Die Luftfeuchtigkeit sollte 60–70 % betragen; im Umkreis der Pflanzen ist für gute Belüftung zu sorgen, Zugluft aber zu vermeiden. Wenn die Blüten verwelkt sind, kann ein zweiter Trieb erscheinen, sofern der erste unmittelbar über dem obersten Knoten abgeschnitten wurde. Man setzt die Pflanzen in kleine Töpfe mit einem handelsüblichen Orchideensubstrat oder einer Mischung aus 7 Teilen gemahlener Borke und je 1 Teil Osmundafasern, Vermiculit und grobem Torf (oder 2 Teilen Torf, falls Osmundafasern nicht erhältlich sind). Das Substrat muß gleichmäßig feucht gehalten werden; gedüngt wird bei jedem dritten Gießen mit einem auf die Hälfte der angegebenen Stärke verdünnten stickstoffreichen Dünger. Wenn die Pflanzen für ihren Behälter zu groß geworden sind, werden sie umgetopft. Eine Vermehrung ist durch Abtrennen und Wiedereinpflanzen der Seitentriebe möglich, die sich an der Basis älterer Exemplare bilden.

E

ENCYCLIA

E. cochleata, Syn. *Epidendrum cochleatum*; *E. cordigera*, Syn. *E. atropurpurea* und *Epidendrum atropurpureum*; *E. mariae*, Syn. *Epidendrum mariae*; *E. pentotis*, Syn. *Epidendrum beyrodtianum*; *E. stamfordiana*, Syn. *Epidendrum stamfordianum*; *E. tampensis*, Syn. *Epidendrum tampense*; *E. vitellina*, Syn. *Epidendrum vitellinum*

Die 130 Arten dieser Gattung, die früher der Gattung *Epidendrum* zugerechnet wurden, sind Epiphyten, die Gruppen von aufrechten, ei- bis spindelförmigen Pseudobulben bilden; aus ihnen gehen jeweils ein oder mehrere schmale Blätter hervor. Die weit geöffneten Blüten erscheinen in der Regel in endständigen Gruppen.

Die schlanken, kegelförmigen Pseudobulben von *E. cochleata* werden 10–20 cm lang; jede bringt ein Paar glänzender, 15–30 cm langer Blätter hervor. Die Blütezeit dieser Art, die 5–7 Monate dauert, kann jederzeit einsetzen; die Pflanzen bringen dann immer neue Gruppen von 3–10 duftenden Blüten an überhängenden Trieben hervor. Die gelbgrünen Kron- und Kelchblätter sind 6–9 cm lang, korkenzieherartig gedreht und hängen bis unter die muschelförmige, grün und purpurn gestreifte Lippe herab.

E. cordigera hat etwa 10 cm lange, birnenförmige Pseudobulben, die ledrigen Blätter werden bis zu 50 cm lang. Im späten Frühjahr und zu Beginn des Sommers erscheinen an den Enden der 45 cm langen Triebe Gruppen von 5–10 duftenden Blüten mit einem Durchmesser von 5–8 cm. Sie sind weit geöffnet und haben gebogene, braune Kron- und Kelchblätter, gelegentlich mit grünen Spitzen; die große, weiße Lippe ist auffällig purpurn gestreift.

E. mariae besitzt kleine Pseudobulben und knapp 10 cm lange Blätter. Im Sommer erscheinen am Ende des 15–20 cm langen Triebes 1–4 Blüten mit einem Durchmesser von etwa 8 cm, deren gelbgrüne Kron- und Kelchblätter eine breite, gekräuselte, weiße Lippe mit grünen Adern umgeben.

E. pentotis ist in einer ausgedehnten Zone beheimatet, die von Mexiko und Mittelamerika bis hinab nach Brasilien reicht. Diese Art besitzt zylindrische, bis zu 25 cm lange Pseudobulben und riemenförmige Blätter, die ebenso lang oder noch länger sein können. Die Blüten erscheinen in Zweier- oder Dreiergruppen und sind nach unten gerichtet. Sie duften stark und sind etwa 8 cm lang und grünlichgelb bis cremefarben gefärbt; die nach oben zeigende, weiße Lippe ist purpurn geädert.

Die überhängenden Blütentriebe von *E. stamfordiana* erscheinen an der Basis der 25 cm langen Pseudobulben. Die 4 cm großen, duftenden Blüten haben gelbe, rot gefleckte Kron- und Kelchblätter und eine weiße Lippe mit gekräuseltem Mittellappen. Sie erscheinen in Gruppen vom Winter bis zum Frühjahr.

E. tampensis bringt kleine Pseudobulben und 15–40 cm lange Blätter hervor. Fast das ganze Jahr hindurch erscheinen Stände aus gelbgrünen, braun geränderten Blüten mit einem Durchmesser von 2–3 cm; die Lippen sind weiß mit purpurner Zeichnung.

Den 5 cm langen Pseudobulben von *E. vitellina* entsprießen jeweils zwei schlanke, 15–25 cm lange Blätter. An einem etwa 45 cm langen Trieb sitzen im Frühherbst mindestens 10 Blüten; Kron- und Kelchblätter sind orangerot, die Lippe ist dottergelb.

KULTUR. Die Arten der Gattung *Encyclia* gedeihen wie die von *Epidendrum* am besten, wenn sie helles, indirektes Licht oder täglich 14–16 Stunden kräftige künstliche Beleuchtung erhalten. Sie benötigen Nachttemperaturen von 13°–16° C, Tagestemperaturen von 18°–21° C sowie eine Luftfeuchtigkeit von 50–75 %. Die Pflanzen müssen gut belüftet, dürfen aber nicht der Zugluft ausgesetzt werden.

Man pflanzt sie in Töpfe mit einem handelsüblichen Orchideensubstrat oder einer Mischung aus 7 Teilen gemahlener Borke, 1 Teil Vermiculit und 1 Teil Torf oder montiert sie auf Stücke Korkrinde oder Baumfarnstamm. Nach dem Eintopfen werden sie nur so viel gegossen, daß sich das Substrat feucht anfühlt; bis sich neue Wurzeln gebildet haben, werden sie nur mit Wasser besprüht. Während der Wachstumsperiode muß das Substrat vor jedem erneuten Gießen abgetrocknet sein. In Töpfen wachsende Pflanzen werden bei jedem dritten Gießen mit einem auf die Hälfte der angegebenen Stärke verdünnten stickstoffreichen Dünger gedüngt, epiphytisch kultivierte Exemplare erhalten einen gleichfalls auf die Hälfte der angegebenen Stärke verdünnten Zimmerpflanzendünger mit ausgeglichenem Nährstoffgehalt. Nach der Blüte wird nicht mehr gedüngt und weniger gegossen. Wenn die Pflanzen für ihren Behälter zu groß geworden sind oder das Substrat sich zu zersetzen beginnt und nicht mehr gut dräniert, müssen sie umgetopft werden; das ist in der Regel alle 1–2 Jahre der Fall. Arten mit Pseudobulben werden durch Teilung in Gruppen von 3 oder 4 Bulben vermehrt; Arten mit langen Stämmen lassen sich durch Stammstecklinge vermehren.

Epidendrum ciliare

EPIDENDRUM
E. ciliare; *E. nocturnum*; *E. polybulbon*, Syn. *Dinema polybulbon*; *E. pseudepidendrum*, Syn. *Pseudepidendrum spectabile*; *E. radicans* (wird zuweilen zu *E. ibaguense* gestellt)

Die Orchideen dieser Gattung sind wegen ihrer leuchtend gefärbten, duftenden Blüten sehr beliebt, zumal diese sich lange halten und bei manchen Arten fast das ganze Jahr hindurch hervorgebracht werden. Die Gattung umfaßt mehr als 50 Arten, und eine ganze Reihe weiterer Arten wurde kürzlich der Gattung *Encyclia* (S. 110) zugeordnet. Es sind überwiegend epiphytische Pflanzen, die sich in zwei Gruppen unterteilen lassen: Arten mit Pseudobulben, denen 1–3 lederige Blätter entsprießen, und solche mit dünnen, rohrähnlichen Stämmen und mehreren fleischigen Blättern. Beide Typen bringen an den Enden aufrechter, bis zu 90 cm langer Triebe wächserne Blüten entweder einzeln oder in Gruppen hervor.

E. ciliare besitzt 10–18 cm lange Pseudobulben mit 1 oder 2 Blättern von 15–25 cm Länge. Die Blüten haben einen Durchmesser von 8–18 cm und erscheinen im Winter in Gruppen von 3–7 in großer Fülle. Kron- und Kelchblätter sind grünlichgelb, die gekräuselte und dreilappige Lippe ist weiß.

E. nocturnum bringt schilfartige, 30–75 cm lange Pseudobulben mit 15–20 cm langen Blättern hervor. Die spinnenartigen, blaßgelben oder grünen Blüten haben einen Durchmesser von 7–10 cm, ähneln denen von *E. ciliare* und duften nachts besonders stark.

E. polybulbon bildet einen flachen Teppich aus sehr kleinen Pseudobulben mit je 2 Blättern von 2–5 cm Länge. Im Winter und

Epidendrum pseudoepidendrum

Epidendrum radicans

Eria javanica

Frühjahr bringt jede Pseudobulbe eine 1–2 cm große, gelbgrüne, rot überhauchte Blüte mit einer breiten, weißen Lippe hervor.

E. pseudepidendrum besitzt rohrähnliche, 60–90 cm lange Stämme und dunkle, lederige Blätter. Die etwa 8 cm langen Blüten sind besonders auffällig, weil die grünen Kron- und Kelchblätter weit zurückgezogen sind und die wächserne, orangerote Lippe isoliert dasteht. Die Blüten erscheinen in Gruppen von 3–5, und ein Trieb kann mehrmals Blüten tragen.

E. radicans besitzt einen schlanken, 60–90 cm hohen, an der Spitze beblätterten Stamm und lange Luftwurzeln. Das ganze Jahr hindurch erscheinen rundliche Stände aus leuchtenden, gelb bis rot gefärbten Blüten von 2–3 cm Durchmesser.

KULTUR. Die Ansprüche der Gattung *Epidendrum* entsprechen denen der auf Seite 111 für *Encyclia* genannten.

EPIDENDRUM ATROPURPUREUM siehe *Encyclia*
EPIDENDRUM BEYRODTIANUM siehe *Encylia*
EPIDENDRUM BICORNUTUM siehe *Caularthron*
EPIDENDRUM COCHLEATUM siehe *Encylia*
EPIDENDRUM FLOS-AËRIS siehe *Arachnis*
EPIDENDRUM LINDLEYANUM siehe *Barkeria*
EPIDENDRUM MARIAE siehe *Encyclia*
EPIDENDRUM SPECTABILE siehe *Barkeria*
EPIDENDRUM STAMFORDIANUM siehe *Encyclia*
EPIDENDRUM TAMPENSE siehe *Encylia*
EPIDENDRUM VITELLINUM siehe *Encyclia*

ERIA
E. javanica, Syn. *E. stellata*

In den Sammlungen von Amateuren ist diese epiphytische Orchidee nur selten anzutreffen. Sie besitzt eiförmige, etwa 8 cm lange Pseudobulben, die in Abständen von ungefähr 5 cm einem Wurzelstock entsprießen. Die aus den Pseudobulben hervorgehenden Blütentriebe sind 30–40 cm lang und können bis zu 30 sternförmig ausgebreitete, weiße oder cremefarbene, zum Teil purpurn geäderte Blüten mit einem Durchmesser bis zu 4 cm tragen. Die Hauptblütezeit liegt im Frühjahr und Sommer, aber auch zu anderen Zeiten werden gelegentlich Blüten hervorgebracht.

KULTUR. *E. javanica* gedeiht am besten in hellem indirektem oder durch Vorhänge gedämpftem Licht oder bei täglich 14–16 Stunden kräftiger künstlicher Beleuchtung. Sie benötigt Nachttemperaturen von 16°–18° C, Tagestemperaturen von 21°–27° C, eine Luftfeuchtigkeit von 60–70 % und gute Belüftung.

Man setzt die Pflanzen in Töpfe mit einem handelsüblichen Orchideensubstrat oder einer Mischung aus 7 Teilen gemahlener Borke und je 1 Teil Osmundafasern, Vermiculit und grobem Torf (oder 2 Teilen Torf, wenn Osmundafasern nicht erhältlich sind). Während der Wachstumsperiode wird das Substrat feucht gehalten. Bei jedem dritten Gießen erhalten die Pflanzen einen auf die Hälfte der angegebenen Stärke verdünnten stickstoffreichen Dünger. Nach der Blüte müssen sie eine zweiwöchige Ruheperiode einlegen; anschließend wird bei Einsetzen des neuen Wachstums wieder wie zuvor gedüngt und gegossen. Umgetopft werden sollte nur, wenn es sich als notwendig erweist, weil der Wurzelstock über den Topfrand hinauswächst oder das Substrat sich zu zersetzen beginnt und nicht mehr gut dräniert. Eine Vermehrung ist durch Teilung in Gruppen von 3 oder 4 Pseudobulben möglich.

EUANTHE siehe *Vanda*

F

FERNANDEZIA siehe *Lockhartia*

G

GASTROCHILUS
G. bellinus, Syn. **Saccolabium bellinum**; *G. calceolaris*, Syn. **Saccolabium calceolare**

Die Arten dieser epiphytischen Gattung haben keine Pseudobulben. Sie bestehen nur aus einem kurzen, aufrechten Stamm mit ein paar schmalen, lederigen Blättern. Die wächsernen, duftenden Blüten halten sich lange und können in aufrechten oder überhängenden, dichten oder lockeren Gruppen angeordnet sein.

Der kurze, kräftige Stamm von *G. bellinus* wird selten höher als 5 cm. Die 6–8 Blätter sind zungenförmig und bis zu 20 cm lang. Die 4 cm großen Blüten sind grünlichgelb oder weiß mit purpurnen oder roten Flecken; sie erscheinen im Spätwinter oder Frühjahr in Gruppen von 3–6 in dichten Ständen. *G. calceolaris* hat ein relativ großes Verbreitungsgebiet; die Pflanze ist vom Himalaya und Birma bis hinab nach Java und Sumatra anzutreffen. Sie hat ebenfalls einen kurzen Stamm und nur 3–6 Blätter. Die 2 cm großen, gelben, grün überhauchten Blüten sind braun oder purpurn gesprenkelt, der Mittellappen der Lippe ist orangefarben gezeichnet und am Rand gefranst. Die Blütezeit beginnt im Herbst.

KULTUR. Die Arten dieser Gattung bevorzugen gemäßigte Temperaturen, die nachts 13°–16° C und am Tage mindestens 21° C betragen sollten. Sie benötigen viel Licht und vertragen täglich auch ein paar Stunden direkte Sonne, sollten aber vor der heißen Sommersonne geschützt werden. Zu empfehlen ist eine Luftfeuchtigkeit von 40–60 %. Die Pflanzen werden am besten in kleine Orchideenkörbe oder Töpfe mit durchlochten Wänden gesetzt, die entweder ein handelsübliches Orchideensubstrat oder die für *Vanda* (S. 141/42) empfohlene Mischung enthalten. Umgetopft werden sollten sie nur, wenn es unbedingt erforderlich ist. Während der Wachstumsperiode erhalten sie bei jedem dritten Gießen einen auf die Hälfte der angegebenen Stärke verdünnten Zimmerpflanzendünger. Eine Vermehrung ist durch Seitentriebe möglich, deren Ausbildung man fördern kann, indem man die Stammspitzen abkneift.

GONGORA
G. armeniaca; *G. galeata*

Gongora ist eine epiphytische Gattung mit aufrechten Luftwurzeln und langen Blütentrieben, die bis weit unterhalb der Pflanzenbasis herabhängen. An jedem Trieb können bis zu 30 duftende Blüten mit einem Durchmesser bis zu 5 cm sitzen. Da sie umgekehrt, also mit der Lippe nach oben, am Trieb sitzen und sehr kompliziert gebaut sind, müssen nektarsammelnde Bienen an der Säule entlanggleiten und dabei die Pollinien an ihrer Spitze aufnehmen, bevor sie zur nächsten Blüte weiterfliegen. Beide Arten haben 2–5 cm lange Pseudobulben, aus denen breite, gefältelte Blätter hervorwachsen. Die Blätter von *G. armeniaca* erscheinen paarweise und sind gut 20 cm lang. Die wächsernen, rötlichpurpurnen Blüten sitzen an einem bis zu 60 cm langen Trieb und haben eine sackähnliche Lippe; die seitlichen Kelchblätter sind zurückgeschlagen, die kurzen Kronblätter manchmal nach innen gebogen.

G. galeata ist *G. armeniaca* sehr ähnlich, nur in allen Teilen kleiner. Die stark duftenden, bräunlichgelben Blüten haben im Verhältnis etwas breitere Kron- und Kelchblätter. Beide Arten blühen im Sommer und Frühherbst, die Blüten halten sich nur 1–2 Wochen lang.

KULTUR. Die Arten dieser Gattung gedeihen am besten in gedämpftem oder indirektem Licht oder bei täglich 14–16 Stunden künstlicher Beleuchtung. Zu empfehlen sind Nachttemperaturen von 13°–15° C, Tagestemperaturen von 18°–21° C sowie eine Luftfeuchtigkeit von ungefähr 50 %.

Wenn die Blüten abzufallen beginnen, müssen die Pflanzen an einen kühlen und stärker beschatteten Ort gebracht werden. Man pflanzt sie entweder in Orchideenkörbe mit Osmunda- oder Baumfarnfasern oder montiert sie auf ein Stück Korkrinde oder Baumfarnstamm; sie können auch in eine Mischung aus 7 Teilen gemahlener

Gongora armeniaca

Haemaria discolor

Hexisea bidentata

Borke und je 1 Teil Osmundafasern, Vermiculit und grobem Torf gepflanzt werden. Die Pflanzenbasis muß etwas oberhalb des Korb- oder Topfrandes sitzen, damit die Triebe herabhängen können. Während der Wachstumsperiode wird das Substrat gleichmäßig feucht gehalten und bei jedem dritten Gießen gedüngt. Eingetopfte Pflanzen benötigen einen stickstoffreichen Dünger, in Körben oder epiphytisch kultivierte Exemplare einen Zimmerpflanzendünger mit ausgeglichenem Nährstoffgehalt; beide Dünger werden auf die Hälfte der angegebenen Stärke verdünnt. Im Winter müssen die Pflanzen bis zum Einsetzen des neuen Wachstums eine Ruheperiode einlegen. Sie werden umgetopft, wenn sie für ihren Behälter zu groß geworden sind oder das Substrat sich zu zersetzen beginnt und nicht mehr gut dräniert. Dabei ist auch eine Vermehrung durch Teilung in Gruppen von 3 oder 4 Pseudobulben möglich.

H

HAEMARIA
H. discolor, Syn. *Ludisia discolor* und *Anoectochilus discolor*

In der Regel sind es vor allem die schönen, juwelenartigen Blätter, die den Reiz dieser Gattung ausmachen, aber *H. discolor* hat daneben auch noch hübsche Blüten zu bieten. Diese in den Tropen heimische terrestrische Orchidee gedeiht in humusreichem Boden und blüht im Herbst und Winter. Im Zentrum jeder der wächsernen, weißen, 1–2 cm großen Blüten biegen sich die gelbe Säule und die leicht ankerförmig ausgebildete Lippe in entgegengesetzte Richtungen. Die duftenden Blüten stehen an bis zu 30 cm langen Blütenständen. Viele Orchideenfreunde kneifen die Blütentriebe jedoch ab, um die Ausbildung der Blätter zu fördern, die glänzend grüne, rot oder goldgelb geäderte Oberflächen haben, während die Unterseiten rötlich-purpurn gefärbt sind. Die Blätter werden etwa 8 cm lang und sind wirtelig um einen 15 cm langen Stamm herum angeordnet.

KULTUR. *H. discolor* ist schwer zu kultivieren, da sie Wärme, wenig Licht und viel Feuchtigkeit benötigt. Sie kann an einem Nordfenster stehen oder bei täglich 14–16 Stunden mittelstarker künstlicher Beleuchtung gehalten werden. Die Temperaturen müssen nachts zwischen 16° und 18° C, und am Tage zwischen 21° und 27° C liegen, die Luftfeuchtigkeit sollte 70–80 % betragen. Diese Bedingungen lassen sich am einfachsten schaffen, indem man *H. discolor* in einem Glasbehälter wie zum Beispiel einem Terrarium oder einer speziellen Orchideenvitrine kultiviert. Der Behälter muß regelmäßig geöffnet werden, damit die Pflanzen frische Luft bekommen, ohne Zugluft ausgesetzt zu sein. Als Substrat eignet sich eine Mischung aus 2 Teilen grobem Torf, 2 Teilen sandiger Lehmerde und je 1 Teil Vermiculit und feingemahlener Borke. Als Gefäß dient ein kleiner Topf oder, für mehrere Exemplare, eine flache Schale. Das Substrat muß gleichmäßig feucht gehalten, darf aber nicht durchnäßt werden; stehendes Wasser im Wurzelbereich führt rasch zu Fäulnis und damit zum Absterben der empfindlichen Pflanzen. Während der Wachstumsperiode erhalten die Pflanzen bei jedem dritten Gießen einen auf die Hälfte der angegebenen Stärke verdünnten Zimmerpflanzendünger mit ausgeglichenem Nährstoffgehalt. Sie werden umgetopft, wenn sie für ihren Behälter zu groß geworden sind oder das Substrat sich zu zersetzen beginnt und nicht mehr gut dräniert. Eine Vermehrung ist durch Teilung des Wurzelstocks möglich.

HEXISEA
H. bidentata

Die für diese epiphytische Orchidee typischen gegliederten Sprosse werden durch übereinanderstehende Pseudobulben gebildet. Aus dem Scheitel jeder Pseudobulbe wachsen 2 schlanke, 7–10 cm lange Blätter. Im Frühjahr und Sommer erscheinen kurze Triebe mit dichten Ständen aus 1–2 cm großen, leuchtendroten, becherförmigen Blüten; gelegentlich werden auch das ganze Jahr hindurch in Abständen immer neue Blüten gebildet. Obwohl es keine anerkannten intergenerischen Hybriden gibt, sind doch Kreuzungen mit den Gattungen *Cattleya, Laelia* und *Epidendrum* gelungen.

KULTUR. *H. bidentata* bevorzugt gemäßigte Temperaturen, die nachts zwischen 13° und 16° C und am Tage zwischen 18° und 24° C liegen. Sie gedeihen am besten in hellem, diffusem Licht, zum Beispiel hinter leichten Vorhängen an einem Südwestfenster, oder bei täglich 14–16 Stunden kräftiger künstlicher Beleuchtung. Die Luftfeuchtigkeit sollte 40–60 % betragen, außerdem ist gute Belüftung erforderlich. Als Substrat eignet sich eine Mischung aus 7 Teilen gemahlener Borke und je 1 Teil Osmundafasern, Vermiculit und grobem Torf (oder 2 Teilen Torf, falls Osmundafasern nicht erhältlich sind). Man kann die Pflanzen auch auf ein Stück Korkrinde oder Baumfarnstamm montieren. Vor jedem erneuten Gießen muß das Substrat leicht abgetrocknet sein. Pflanzen in Töpfen werden bei jedem dritten Gießen mit einem stickstoffreichen Dünger gedüngt; epiphytische kultivierte Exemplare erhalten einen Zimmerpflanzendünger mit ausgeglichenem Nährstoffgehalt. Beide Dünger werden auf die Hälfte der angegebenen Stärke verdünnt.

Da diese Art fast das ganze Jahr hindurch blühen kann, benötigt sie nach der Blüte keine Ruheperiode. Die Pflanzen werden umgetopft, wenn sie für ihren Behälter zu groß geworden sind oder das Borkensubstrat sich zu zersetzen beginnt. Eine Vermehrung ist durch Teilung in Gruppen von 4 oder 5 Pseudobulben möglich.

IONOPSIS
I. utricularioides, Syn. *I. paniculata*

Diese sehr kleine epiphytische Orchidee trägt an ihren verzweigten Trieben Blüten, die in Form, Größe und Farbe zarten Veilchen ähneln. Die Blüten haben einen Durchmesser von etwa 2 cm, ihre Farbe kann von Pflanze zu Pflanze sehr stark schwanken; manche Blüten sind reinweiß, andere rosa oder violett mit purpurnen Adern, wieder andere leuchtend purpurn. Die breiten, flachen Lippen sind ungefähr doppelt so lang wie die Kronblätter. Die Blätter sind dick, gut 12 cm lang und gehen aus der Basis der sehr kleinen Pseudobulben hervor. Die Pflanze ist zart und überdauert nur 5 oder 6 Jahre; die Blütezeit liegt im Winter und zeitigen Frühjahr.

KULTUR. *I. utricularioides* muß zwar feucht gehalten werden, reagiert aber ganz empfindlich auf stehendes Wasser im Wurzelbereich. Man montiert sie am besten auf ein Stück Korkrinde oder Baumfarnstamm oder pflanzt sie in einen kleinen, mit Osmunda- oder Baumfarnfasern gefüllten Orchideenkorb; sie kann auch in einem kleinen Topf mit einer Mischung aus 7 Teilen gemahlener Borke, 1 Teil Vermiculit und 1 Teil grobem Torf kultiviert werden. Während der Wachstumsperiode muß das Substrat vor jedem erneuten Gießen leicht abgetrocknet sein. Bei jedem dritten Gießen erhalten epiphytisch oder in Körben kultivierte Exemplare einen Zimmerpflanzendünger mit ausgeglichenem Nährstoffgehalt; Topfpflanzen benötigen einen stickstoffreichen Dünger. Beide Dünger werden auf die Hälfte der angegebenen Stärke verdünnt.

Nach der Blüte wird das Gießen eingeschränkt und nicht mehr gedüngt, bis das neue Wachstum einsetzt. *I. utricularioides* benötigt helles indirektes oder durch Vorhänge gedämpftes Licht oder täglich 14–16 Stunden kräftige künstliche Beleuchtung. Ideal sind Nachttemperaturen von 13°–16° C, Tagestemperaturen von 18°–24° C und eine Luftfeuchtigkeit von 50–70 %. Umgetopft werden sollte nur, wenn das Substrat sich zu zersetzen beginnt; es ist darauf zu achten, daß das Wurzelwachstum dabei so wenig wie möglich gestört wird. Eine Vermehrung ist durch Teilung möglich.

ISOCHILUS
I. linearis

Diese zierliche epiphytische Pflanze wird ungefähr 60 cm hoch; sie hat drahtige Triebe und grasähnliche, 6 cm lange und nur 3 mm breite

Ionopsis utricularioides

Isochilus linearis

Laelia anceps

Laelia cinnabarina

Blätter. Die kleinen Blüten, deren Farbskala von fast Weiß bis zu leuchtendem Rötlichpurpur reicht und die in Abständen das ganze Jahr hindurch erscheinen können, sind kaum 1 cm lang. Die Lippe ist dunkler gefärbt. 5–15 Blüten sitzen in Gruppen an einem Trieb. Sie öffnen sich nie ganz und wirken deshalb stets röhrenförmig. Diese Art ist leicht zu kultivieren, und auch durch Teilung gewonnene neue Exemplare entwickeln sich rasch zu ansehnlichen Pflanzen.

KULTUR. *I. linearis* gedeiht am besten in Halbschatten oder indirektem oder durch Vorhänge gedämpftem Licht; auch 14–16 Stunden schwache künstliche Beleuchtung pro Tag sind möglich. Zu empfehlen sind Nachttemperaturen von 13°–15° C, Tagestemperaturen von 18°–24° C und eine Luftfeuchtigkeit von 60–70 %.

Diese Orchidee kann in Töpfen, in Körben oder auf einem Stück Korkrinde oder Baumfarnstamm kultiviert werden. In Töpfen benötigt sie eine Mischung aus 7 Teilen gemahlener Borke, 1 Teil zerkleinerten Osmundafasern, 1 Teil Vermiculit und 1 Teil grobem Torf (oder 2 Teilen Torf, falls Osmundafasern nicht erhältlich sind). Das Substrat muß gleichmäßig feucht gehalten, darf aber nicht durchnäßt werden. In Töpfen wachsende Pflanzen erhalten bei jedem dritten Gießen einen stickstoffreichen Dünger; epiphytisch oder in Körben kultivierte Exemplare bekommen einen Zimmerpflanzendünger mit ausgeglichenem Nährstoffgehalt. Beide Dünger werden auf die Hälfte der angegebenen Stärke verdünnt.

Umgetopft werden sollte nur, wenn die Pflanzen für ihren Behälter zu groß geworden sind oder das Substrat sich zu zersetzen beginnt und nicht mehr gut dräniert. Eine Vermehrung ist durch Teilung möglich, aber ungestört wachsende Pflanzen bringen mehr Blüten hervor.

L

LAELIA

L. anceps; L. autumnalis; L. cinnabarina; L. crispa; L. lundii, Syn. *L. regnellii; L. pumila*

Die Arten der epiphytischen Gattung *Laelia* sind denen von *Cattleya* sehr ähnlich und werden häufig auch mit ihnen gekreuzt, zumal sie ihre leuchtenden gelben, orangeroten oder violetten Blütenfarben auf die Hybriden vererben. Die Blütezeit der *Laelia*-Arten dauert sehr lange, bei einigen über 2 Monate.

L. anceps ist eine der bekanntesten Arten. Ihre Pseudobulben werden 7–12 cm lang, jede bringt ein 15–20 cm langes Blatt hervor. Im Winter erscheinen an den Spitzen überhängender, bis zu 90 cm langer Triebe lavendelfarbene Blüten mit einem Durchmesser von 4–10 cm; die Lippe ist gelb und dunkelpurpurn gefärbt.

L. autumnalis ist *L. anceps* sehr ähnlich, bringt jedoch aus jeder Pseudobulbe 2 oder 3 Blätter hervor. Die Blüten haben einen Durchmesser von 7–10 cm und erscheinen im Herbst oder zu Beginn des Winters in lockeren Ständen am Ende von 60 cm langen Trieben. Kron- und Kelchblätter sind hell- bis dunkelrosaviolett gefärbt. Die Lippe ist in drei Lappen gespalten; die beiden äußeren sind weiß mit purpurnen Flecken, der innere ist gelb gefärbt.

Die auf Bäumen und Felsen anzutreffende *L. cinnabarina* bringt spitz zulaufende, 12–30 cm lange Pseudobulben mit jeweils nur einem 15–30 cm langen Blatt hervor. Die leuchtend orangeroten Blüten erscheinen im Frühjahr oder Sommer in Gruppen von 5–15 an 30–60 cm langen Trieben, sie haben einen Durchmesser von 5–8 cm, der Mittellappen der Lippe ist gekräuselt.

Die im Sommer blühende *L. crispa* besitzt gleichfalls bis zu 30 cm lange Pseudobulben mit je einem 20–30 cm langen Blatt. Die duftenden, weißen Blüten mit gelber und purpurner Lippe sind 10–15 cm groß und erscheinen in Gruppen von 5 oder 6.

L. lundii wird nur selten höher als 10–12 cm. Aus ihren 4–5 cm langen Pseudobulben entwickeln sich 2 Blätter von etwa 8 cm Länge. Die Blüten erscheinen einzeln oder paarweise um die Wintermitte herum, oft vor den schmalen Blättern. Sie haben einen Durchmesser von 2–4 cm und sind weiß mit einem Anhauch von Rosapurpur; die Lippe ist gekräuselt und rot geädert.

L. pumila besitzt 5–10 cm lange Pseudobulben mit je einem ungefähr ebenso langen Blatt; die ganze Pflanze wird nicht höher als 20–25 cm. Im Herbst erscheinen rosa- bis lavendelfarbene Blüten mit einem Durchmesser von 7–10 cm; die Lippen sind zweifarbig – die Außenlappen sind rötlichpurpurn, der Schlund ist gelb.

KULTUR. Die Arten der Gattung *Laelia* bevorzugen Nachttemperaturen von 13°–16° C und Tagestemperaturen von 18°–24° C. Sie gedeihen am besten bei 4–8 Stunden direkter Sonne pro Tag, nur um die Mittagszeit muß das Licht durch Vorhänge gedämpft werden. Bei einer Kultur unter künstlicher Beleuchtung sollte diese kräftig und täglich 14–16 Stunden lang eingeschaltet sein. Zu empfehlen ist eine Luftfeuchtigkeit von 40–60 %. Als Substrat eignet sich eine Mischung aus 7 Teilen gemahlener Borke und je 1 Teil Osmundafasern, Vermiculit und grobem Torf (oder 2 Teilen Torf, falls Osmundafasern nicht erhältlich sind). Die Pflanzen können auch auf ein Stück Korkrinde oder Baumfarnstamm montiert werden.

Während der Wachstumsperiode muß das Substrat vor jedem erneuten Gießen abgetrocknet sein. Nach der Blüte darf bis zum Einsetzen des neuen Wachstums nur so viel gegossen werden, daß die Pseudobulben nicht schrumpfen. Eingetopfte Pflanzen erhalten während der Wachstumsperiode bei jedem dritten Gießen einen auf die Hälfte der angegebenen Stärke verdünnten stickstoffreichen Dünger, epiphytisch kultivierte Exemplare einen gleichfalls auf die Hälfte der angegebenen Stärke verdünnten Zimmerpflanzendünger mit ausgeglichenem Nährstoffgehalt. Während der Ruheperiode nach der Blüte darf nicht gedüngt werden. Umgetopft wird alle 2–4 Jahre, wenn die Pflanzen für ihren Behälter zu groß geworden sind oder das Substrat sich zu zersetzen beginnt und nicht mehr gut dräniert. Eine Vermehrung ist bei Einsetzen des neuen Wachstums durch Teilung in Gruppen von 3 oder 4 Pseudobulben möglich.

LAELIA LYONSII siehe *Schomburgkia*
LAELIA TIBICINIS siehe *Schomburgkia*
LAELIA UNDULATA siehe *Schomburgkia*

x LAELIOCATTLEYA
x *L.* Aconcagua; x *L.* Marietta; x *L.* Queen Mary

Typisch für die durch Kreuzung der Gattungen *Laelia* und *Cattleya* entstandenen Hybriden sind Stände aus leuchtend gefärbten Blüten mit einem Durchmesser von 7–15 cm. Im Handel sind mehr als 2000 Namenssorten erhältlich, deren Farbskala von Grünlichgelb und Orange bis zu Rosa und Purpur reicht. Der Gattung *Laelia* verdanken sie die Blütenfarben, während sie von *Cattleya* Aufbau und Wachstumsgewohnheiten geerbt haben. Sie blühen im Herbst und Winter.

x *L.* Aconcagua ist nach dem höchsten Berg Südamerikas in den argentinischen Anden benannt. Die Pflanze hat Blüten mit einem Durchmesser von 15 cm. Kron- und Kelchblätter sind reinweiß und heben sich von einer überwiegend purpurnen Lippe ab.

x *L.* Marietta hat kleinere Blüten mit einem Durchmesser bis zu 12 cm; Kron- und Kelchblätter sind rötlichpurpurn und tragen jeweils zwei leuchtendgelbe Flecken.

Die Blüten von x *L.* Queen Mary sind etwas größer und weisen einen hübschen Lavendelton auf; die Lippe ist dunkler gefärbt und im Schlund gelb überhaucht.

KULTUR. Diese Orchideen blühen am besten bei hellem indirektem oder durch Vorhänge gedämpftem Licht; auch eine Kultur bei täglich 14–16 Stunden künstlicher Beleuchtung ist möglich. Zu empfehlen sind Nachttemperaturen von 13°–16° C, Tagestemperaturen von 18°–24° C und eine Luftfeuchtigkeit von 40–60 %. Gepflanzt wird in Töpfe mit einer Mischung aus 7 Teilen gemahlener Borke, 1 Teil Vermiculit und 1 Teil grobem Torf. Während der Wachstumsperiode muß das Substrat vor jedem erneuten Gießen leicht abtrocknen; nach der Blüte wird das Wässern eingeschränkt und nur so viel gegossen, daß die Pseudobulben nicht schrumpfen.

Laelia lundii

Während der Wachstumsperiode erhalten die Pflanzen bei jedem dritten Gießen einen auf die Hälfte der angegebenen Stärke verdünnten stickstoffreichen Orchideendünger. Eine Vermehrung ist bei Einsetzen des neuen Wachstums durch Teilung in Gruppen von 3 oder 4 Pseudobulben möglich.

LEPTOTES
L. bicolor, Syn. *Tetramicra bicolor*

Diese kleinwüchsige Epiphyte hat relativ große Blüten und schlanke, nur 2–3 cm hohe Pseudobulben; jeder Pseudobulbe entsprießt ein einziges, fast zylindrisches, 7–12 cm langes Blatt. Außerdem bringt die Pflanze Fruchtknoten hervor, die wie die der Echten Vanille getrocknet und in Brasilien zum Würzen von Süßigkeiten und Eisspeisen verwendet werden. An einem kurzen, etwa 2 cm langen Trieb erscheinen 2–4 weiße Blüten mit einem Durchmesser von ungefähr 5 cm. Die schlanken Kron- und Kelchblätter biegen sich der rosavioletten Lippe entgegen. Wegen ihrer geringen Höhe und ihrer attraktiven Blüten ist diese Orchidee hervorragend für die Kultur auf der Fensterbank geeignet. Die Blütezeit dauert in der Regel vom Winter bis zum Frühjahr.

KULTUR. *L. bicolor* benötigt helles indirektes oder durch Vorhänge gedämpftes Licht, gedeiht aber auch bei täglich 14–16 Stunden künstlicher Beleuchtung von mittlerer Intensität. Ideal sind Temperaturen, die nachts zwischen 13° und 16° C und tags zwischen 18° und 24° C liegen, sowie eine Luftfeuchtigkeit von 40–60 %. Man kann die Pflanze auf ein Stück Korkrinde oder Baumfarnstamm montieren oder in einen Topf mit einer Mischung aus 7 Teilen gemahlener Borke, 1 Teil zerkleinerten Osmundafasern und 1 Teil grobem Torf pflanzen (oder 2 Teilen Torf, sofern Osmundafasern nicht erhältlich sind). Während der Wachstumsperiode muß das Substrat vor jedem erneuten Gießen leicht abgetrocknet sein. Eingetopfte Pflanzen erhalten bei jedem dritten Gießen einen stickstoffreichen Dünger, epiphytisch kultivierte Exemplare einen Zimmerpflanzendünger mit ausgeglichenem Nährstoffgehalt; beide Dünger müssen auf die Hälfte der angegebenen Stärke verdünnt werden. Nach der Blüte erhalten die Pflanzen nur so viel Wasser, daß die Pseudobulben nicht schrumpfen; mit dem Düngen wird erst wieder begonnen, wenn das neue Wurzelwachstum eingesetzt hat.

Wenn die Pflanzen in ihrem Wachstum gestört werden, bringen sie möglicherweise keine Blüten mehr hervor. Deshalb topft man sie nicht um, wenn das Substrat erneuert werden muß, sondern entfernt nur um die Pflanzenbasis herum das verbrauchte Substrat und ersetzt es durch frisches. Aus dem gleichen Grund ist auch eine Vermehrung durch Teilung nicht zu empfehlen.

LOCKHARTIA
L. acuta, Syn. *L. pallida* und *Fernandezia acuta*; *L. lunifera*; *L. oerstedtii*

Diese epiphytischen Pflanzen, die auch ohne Blüten sehr dekorativ aussehen, bringen bis zu 60 cm hohe, dichtbeblätterte Stämme hervor. Aber auch die Blüten sind sehr hübsch, und die Blütezeit dauert zwischen 6 Wochen und 3 Monaten. Die Blüten sind klein und zart und überwiegend gelb mit rot gefleckter Lippe; sie hängen an dünnen Trieben von den oberen Blattbasen herab.

L. acuta bringt im Sommer an jedem Trieb 6–12 weiße, knapp 1 cm große Blüten mit gelber Lippe hervor. An den Trieben von *L. lunifera* erscheinen vom Sommer bis zum Herbst 1–3 goldgelbe Blüten mit einem Durchmesser von 1–2 cm. Die Blüten von *L. oerstedtii* können zu jeder Jahreszeit erscheinen; sie sitzen in Gruppen von 2–4 an den Trieben, sind goldgelb mit roter Zeichnung auf der Lippe und haben einen Durchmesser von 2–3 cm.

KULTUR. Die Arten der Gattung *Lockhartia* benötigen Nachttemperaturen von 13°–16° C, Tagestemperaturen von 18°–24° C und gedämpftes Licht oder 14–16 Stunden künstliche Beleuchtung pro

Leptotes bicolor

Lockhartia acuta

Tag. Zu empfehlen ist eine Luftfeuchtigkeit von 50–60 %. Obwohl die Pflanzen Epiphyten sind, gedeihen sie am besten in Töpfen mit einer Mischung aus 7 Teilen gemahlener Borke, 1 Teil zerkleinerten Osmundafasern, 1 Teil Vermiculit und 1 Teil grobem Torf (oder 2 Teilen Torf, falls Osmundafasern nicht erhältlich sind), der man etwas Holzkohle zusetzt. Da die Pflanzen keine wasserspeichernden Pseudobulben besitzen, müssen sie das ganze Jahr hindurch gleichmäßig feucht gehalten werden; ein Durchnässen des Substrats ist jedoch zu vermeiden. Während der Wachstumsperiode erhalten sie bei jedem dritten Gießen einen auf die Hälfte der angegebenen Stärke verdünnten stickstoffreichen Dünger.

Die Pflanzen müssen umgetopft werden, wenn sie für ihren Behälter zu groß geworden sind oder das Substrat sich zu zersetzen beginnt und nicht mehr gut dräniert. Eine Vermehrung ist möglich durch Abtrennen und Bewurzeln von Stammstücken oder durch Teilen mehrstämmiger Exemplare. Danach erscheinen eine Zeitlang keine Blüten; andererseits gelangen aber auch Pflanzen mit zu vielen Stämmen nicht zur Blüte.

LUDISIA siehe *Haemaria*

LYCASTE
L. aromatica; L. virginalis, Syn. *L. skinneri*

Aus jeder Pseudobulbe dieser epiphytischen, laubwerfenden Orchideen können bis zu 10 Triebe mit jeweils einer wächsernen Blüte hervorgehen; außerdem kann sich die Blütezeit über mehrere Monate erstrecken. Die Kelchblätter sind von den aus den Kronblättern und der Lippe gebildeten tulpenähnlichen Bechern zurückgebogen und überdies oft dunkler gefärbt als die Kronblätter.

L. aromatica blüht im Frühjahr. Die Blüten haben einen Durchmesser von 5–8 cm, dunkelgelbe Kelchblätter, Kronblätter in einem etwas helleren Gelb und eine orangefarben gefleckte Lippe. Die Blütentriebe sind ungefähr 15 cm lang; die Blüten werden von sehr großen, 10 cm breiten und bis zu 45 cm langen Blättern überschattet.

L. virginalis blüht im Herbst und Winter. Die 10–15 cm großen Blüten erscheinen einzeln an 15–30 cm langen Trieben und sind weiß oder rosa; auch bei dieser Art sind die Kelchblätter oft intensiver gefärbt als die Kronblätter, während die Lippe eine purpurne Zeichnung aufweist. Die Blüten der Kultursorte 'Alba' sind, abgesehen von einer blaßgelben Schwiele auf der Lippe, reinweiß.

KULTUR. Diese Orchideen gedeihen am besten bei gedämpftem Licht oder täglich 14–16 Stunden schwacher künstlicher Beleuchtung. Zu empfehlen sind Nachttemperaturen von 10°–13° C, Tagestemperaturen von 16°–21° C und eine Luftfeuchtigkeit von 40–60 %. Gepflanzt wird in eine Mischung aus 7 Teilen gemahlener Borke und je 1 Teil Osmundafasern, Vermiculit und grobem Torf (oder 2 Teilen Torf, falls Osmundafasern nicht erhältlich sind). Während der Wachstumsperiode muß das Substrat feucht gehalten, darf aber nicht durchnäßt werden; gedüngt wird bei jedem dritten Gießen mit einem auf die Hälfte der angegebenen Stärke verdünnten stickstoffreichen Dünger. Wenn die Ruheperiode einsetzt, wird nicht mehr gedüngt und weniger gegossen. Die Pflanzen müssen umgetopft werden, wenn das Substrat sich zu zersetzen beginnt und nicht mehr gut dräniert. Eine Vermehrung ist bei Einsetzen des neuen Wachstums durch Teilung in Gruppen von 3 oder 4 Pseudobulben möglich.

M

MASDEVALLIA
M. chimaera; M. coccinea, Syn. *M. harryana* und *M. lindenii; M. erythrochaete; M. infracta; M. rolfeana; M. tovarensis,* Syn. *M. candida*

Die Arten der Gattung *Masdevallia* sind überwiegend Epiphyten und fallen durch ihre unverhältnismäßig großen Kelchblätter auf. Sie

Lycaste virginalis

Masdevallia tovarensis

Maxillaria picta

sind an der Basis zu einer Röhre verwachsen, die häufig die sehr kleinen Kronblätter und die gleichfalls kleine Lippe umschließt; dann lösen sie sich voneinander und laufen meist in lange Schwänze aus. Die Pflanzen besitzen keine Pseudobulben; die kleinen, dicken Blätter wachsen dicht beieinander aus einem kriechenden Rhizom; die Blütentriebe, die zumeist nur eine Blüte auf einmal tragen, gehen aus den Blattachseln an der Pflanzenbasis hervor.

M. chimaera hat eine schuhförmige, weiße Lippe und behaarte, gelbe Kelchblätter mit rotbraunen Tupfen, die ein 20–25 cm breites Dreieck bilden und in 7–10 cm lange Schwänze auslaufen. Die Blütezeit dauert vom späten Frühjahr bis zum Sommer.

M. coccinea bringt im späten Frühjahr oder im Sommer eine einzelne wächserne, karminrote Blüte von 5–8 cm Durchmesser hervor, deren seitliche Kelchblätter zusammengewachsen sind und in zwei stumpfe Zipfel auslaufen. Die Blätter werden 15–25 cm lang.

M. erythrochaete blüht im Spätsommer und im Herbst. Die flaumigen Blüten haben einen Durchmesser bis zu 10 cm und sind cremegelb mit rötlichpurpurnen Flecken; die gleichfalls rötlichpurpurnen Schwänze sind 5 cm lang. Das obere Kelchblatt von *M. infracta* ist gelblichweiß und geht dort, wo es sich den seitlichen breiteren Kelchblättern nähert, in Blaßviolett über; alle drei Kelchblätter besitzen gelblichweiße, 4–5 cm lange Schwänze. Die Blütezeit liegt im späten Frühjahr und Sommer.

Die schokoladenbraunen Blüten von *M. rolfeana* haben einen Durchmesser von 6 cm, die gelben Schwänze sind 10–12 cm lang und lederig. *M. tovarensis* blüht im Herbst und Winter und bringt an jedem Trieb 2–5 reinweiße Blüten hervor, die sich lange halten. Das obere Kelchblatt ist schmal, die seitlichen Kelchblätter sind breit und laufen in kurze Schwänze aus, die sich häufig unterhalb der Blüte überkreuzen; die gesamte Blüte ist 5 cm lang.

KULTUR. Mit Ausnahme von *M. infracta*, die Nachttemperaturen von 13°–16° C und Tagestemperaturen von 18°–24° C benötigt, gedeihen die genannten Arten am besten bei Nachttemperaturen von 10°–13° C und Tagestemperaturen von 16°–21° C. Alle bevorzugen helles indirektes oder durch Vorhänge gedämpftes Licht; künstliche Beleuchtung sollte täglich 14–16 Stunden lang eingeschaltet sein. Zu empfehlen ist eine Luftfeuchtigkeit von 50–70 %.

Man setzt die Pflanzen in Körbe aus Holzlatten mit Osmunda- oder Baumfarnfasern oder in Töpfe mit einem Substrat aus 7 Teilen gemahlener Borke und je 1 Teil zerkleinerten Osmundafasern, Vermiculit und grobem Torf (oder 2 Teilen Torf, falls Osmundafasern nicht erhältlich sind). Das Substrat muß das ganze Jahr hindurch feucht gehalten, darf aber nicht durchnäßt werden. In Töpfen wachsende Exemplare erhalten bei jedem dritten Gießen einen stickstoffreichen Dünger, in Körbe wachsende einen Zimmerpflanzendünger mit ausgeglichenem Nährstoffgehalt; beide Dünger müssen auf die Hälfte der angegebenen Stärke verdünnt werden. Wenn das Substrat sich zu zersetzen beginnt und nicht mehr gut dräniert, werden die Pflanzen zu Beginn der Wachstumsperiode umgetopft. Eine Vermehrung ist durch Teilung möglich.

MAXILLARIA
M. luteo-alba; M. ochroleuca; M. picta; M. sanderiana

Diese Epiphyten unterscheiden sich in bezug auf Habitus und Größe zum Teil erheblich voneinander; es gibt kleine Arten mit kriechendem Rhizom, aber auch große, die bis zu 90 cm hohe Blütentriebe hervorbringen. Viele von ihnen tragen Blüten, die durch Größe, Duft oder Farbe auffallen. Allen gemeinsam sind „Kinnbakken", die vom Fuß der Säule und der Basis der verwachsenen seitlichen Kelchblätter gebildet werden und denen die Gattung ihren wissenschaftlichen Namen verdankt.

Die Art *M. luteo-alba* besitzt glänzende, leuchtendgrüne Pseudobulben; sie sind an der Basis von papierartigen Hüllblättern umgeben, die mit zunehmendem Alter faserig werden. Die gleichfalls glänzenden, länglichen Blätter sind etwas lederig und werden bis zu 45 cm lang. Die Blüten erscheinen, zumeist vom Frühjahr bis zum Beginn des Sommers, einzeln auf mehreren, von der Basis der Pseudobulben ausgehenden Trieben. Sie halten sich lange, duften schwach und erreichen Durchmesser bis zu 10 cm; Kron- und Kelchblätter sind außen weiß, innen dagegen blaßgelb, die Lippe ist dunkelgelb gefärbt, ihr Rand ist weiß.

M. ochroleuca bringt schmale, fleischige Blätter hervor, die 25–40 cm lang und 2–4 cm breit werden; sie erscheinen fächerförmig aus den Spitzen der nur 5–8 cm hohen Pseudobulben. Die duftenden, gelben Blüten werden 3 cm lang und haben eine orangegelbe Lippe. Sie stehen einzeln auf 5–10 cm langen Trieben.

Die reichblühende Art *M. picta* wirkt durch dicht nebeneinanderstehende Pseudobulben fast buschartig. Ihre riemenförmigen Blätter werden 20–40 cm lang, die duftenden Blüten sind innen bräunlichgelb, außen weiß mit purpurnen oder roten Flecken. Sie erreichen Durchmesser von 6 cm und stehen vom Spätwinter bis zum Beginn des Frühjahrs einzeln auf 7–10 cm langen Stengeln.

M. sanderiana bringt vom Sommer bis zum Herbst weiße Blüten mit blutroter Zeichnung und einem Durchmesser von 12–15 cm hervor; sie stehen einzeln auf 7–15 cm langen Trieben; die einzelnstehenden Blätter werden 17–30 cm lang.

KULTUR. Die Arten der Gattung *Maxillaria* benötigen Nachttemperaturen von 13°–16° C und Tagestemperaturen von 18°–24° C, ausgenommen *M. sanderiana*, die Nachttemperaturen von 10°–13° C bevorzugt. Alle Arten gedeihen am besten in hellem, indirektem Licht oder bei täglich 14–16 Stunden kräftiger künstlicher Beleuchtung. Die Luftfeuchtigkeit sollte zwischen 40 und 60 % liegen.

Die Pflanzen können auf ein Stück Korkrinde oder Baumfarnstamm montiert, in Körbe mit Osmunda- oder Baumfarnfasern oder in Töpfe gepflanzt werden, die eine Mischung aus 7 Teilen gemahlener Borke, 1 Teil Osmundafasern, 1 Teil grobem Torf und 1 Teil Vermiculit enthalten. Während der Wachstumsperiode wird das Substrat von *M. sanderiana* gleichmäßig feucht gehalten, aber nicht durchnäßt; für *M. picta* muß es vor jedem erneuten Gießen leicht abgetrocknet sein. Alle Arten werden bei jedem dritten Gießen gedüngt. Exemplare in Töpfen erhalten einen stickstoffreichen Dünger, epiphytisch oder in Körben kultivierte Pflanzen einen Zimmerpflanzendünger mit ausgeglichenem Nährstoffgehalt; beide Dünger werden auf die Hälfte der angegebenen Stärke verdünnt. Nach der Blüte wird nicht mehr gedüngt und nur so viel gegossen, daß die Pflanzen nicht austrocknen. Wenn das neue Wachstum einsetzt, wird wie zuvor gedüngt und gegossen. Zu diesem Zeitpunkt kann auch umgetopft werden, wenn die Pflanzen für ihren Behälter zu groß geworden sind oder das Substrat sich zu zersetzen beginnt und nicht mehr gut dräniert. Eine Vermehrung ist durch Teilung in Gruppen von 3 oder 4 Pseudobulben möglich.

MESOSPINIDIUM siehe *Cochlioda*

MILTONIA
M. candida; M. cuneata; M. roezlii; M. spectabilis

Die Blüten dieser epiphytischen Orchideen haben oft eine gewisse Ähnlichkeit mit denen der Garten-Stiefmütterchen, weil sie flach geöffnet und wie diese dunkel gezeichnet sind. Sie erscheinen in lockeren Ständen am Ende schlanker, 15–45 cm langer Triebe, die der Basis der jüngsten Pseudobulben entsprießen. Jede Pseudobulbe bringt 3 schmale, gelblichgrüne Blätter hervor. Die *Miltonia*-Arten blühen sehr reich; die Blüten halten sich ungefähr einen Monat lang, an Hybriden zum Teil noch länger. In Kultur ist eine große Zahl von Hybriden anzutreffen, die zum Teil auf natürlichem Wege, zum Teil durch Züchtung entstanden sind; alle zeichnen sich durch Blüten aus, die größer und intensiver gezeichnet sind als die der Wildformen.

M. candida bringt im Herbst Stände aus 3–6 braunen, gelb gesäumten Blüten mit einem Durchmesser von 5 cm hervor; die

Miltonia roezlii

Miltonia spectabilis

Mormodes igneum

gekräuselte, weiße Lippe ist purpurn gefleckt. Die gleichfalls braunen Blüten von *M. cuneata* haben einen Durchmesser von ungefähr 6 cm; die schlanken Kron- und Kelchblätter sind an der Spitze gelb gefärbt, die Lippe ist kantig und weiß. Die Blüten erscheinen im Frühjahr und stehen in Gruppen von 3–8 beieinander.

M. roezlii blüht im Herbst und gelegentlich im Frühjahr ein zweites Mal. Die Blüten duften, sind weiß, haben einen Durchmesser von 7–10 cm und stehen in Gruppen von 2–5 beieinander. Sie haben eine maskenähnliche, purpurne Zeichnung; die in zwei Lappen zerteilte Lippe ist flach und hat eine gelbe Basis.

M. spectabilis ist eine besonders reichblühende Art; im Sommer und Herbst können eine Vielzahl von Blüten gleichzeitig geöffnet sein. Sie haben einen Durchmesser von 6 cm; die cremeweißen Kron- und Kelchblätter sind purpurn überhaucht, die gewellte Lippe ist rosapurpurn mit dunkelpurpurner Äderung.

Innerhalb der Gattung *Miltonia* gibt es viele natürliche Hybriden; zusätzlich wurden erfolgreich künstliche Kreuzungen durchgeführt, nicht nur innerhalb der Gattung selbst, sondern auch mit anderen Gattungen wie *Brassia, Cochlioda, Odontoglossum* und *Oncidium*.

KULTUR. Die *Miltonia*-Arten und -Sorten gedeihen am besten bei gemäßigten Temperaturen, die nachts zwischen 13° und 16° C und am Tage zwischen 18° und 24° C liegen; nur für *M. roezlii* dürfen die Tagestemperaturen nicht über 21° C ansteigen. Helles indirektes oder durch Vorhänge gedämpftes Licht ist erforderlich; künstliche Beleuchtung sollte kräftig und täglich 14–16 Stunden lang eingeschaltet sein; *M. roezlii* kommt mit weniger Licht aus. Die Luftfeuchtigkeit sollte 40–60 % betragen.

Als Substrat eignet sich eine Mischung aus 7 Teilen gemahlener Borke, 1 Teil Osmundafasern, 1 Teil Vermiculit und 1 Teil grobem Torf (oder 2 Teilen Torf, falls Osmundafasern nicht erhältlich sind). Das Substrat muß vor allem während des Sommers gleichmäßig feucht gehalten, darf aber nicht durchnäßt werden. Während der Wachstumsperiode erhalten die Pflanzen bei jedem dritten Gießen einen auf die Hälfte der angegebenen Stärke verdünnten stickstoffreichen Dünger. Umtopfen ist erforderlich, wenn die Pflanzen für ihren Behälter zu groß geworden sind oder das Substrat sich zu zersetzen beginnt und nicht mehr gut dräniert; das ist ungefähr alle 2 Jahre der Fall und geschieht am besten bei Einsetzen des neuen Wachstums. Dabei kann man gleichzeitig ältere Exemplare durch Teilung in Gruppen von 3 oder 4 Pseudobulben vermehren.

MORMODES
M. igneum; M. variabilis

Diese tropischen Epiphyten haben sommergrüne Blätter, die fächerförmig ausgebreitet sind und 30–35 cm lang werden. Die Blüten erscheinen, nachdem die Blätter vergilbt und abgefallen sind, und zwar an aufrechten, 60–90 cm langen Trieben über den nackten Pseudobulben. Kron- und Kelchblätter sind bizarr gebogen und gedreht. Die Blütezeit liegt im Spätwinter oder Frühjahr, die einzelnen Blüten halten sich ungefähr 3 Wochen lang.

Die leicht gefleckten Blüten von *M. igneum* haben einen Durchmesser von 2–5 cm und können gelb, olivgrün, rot oder goldbraun sein; die fleischige Lippe ist orangefarben und an den Seiten kapuzenförmig umgebogen. Die Blüten von *M. variabilis* haben einen Durchmesser von 4–5 cm und sind dunkelrosa; die vorn und hinten eingerollte Lippe ist in einem helleren Rosa gefärbt.

KULTUR. Diese Orchideen gedeihen in hellem, indirektem Licht oder bei täglich 14–16 Stunden kräftiger künstlicher Beleuchtung am besten; wenn sie, wie zum Beispiel an einem Westfenster, direkte Sonne erhalten, müssen sie während der heißesten Stunden des Tages beschattet werden. Ideal sind Nachttemperaturen um 16° C und Tagestemperaturen von 18°–24° C; im Winter dürfen die Nachttemperaturen auch bis auf 13° C absinken. Die Luftfeuchtigkeit sollte 50–60 % betragen; die Pflanzen dürfen jedoch nicht mit Wasser besprüht werden, da ihre Pseudobulben leicht faulen.

Man setzt die Pflanzen in Töpfe mit einem Substrat aus 7 Teilen gemahlener Borke sowie je 1 Teil Osmundafasern, grobem Torf und Vermiculit oder montiert sie auf ein Stück Korkrinde oder Baumfarnstamm. Nach dem Eintopfen darf nur ganz wenig gegossen werden, bis die Pflanzen fest angewurzelt sind; danach wird das Substrat gleichmäßig feucht gehalten, sollte aber nicht durchnäßt werden. Bei jedem dritten Gießen erhalten in Töpfen wachsende Pflanzen einen stickstoffreichen Dünger, epiphytisch kultivierte Exemplare einen Zimmerpflanzendünger mit ausgeglichenem Nährstoffgehalt; beide Dünger werden auf die Hälfte der angegebenen Stärke verdünnt. Wenn die Blätter zu vergilben beginnen, wird nur noch so viel gegossen, daß die Pseudobulben nicht schrumpfen, und überhaupt nicht mehr gedüngt. Erst wenn die Blütentriebe erscheinen, darf wie zuvor gedüngt und gegossen werden. Wenn sich nach dem Verwelken der Blüten keine neuen Blätter bilden, wird das Gießen nochmals eingeschränkt, bis das neue Wachstum einsetzt. Umgetopft wird alle 2–3 Jahre im Frühjahr. Eine Vermehrung ist durch Teilung in Gruppen von 2 oder 3 Pseudobulben möglich.

MYSTACIDIUM
M. capense

Dieser kleine Epiphyt besitzt einen kurzen, dicken Stamm mit schmalen, ledrigen, 5–8 cm langen Blättern. Im Frühjahr und Sommer erscheinen überhängende Triebe mit bis zu 20 duftenden, wächsern weißen Blüten von 2–3 cm Durchmesser. Die schmalen Kron- und Kelchblätter laufen ebenso wie die etwas breitere Lippe spitz zu; der für diese Gattung typische Sporn ist knapp 5 cm lang.

KULTUR. *M. capense* benötigt helles indirektes oder durch Vorhänge gedämpftes Licht oder täglich 14–16 Stunden künstliche Beleuchtung. Die Pflanze gedeiht am besten in einer warmen Umgebung bei Nachttemperaturen von 16°–18° C und Tagestemperaturen von 21°–29° C, verträgt aber auch etwas niedrigere Werte. Die Luftfeuchtigkeit sollte 50–60 % betragen. Als Substrat eignet sich eine Mischung aus 7 Teilen gemahlener Borke, 1 Teil Vermiculit und 1 Teil grobem Torf. Nach dem Eintopfen erhalten die Pflanzen so lange nur wenig Wasser, bis sie fest verwurzelt sind. Während der Wachstumsperiode wird dann reichlich gegossen und das Substrat gleichmäßig feucht gehalten. Bei jedem dritten Gießen erhalten die Pflanzen einen stickstoffreichen Dünger, der auf die Hälfte der angegebenen Stärke verdünnt wurde.

Nach der Blüte wird nicht mehr gedüngt und nur so viel gegossen, daß das Substrat nicht völlig austrocknet. Bei Einsetzen des neuen Wachstums gießt und düngt man wie zuvor. Umgetopft wird nur, wenn das Substrat sich zu zersetzen beginnt und nicht mehr gut dräniert. Eine Vermehrung ist durch Stammteilung möglich, sobald sich an einem Stamm so viele Luftwurzeln gebildet haben, daß jedes Teilstück mindestens 4 besitzt.

MYSTACIDIUM DISTICHUM siehe *Angraecum*

N

NEOFINETIA
N. falcata, Syn. Angraecum falcatum und Angraelopsis falcata

Der Stamm dieser kleinen, tropischen Epiphyte wird nur 5–6 cm hoch und trägt wechselständige Paare von 8 cm langen, ledrigen Blättern. Im Sommer und Herbst erscheinen 7–10 cm lange Triebe mit Gruppen aus 3–7 wächsern weißen Blüten von 2–3 cm Durchmesser. Die in der Nacht besonders stark duftenden Blüten besitzen schmale Kron- und Kelchblätter, eine dreieckige Lippe und einen gebogenen, 4 cm langen Sporn.

KULTUR. Diese Orchidee gedeiht am besten, wenn sie helles indirektes oder durch Vorhänge gedämpftes Licht bekommt; auch eine Kultur bei täglich 14–16 Stunden kräftiger künstlicher Beleuch-

Mystacidium capense

Neofinetia falcata

x *Odontioda* Enchanson

Odontoglossum grande

tung ist möglich. Die Pflanze benötigt gemäßigte Temperaturen von 13°–16° C in der Nacht und 18°–24° C am Tage sowie eine Luftfeuchtigkeit von 40–50 %.

Als Substrat eignet sich eine Mischung aus 7 Teilen gemahlener Borke und je 1 Teil Osmundafasern, Vermiculit und grobem Torf. Nach dem Eintopfen wird nur ganz wenig gegossen, bis die Pflanzen fest verwurzelt sind. Während der Wachstumsperiode wird das Substrat gleichmäßig feucht gehalten; bei jedem dritten Gießen wird mit einem stickstoffreichen Dünger in der Hälfte der angegebenen Stärke gedüngt. Nach der Blüte erhalten die Pflanzen keinen Dünger mehr und nur so viel Wasser, daß das Substrat nicht völlig austrocknet; erst wenn das neue Blattwachstum einsetzt, darf wie zuvor gedüngt und gegossen werden. Luftwurzeln sollten angefeuchtet und in das Substrat gelenkt werden. Umgetopft wird nur, wenn das Substrat sich zu zersetzen beginnt. Eine Vermehrung ist durch Abtrennen bewurzelter Seitentriebe möglich.

x ODONTIODA

x *O.* Enchanson; x *O.* Minel; x *O.* Petra 'Coccinea'

Dieser Gattungsbastard ist durch Kreuzung ausgewählter Arten der Gattungen *Cochlioda* und *Odontoglossum* entstanden. Seine Kultursorten können sehr unterschiedlich aussehen, da in ihnen die Eigenschaften der Elternpflanzen auf vielfältige Weise zum Vorschein kommen; die meisten von ihnen haben jedoch in bezug auf Wuchs- und Blütenform starke Ähnlichkeit mit den Arten der Gattung *Odontoglossum*. Wie ihre Eltern sind auch diese intergenerischen Hybriden epiphytische Pflanzen, die Gruppen aus dicht zusammengedrängt stehenden Pseudobulben mit schmalen Blättern bilden. Die weit geöffneten, oft gekräuselten Blüten erscheinen in überhängenden Rispen oder verzweigten Ständen. Alle Kultursorten blühen vom Herbst bis zum späten Frühjahr.

Die Blüten von x *O.* Enchanson haben einen Durchmesser von 5–8 cm und besitzen weinrote Kron- und Kelchblätter mit weißen Spitzen. x *O.* Minel trägt große Blüten mit einem Anhauch von Rötlichpurpurn über weißem Grund; x *O.* Petra 'Coccinea' blüht dunkelrot.

KULTUR. Die Temperaturen für diese Orchideen sollten in der Nacht nicht unter 10°–13° C absinken und am Tage auf 18°–21° C oder darüber ansteigen. Sie benötigen gedämpftes Sonnenlicht; an heißen Tagen ist zusätzliche Beschattung und gute Belüftung erforderlich. Man pflanzt sie in Töpfe oder Körbchen aus Holzlatten, die ein handelsübliches Orchideensubstrat enthalten und düngt bei jedem dritten Gießen mit einem auf die Hälfte der angegebenen Stärke verdünnten Flüssigdünger. Das ganze Jahr hindurch werden die Pflanzen gleichmäßig gegossen, vor jedem erneuten Gießen muß das Substrat jedoch fast ganz trocken geworden sein. Eine Vermehrung ist im Frühjahr durch Teilung älterer Exemplare in Gruppen von 3 oder 4 Pseudobulben möglich.

ODONTOGLOSSUM

O. grande; *O. pulchellum*

Die Arten dieser Gattung bringen glatte, leuchtendgrüne Pseudobulben hervor, aus deren Scheitel jeweils 2 immergrüne Blätter wachsen. Die Blüten können weiß sein oder Kombinationen von Gelb, Braun, Leuchtendrot oder Purpur aufweisen und sitzen an anmutig überhängenden Trieben. Typisch für die meisten von ihnen sind gekräuselte Kron- und Kelchblätter und zahnartige Höcker auf der Lippe. Die beiden hier genannten Arten sehen nicht nur sehr hübsch aus, sondern sind auch relativ widerstandsfähig und deshalb auch für Anfänger geeignet.

O. grande wird bis zu 50 cm hoch und bringt 3–7 Blüten mit einem Durchmesser von 15 cm hervor. Die langen und schmalen, wächsernen Kelchblätter sind gelb mit braunen Streifen, die Kronblätter dagegen braun mit gelben Spitzen. Die rundliche Lippe ist weiß, gelegentlich mit einem Anhauch von Gelb, und braun gesprenkelt. Die Blütezeit liegt zwischen Herbst und Frühjahr.

O. pulchellum wird bis zu 30 cm hoch, die 2–5 cm großen, wächsern weißen Blüten stehen im Winter und Frühjahr in anmutigen Ständen beieinander und halten sich lange; in Duft und Aussehen haben sie eine gewisse Ähnlichkeit mit Maiglöckchen-Blüten.

KULTUR. Beide Arten benötigen gedämpftes oder indirektes Licht; direkte Sonne kann die dünnen Blätter verbrennen. Auch eine Kultur bei täglich 14–16 Stunden künstlicher Beleuchtung ist möglich; diese muß für *O. grande* sehr kräftig sein, während *O. pulchellum* auch bei schwächerem Licht gedeiht. Beide Arten bevorzugen gemäßigte Temperaturen, die in der Nacht zwischen 13° und 16° C und am Tage zwischen 18° und 21° C liegen. Als Substrat eignet sich eine Mischung aus 7 Teilen gemahlener Borke sowie je 1 Teil Vermiculit und Torf. Während der Wachstumsperiode erhalten die Pflanzen bei jedem dritten Gießen einen auf die Hälfte der angegebenen Stärke verdünnten stickstoffreichen Dünger. Das Substrat muß das ganze Jahr über gleichmäßig feucht gehalten, darf aber nicht durchnäßt werden; die Luftfeuchtigkeit sollte 40–60 % betragen. Beim Umtopfen, das man alljährlich im Frühjahr vornimmt, kann man die Pflanzen gleichzeitig durch Teilung in Gruppen von mindestens 3 Pseudobulben vermehren.

ODONTOGLOSSUM ASPASIA siehe Aspasia

x ODONTONIA
x *O.* Olga 'Duchess of York'; x *O.* Berlioz 'Lecoufle'

Diese intergenerische Hybride entstand durch Kreuzung von Arten und Sorten der Gattungen *Miltonia* und *Odontoglossum*. Wie die Elternpflanzen sind auch die so entstandenen Hybriden epiphytische Orchideen mit Pseudobulben. Sie bringen große Blütenstände hervor, die in der Form denen der *Odontoglossum*-Arten ähneln; die Lippen sind aber wesentlich größer: Dem anderen Elternteil verdanken sie die Schönheit ihrer Blüten, die denen der Stiefmütterchen ähneln und sich lange halten.

x *O.* Olga 'Duchess of York' trägt vom Herbst bis zum Frühjahr reinweiße Blüten mit einem Durchmesser von 5–8 cm. x *O.* Berlioz 'Lecoufle' bringt rosa überhauchte und zum Zentrum hin dunkelpurpurn gefleckte Blüten in Ständen hervor.

KULTUR. Die Sorten von x *Odontonia* bevorzugen helles indirektes oder gedämpftes Licht; an heißen Tagen müssen sie vor der Sonne geschützt und durch gute Belüftung kühl gehalten werden. Die Temperaturen sollten nachts zwischen 10° und 13° C und am Tage zwischen 18° und 21° C liegen.

Man setzt die Pflanzen in Körbe oder Töpfe mit einem handelsüblichen Orchideensubstrat, das gut dränieren, aber gleichzeitig die Feuchtigkeit halten muß. Das ganze Jahr hindurch wird regelmäßig gegossen, das Substrat muß jedoch vor jedem erneuten Gießen immer erst fast ganz trocken geworden sein. Bei jedem dritten Gießen erhalten die Pflanzen einen auf die Hälfte der angegebenen Stärke verdünnten Flüssigdünger.

Eine Vermehrung ist im Frühjahr durch Teilung älterer Exemplare in Gruppen von 3 oder 4 Pseudobulben möglich; jedes Teilstück wird in einen Topf für sich gepflanzt.

ONCIDIUM
O. hastatum; *O. incurvum*; *O. jonesianum*; *O. leucochilum*, Syn. *Cyrtochilum leucochilum*; *O. papilio*; *O. pusillum*; *O. sphacelatum*; *P. splendidum*; *O. tigrinum*; *O. wentworthianum*

Die meisten Arten dieser Gattung bringen an langen, überhängenden Trieben Rispen aus bis zu 100 leuchtend gefärbten Blüten hervor. Die über 700 Arten sind in der Natur in sehr unterschiedlichen Lagen anzutreffen, von tropischen Flußniederungen bis zu Berggipfeln. Es

x *Odontonia* Olga 'Duchess of York'

Oncidium jonesianum

Oncidium papilio

Oncidium pusillum

sind überwiegend Epiphyten, die auf Bäumen gelegentlich große Kolonien bilden. Die Blüten sind sehr unterschiedlich, haben aber ein Merkmal gemeinsam: Die Lippenbasis bildet mit der kurzen, geflügelten Säule stets einen rechten Winkel.

O. hastatum ist in Mexiko heimisch. Diese Art bringt im Herbst 0,90–1,50 m lange Triebe mit ungefähr 4 cm großen, sternförmig ausgebreiteten Blüten hervor. Kron- und Kelchblätter sind gelblichgrün mit braunen Streifen, die Lippe ist an den Seiten weißlich, im übrigen jedoch burgunderrot mit gelben Spitzen. Die länglich-ovalen Blätter werden 15–25 cm lang.

O. incurvum blüht im Herbst und Winter. Die langen, lockeren Rispen dieser Orchidee sind aus zahlreichen duftenden, weißen Blüten zusammengesetzt, die einen Durchmesser von 2–3 cm haben und rosa gestreift und gefleckt sind.

Die langen, zylindrischen, spitz zulaufenden Blätter von *O. jonesianum* ähneln denen der Küchenzwiebel. Im Herbst erscheint ein 60 cm langer Trieb mit etwa 10 gekräuselten Blüten. Sie haben einen Durchmesser von 5–8 cm und sind cremeweiß bis grünlich mit einzelnen rötlichbraunen Flecken. Die sehr breite Lippe besitzt zwei leuchtendgelbe Seitenlappen.

Die Blütenstände von *O. leucochilum* sind ungewöhnlich lang (1,80–3,00 m) und vielfach verzweigt. Die im Frühjahr erscheinenden Blüten sind gelblichgrün und weisen eine rötlichbraune Zeichnung auf; die Lippe ist weiß.

O. papilio gehört zu den wenigen *Oncidium*-Arten, die zwar in Abständen über das ganze Jahr verteilt blühen, aber jeweils nur eine Blüte auf einmal tragen. Sie erscheint am Ende eines ungefähr 1,20 m langen Triebes, und die beiden seitlichen Kronblätter und das obere Kelchblatt ragen wie lange, gelbbraune Schmetterlingsfühler hoch über die restlichen Blütenteile empor. Die beiden seitlichen Kelchblätter sind abwärts gebogen und gekräuselt und gestreift, die Lippe ist breit herzförmig ausgebildet.

O. pusillum ist eine Art ohne Pseudobulben. Zwischen ihren fächerförmig angeordneten Blättern wachsen Triebe hervor, von denen jeder im Laufe des Jahres nacheinander 5 oder 6 leuchtendgelbe Blüten trägt. Von den Kelchblättern steht eines aufrecht nach oben, während die beiden seitlichen sehr schmal sind; die Kronblätter haben gelegentlich rötlichbraune Streifen. Die Lippe ist im Zentrum braun gefleckt, die weiße Säule trägt häufig orangefarbene Punkte.

O. sphacelatum fällt durch einen verzweigten Blütentrieb auf, der bis zu 1,50 m lang werden kann und im Frühjahr eine Fülle von braun und goldgelb gefärbten Blüten von 2–3 cm Durchmesser trägt; die Lippenform ähnelt einer Geige.

Typisch für *O. splendidum* ist ein einziges steifes und lederiges Blatt, das dem Scheitel jeder Pseudobulbe entsprießt und eine Länge von ungefähr 30 cm erreicht. An aufrechten, bis zu 90 cm langen Trieben erscheinen im Frühjahr und zu Beginn des Sommers 5–8 cm breite, leuchtendgelbe Blüten. Sowohl Kron- als auch Kelchblätter sind rötlichbraun gefleckt; von einem schmalen Steg geht eine breite, leuchtendgelbe Lippe aus.

O. tigrinum trägt im Herbst und Winter an langen, überhängenden Trieben duftende Blüten mit einem Durchmesser von 6–7 cm. Sie sind gelb und weisen eine schokoladenbraune Tigerzeichnung auf.

Die Blüten von *O. wentworthianum* sind leuchtend gelb mit rötlichbraunen Flecken. Sie erscheinen im Sommer und Herbst an 0,90–1,80 m langen Trieben.

KULTUR. Die Arten der Gattung *Oncidium* bevorzugen direkte Sonne, ausgenommen um die Mittagszeit, sie können auch bei täglich 14–16 Stunden kräftiger künstlicher Beleuchtung kultiviert werden. Sie gedeihen am besten bei gemäßigten Temperaturen, die nachts zwischen 13° und 16° C und am Tage zwischen 18° und 24° C liegen sollten; eine Luftfeuchtigkeit von 40–60 % ist zu empfehlen. Man setzt die Pflanzen in eine Mischung aus 7 Teilen gemahlener Borke und je 1 Teil Vermiculit und grobem Torf oder montiert sie auf ein Stück Korkrinde oder Baumfarnstamm. Das Gießen muß dem Wachstumszyklus der Pflanzen angepaßt werden; während der

Wachstumsperiode und der Blütezeit benötigen sie mehr Wasser als zu anderen Zeiten. Erst wenn sich das Borkensubstrat auch unterhalb der Oberfläche trocken anfühlt, darf von neuem gegossen werden.

O. incurvum benötigt eine regelrechte Ruheperiode, während der die Pflanze fast überhaupt nicht gegossen wird. Alle Arten werden während ihrer Wachstumsperiode bei jedem dritten Gießen gedüngt. In Töpfen wachsende Pflanzen erhalten einen stickstoffreichen Dünger, epiphytisch kultivierte Exemplare einen Zimmerpflanzendünger mit ausgeglichenem Nährstoffgehalt; beide Dünger werden auf die Hälfte der angegebenen Stärke verdünnt. Eine Vermehrung ist durch Teilung älterer Exemplare in Gruppen von mindestens 4 Pseudobulben möglich.

P

PAPHIOPEDILUM
P. bellatulum; P. chamberlainianum; P. F. C. Puddle; P. fairieanum; P. insigne; P. Miller's Daughter; *P. niveum; P. spiceranum; P. sukhakulii; P. venustum* (alle werden Frauenschuh oder Venusschuh genannt)

Diese in Asien heimischen terrestrischen Orchideen sind überwiegend auf beschatteten Felssimsen und auf Waldböden anzutreffen und vermögen sich deshalb den Licht- und Temperaturverhältnissen in unseren Wohnungen gut anzupassen; nur einige wenige Arten gedeihen im Warmhaus besser.

Die Blätter sind fleischig. Bei den wärmeliebenden Arten sind sie häufig marmoriert, bei denen, die kühle bis gemäßigte Bedingungen verlangen, in der Regel einfarbig grün. Die Blüten erscheinen einzeln oder in Gruppen auf unterschiedlich langen, behaarten Stengeln. Die Blüten sind in verschiedenen Tönen kräftig gefärbt; das obere Kelchblatt ist meist groß und auffallend gefärbt und wird als Fahne bezeichnet. Ebenso auffallend an dieser Gattung ist eine schuhförmig ausgebildete Lippe. Die seitlichen Kronblätter können steif abstehen oder leicht herabhängen, während die seitlichen Kelchblätter häufig zusammengewachsen sind.

P. bellatulum hat grüne Blätter, die 15–25 cm lang werden, auf der Oberseite hell gefleckt, auf der Unterseite dagegen violett gesprenkelt sind. Im Frühjahr erscheinen weiße bis blaßgelbe Blüten mit purpurnen Flecken und einem Durchmesser von 6 cm; Fahne und Kronblätter sind breit und nur ganz leicht zugespitzt.

P. chamberlainianum kann das ganze Jahr hindurch Blüten hervorbringen. Die blaßgrünen, bis zu 30 cm langen Blätter dieser Art sind oben abgestumpft, und an einem etwa 45 cm langen Stengel erscheinen über einen langen Zeitraum verteilt nacheinander 4–8 Blüten. Die Fahne ist gelblichgrün mit brauner Zeichnung, die gewellten und gekräuselten Kronblätter sind grünlichrosa gefärbt und braun gesprenkelt, die Lippe ist grün mit roten Flecken.

Die Blätter der Mehrfachhybride *P. F. C. Puddle* sind 12 cm lang und so zart marmoriert, daß sie auf den ersten Blick staubgrün wirken. Die Blüte hat einen Durchmesser von etwa 8 cm und ist glänzend weiß mit kaum sichtbarer gelber Äderung; Fahne und Kronblätter sind leicht gewellt, die Oberfläche der eiförmigen Lippe dagegen ist glatt. Diese Pflanze blüht einmal im Frühwinter und ein zweites Mal zu einer anderen Jahreszeit.

P. fairieanum fällt durch blaßgrüne Blätter und eine einzige, 6 cm große Blüte auf, die weiß oder grünlichweiß mit purpurner Äderung ist. Die gewellte Fahne erhebt sich hoch über die gekrümmten Kronblätter. Das purpurne Adernetz auf der Lippe erinnert an die Maserung einer Bruyère-Pfeife. Diese Art blüht im Herbst.

Die Blätter von *P. insigne* sind 20–30 cm lang und blaßgrün. Vom Herbst bis zum Beginn des Frühjahrs erscheinen mehrere Stengel, die jeweils eine Blüte mit auffallend glänzender Oberfläche tragen. Die an der Basis schmale Fahne verbreitet sich zu einem gewellten, weißen Saum; im übrigen ist sie grün mit bräunlichpurpurnen Flecken. Die zusammengewachsenen seitlichen Kelchblätter hinter der Lippe sind kleiner als diese und blaßgrün. Die seitlichen

Paphiopedilum bellatulum

Paphiopedilum chamberlainianum

Paphiopedilum F. C. Puddle

Paphiopedilum sukhakulii

Kronblätter sind gelbgrün mit brauner Äderung, leicht gedreht und hängen herab; die Lippe ist ähnlich gezeichnet.

P. Miller's Daughter, deren Entstehung auf den Seiten 76 bis 79 verfolgt wird, wurde in England gezüchtet und ist eine überragende Kultursorte mit großen, seidig weißen, rötlich gesprenkelten Blüten. Sie wurde ebenso wie weitere, aus ihr entwickelte Sorten in England und Amerika mit den höchsten Preisen ausgezeichnet.

P. niveum besitzt 10–15 cm lange Blätter, die auf der Oberseite graugrün marmoriert und auf der Unterseite dunkelviolett gefärbt sind. Im Frühjahr erscheinen an aufrechten, 15–20 cm langen Stengeln 1 oder 2 schneeweiße Blüten. Fahne und Kronblätter tragen auf der Vorderseite nahe der Basis winzige purpurne Tupfen, die Rückseite ist rot bis purpur. Die Fahne ist nach innen gebogen, die runden Kronblätter biegen sich nach außen.

Die 15–25 cm langen Blätter von *P. spiceranum* sind dunkelgrün. Im Herbst oder zu Beginn des Winters erscheint eine einzige Blüte mit einem Durchmesser von etwa 8 cm. Die große Fahne ist nach hinten gebogen und ähnelt in der Form zwei weißen Schmetterlingsflügeln; in der Mitte hat sie einen karminroten Längsstreifen, zur schmalen Basis hin ist sie grün mit roter Sprenkelung. Die schmalen Kronblätter sind blaßgrün mit purpurnen Streifen und Flecken und biegen sich nach vorn über eine purpurne Lippe mit grünem Rand.

P. sukhakulii wurde 1965 erstmals beschrieben. Die marmorierten Blätter dieser Art sind 12–25 cm lang. Die grünweiße Fahne weist eine auffällige Längsäderung auf und läuft spitz zu; die seitlich abstehenden Kronblätter sind weiß mit hellgrünen Nerven und roten Punkten, die Lippe ist rosapurpurn. Die Pflanze blüht im Herbst.

Die 10–15 cm langen Blätter von *P. venustum* sind graugrün marmoriert mit purpurner Unterseite. Im Winter oder zu Beginn des Frühjahrs erscheint eine 8 cm große Blüte. Die Fahne ist weiß mit grüner Äderung; die seitlichen Kronblätter sind grün, zur Spitze hin purpurn und tragen an den Rändern schwärzliche Warzen; die blaß gelblichgrüne Lippe ist rosa überhaucht und grün geädert.

KULTUR. Die grünblätterigen Arten und Sorten benötigen Temperaturen, die nachts 10°–13° C und am Tage 16°–21° C betragen, für die buntblätterigen müssen die Nachttemperaturen zwischen 16° und 18° C und die Tagestemperaturen zwischen 21° und 27° C liegen. (Beide Gruppen sind jedoch so anpassungsfähig, daß man sie gemeinsam kultivieren kann.) Der Lichtbedarf dieser Orchideen ist relativ gering; sie verlangen, den frühen Morgen ausgenommen, indirekte Sonne oder vom Frühjahr bis zum Herbst schwache künstliche Beleuchtung, die im Winter etwas kräftiger sein darf. Eine Luftfeuchtigkeit von 40–50 % reicht aus. Als Substrat eignet sich eine Mischung aus 8 Teilen gemahlener Borke und 2 Teilen feinem Kies, der man zur Entsäuerung eine Prise gemahlenen Kalk zusetzt. Das Substrat muß feucht gehalten, darf aber nicht durchnäßt werden; der Wasserbedarf der Pflanzen variiert je nach Art, Temperatur und Jahreszeit.

Gelegentlich erhalten die Pflanzen einen auf die Hälfte der angegebenen Stärke verdünnten stickstoffreichen Dünger; wenn sich die Blattspitzen braun zu färben beginnen, wird das Düngen eingestellt. Umgetopft wird nach der Blüte, wenn die Pflanzen für ihren Behälter zu groß geworden sind oder das Substrat sich zu zersetzen beginnt und nicht mehr gut dräniert. Dabei kann man ältere Exemplare in mehrere Teile mit jeweils 3 oder 4 Blättern zerlegen und diese dann eintopfen.

PESCATORIA
P. cerina, Syn. *Huntleya cerina* und *Zygopetalum cerinum; P. dayana,* Syn. *Zygopetalum dayanum*

Diese hübschen Epiphyten sind in Mittel- und Südamerika heimisch. Sie besitzen keine Pseudobulben; die sehr schmalen Blätter sind fächerförmig angeordnet. Auf verhältnismäßig kurzen Stengeln, die von der Basis der Blattfächer ausgehen, erscheinen einzelne große, duftende, wächserne Blüten.

P. cerina bildet lockere Fächer aus relativ fleischigen, bis zu 60 cm langen Blättern. Die Blüten stehen auf 7–10 cm langen Stengeln und haben einen Durchmesser von ungefähr 8 cm. Sie sind weiß und haben einen grünlichgelben Fleck an der Basis jedes Kronblattes, die Lippe ist leuchtend gelb. Blütezeit ist Sommer bis Herbst.

P. dayana wirkt insgesamt kräftiger als *P. cerina* und blüht später. Ihre Blüten, die sich sehr lange halten, sind etwas größer als die von *P. cerina*, stehen aber auf noch kürzeren Stengeln. Die Blütenfarbe ist milchigweiß; die Kronblätter haben grüne Spitzen, die Lippe ist bläulichpurpurn überhaucht.

KULTUR. Die *Pescatoria*-Arten sind in hochgelegenen Regenwäldern heimisch und müssen deshalb kühl und feucht gehalten werden. Die Temperaturen sollten in der Nacht nicht unter 10° C absinken und am Tage bis auf 18° C ansteigen. Zum guten Gedeihen ist eine Luftfeuchtigkeit von 75–80 % erforderlich sowie gedämpftes Licht, ausgenommen während der Wintermonate. Man pflanzt diese Orchideen am besten in Körbe, aber auch Töpfe mit durchlochten Wänden sind geeignet. Einige Fachleute empfehlen, sie nicht in einem Borkensubstrat zu kultivieren, sondern in Osmunda- oder Baumfarnfasern. Falls diese Materialien nicht erhältlich sind, kann man auch eine Mischung aus 3 Teilen gemahlener Borke und 1 Teil Torfmoos verwenden. In jedem Fall muß das Substrat gut dränieren, darf aber niemals austrocknen. Gedüngt wird bei jedem zweiten oder dritten Gießen mit einem auf die Hälfte der angegebenen Stärke verdünnten Flüssigdünger. Umgetopft wird nur, wenn es unbedingt erforderlich ist, da die Pflanzen auf Störungen ihres Wurzelwachstums sehr empfindlich reagieren. Eine Vermehrung ist durch Teilung älterer Exemplare beim Umtopfen möglich.

PHAIUS
P. tancarvillae, Syn. *P. grandifolius, P. blumei* und *P. wallichii*

Die Arten dieser Gattung bringen leuchtend gefärbte Blüten hervor, die Kombinationen aus Gelb, Weiß und Rot aufweisen, häufig einen Durchmesser von 10 cm erreichen und an einem einzelnen Trieb erscheinen. Auffällig an ihnen ist eine röhrenförmige Lippe. Die meisten Arten wachsen terrestrisch in sumpfigem Gelände, einige wenige sind Epiphyten. Alle zeichnen sich durch ihre bis zu 1 m langen Blätter ebenso aus wie durch ihre Blüten. Im Gewächshaus setzen sie einen tropischen Akzent.

P. tancarvillea besitzt kurze, eiförmige Pseudobulben und schwere, gefältete, bis zu 90 cm lange Blätter. Im Frühjahr und Sommer erscheint ein 1,20 m langer Trieb mit 10–20 Blüten. Kron- und Kelchblätter sind außen weiß und innen rötlich mit gelben Rändern. Die röhrenförmige Lippe hat einen kurzen Sporn, sie ist weiß mit gelbem Schlund, die Seiten sind dunkel wein- und purpurrot gefärbt.

KULTUR. *P. tancarvillea* bevorzugt gemäßigte bis warme Temperaturen, die im Winter nachts zwischen 13° und 16° C und am Tage zwischen 18° und 24° C liegen sollten; wenn die Pflanze feucht und schattig gehalten wird, paßt sie sich im Sommer jedoch auch höheren Temperaturen an. Zu empfehlen ist gedämpftes Licht; auch eine Kultur bei täglich 14–16 Stunden mittelstarker künstlicher Beleuchtung ist möglich. Die Luftfeuchtigkeit sollte 40–60 % oder mehr betragen. Als Substrat eignet sich eine Mischung aus 2 Teilen grobem Torf, 2 Teilen sandiger Lehmerde und je 1 Teil Vermiculit und feiner Borke. Reichliches Gießen und gute Dränage sind unerläßlich. Gedüngt wird während der Wachstumsperiode bei jedem dritten Gießen mit einem auf die Hälfte der angegebenen Stärke verdünnten Orchideendünger mit ausgeglichenem Nährstoffgehalt.

Umgetopft werden sollte alle 2–3 Jahre. Eine Vermehrung ist durch Teilung gegen Ende der Wachstumsperiode möglich; dabei sollten mindestens je 3 Pseudobulben in einen Topf gepflanzt werden. Außerdem kann man nach der Blüte die Triebe in 15 cm lange Stücke zerschneiden, von denen jedes mindestens zwei knotenähnliche Verdickungen aufweisen muß. Diese Stecklinge werden zum Bewurzeln auf feuchten Sand gelegt.

Phaius tancarvillae

NACHTFALTER-ORCHIDEE
Phalaenopsis Alice Gloria

NACHTFALTER-ORCHIDEE
Phalaenopsis lueddemanniana

PHALAENOPSIS
P. Alice Gloria; *P. aphrodite; P. cornu-cervi; P.* Dianne Rigg; *P. lueddemanniana; P. mannii; P. parishii; P. rosea,* Syn. *P. equestris; P. stuartiana; P. violacea,* Syn. *Stauropsis violacea* (alle heißen Nachtfalter-Orchidee)

Bei diesen tropischen, monopodialen Epiphyten sind die langen, zähen Luftwurzeln auffallend, mit denen sich die Pflanzen nicht nur an den Bäumen, sondern auch im Wurzelsystem anderer Epiphyten verankern. Die fleischigen Blätter sind in bezug auf Form und Größe sehr unterschiedlich. Die Blüten sind in der Regel flach, besitzen eine zarte, dreilappige Lippe und erscheinen in Gruppen von etwa 20 an langen Trieben. Bei den weißblühenden Arten sind diese Triebe meist unverzweigt, nur bei wenigen Arten mit andersfarbigen Blüten kommen verzweigte Triebe vor.

Die etwa 70 Arten der Gattung *Phalaenopsis* lassen sich in zwei Gruppen unterteilen. Bei der ersten sind die Kronblätter breiter als die Kelchblätter, und die Lippe trägt kleine Anhängsel; bei der zweiten Gruppe sind Kron- und Kelchblätter gleich groß, und die Anhängsel an der Lippe fehlen.

Durch Kreuzung der verschiedenen Arten dieser Gattung ist im Laufe der Zeit eine große Zahl von infragenerischen Hybriden entstanden; außerdem wurde *Phalaenopsis* auch erfolgreich mit vielen anderen Gattungen gekreuzt.

P. Alice Gloria (Gruppe I) hat weiße Blüten von 10 cm Durchmesser, die in Gruppen von 12–20 an einem Stengel sitzen; sie erscheinen im Winter und Frühjahr. Die Kronblätter sind breit und abgerundet, die schmaleren Kelchblätter laufen spitz zu. Die Lippe ist gelb gesprenkelt mit zarten, abgespreizten Anhängseln.

P. aphrodite (gleichfalls Gruppe I) besitzt lange, gelegentlich verzweigte Triebe mit großen, reinweißen Blüten, die eine purpurn überhauchte Lippe haben. Blütezeit ist der Herbst.

P. cornu-cervi (Gruppe II) mit ledrigen, grünen, bis zu 30 cm langen Blättern hat einen abgeflachten Blütentrieb. Im Gewächshaus trägt die Pflanze das ganze Jahr über jeweils eine oder mehrere Blüten; sie sind gelblichgrün mit braunen Streifen und weißer Lippe.

P. Dianne Rigg trägt im Frühjahr bis zu 9 rosa Blüten von 10 cm Durchmesser; die Lippe ist dunkelrosa.

Die Blätter von *P. lueddemanniana* (Gruppe II) sind steif, leuchtend gelbgrün und bis zu 25 cm lang. Bei den Blüten wurden mehr als 30 Farbvarianten festgestellt. Sie erscheinen im Frühjahr in Gruppen von 2–7, werden gewöhnlich nicht breiter als 5 cm, duften stark und können sich 2 Monate lang halten. Einige weisen verschiedene Schattierungen von Rosapurpur auf, gelegentlich mit auffälligen weißen Streifen, andere sind cremeweiß bis gelb mit braunen Tupfen oder Streifen. Die aufrechten Seitenlappen der Lippe laufen in zwei Zipfel aus; der Mittellappen ist häufig leuchtend amethystblau mit blasseren Rändern und weißen Borsten. Nach der Bestäubung färbt sich die gesamte Blüte grün.

P. mannii (Gruppe II) bringt ungefähr 25 cm lange Blätter hervor, die weich oder steif sein können. Zwischen Frühjahr und Herbst erscheinen an jedem Trieb 10–15 Blüten mit einem Durchmesser von 4 cm. Die schlanken Kron- und Kelchblätter sind gelb mit braunen Punkten und Streifen; die ankerförmige Lippe ist weiß und häufig purpurn gezeichnet. Diese Art war ausschlaggebend an der Entstehung der ersten gelben Kultursorten beteiligt.

P. parishii (Gruppe I) ist eine kleine Pflanze mit ovalen, dunkelgrünen, nur 5–10 cm langen Blättern. Im Frühjahr erscheinen an etwa 7–10 cm langen Trieben Blüten von knapp 2 cm Durchmesser. Abgesehen vom Mittellappen der halbmondförmigen Lippe, der braune Streifen trägt, ist die ganze Blüte weiß.

P. rosea (Gruppe II) bringt kleine, grüne, oben gekerbte Blätter hervor. Die Blüten erscheinen mehrmals jährlich an überhängenden, bis zu 30 cm langen Trieben in Gruppen von 10–15. Die Blüten haben einen Durchmesser von 2–3 cm und öffnen sich nacheinander. Kron- und Kelchblätter sind rosapurpurn, die Kronblätter können weiße Ränder haben. Der Mittellappen der Lippe ist braun mit leuchtendrosa und -purpurner Zeichnung, die Seitenlappen sind rosa. Diese Art wurde vielfach mit anderen gekreuzt.

Die graugrünen Blätter von *P. stuartiana* (Gruppe I) sind etwas schlaff und 30–45 cm lang; die Oberseite ist silbergrau, die Unterseite häufig rötlichviolett marmoriert. Die Blüten erscheinen zwischen Herbst und Frühjahr an 60 cm langen, verzweigten Trieben. Kron- und Kelchblätter sind weiß, in Lippennähe gelb mit roter Sprenkelung. Die hornförmig auslaufende Lippe ist goldgelb mit weißem Rand und purpurnen Flecken.

P. violacea (Gruppe II) besitzt glänzende Blätter. Ein aus Borneo stammender Typ bringt blaßgrüne Blüten mit purpurner Lippe hervor, die einen Durchmesser von 6 cm haben; die seitlichen Kelchblätter sind einwärts gebogen. Der andere Typ ist auf der Halbinsel Malakka heimisch und rosaviolett mit abstehenden, 4–5 cm langen seitlichen Kelchblättern; von diesem Typ gibt es auch eine reinweiße Varietät. *P. violacea* blüht im Frühjahr und Sommer, gelegentlich aber auch zu anderen Zeiten.

KULTUR. Die *Phalaenopsis*-Arten und -Sorten bevorzugen Nachttemperaturen von 16°–18° C und Tagestemperaturen von 21°–29° C; kurzfristig vertragen sie auch Temperaturen bis 32° C, müssen aber vor starker Sommerhitze geschützt werden. Das Licht sollte indirekt sein, die Luftfeuchtigkeit zwischen 50 und 70 % liegen.

Die Pflanzen können auf ein Stück Korkrinde oder Baumfarnstamm montiert oder in Töpfe gepflanzt werden, die eine Mischung aus 7 Teilen gemahlener Borke, 1 Teil Osmundafasern, 1 Teil Vermiculit und 1 Teil grobem Torf enthalten. Bis sie fest verwurzelt sind, darf das Substrat nur ganz wenig feucht sein. Danach wird ausgiebig gegossen, das Substrat muß jedoch vor jedem erneuten Gießen immer erst wieder fast ganz trocken geworden sein. Eingetopfte Pflanzen erhalten bei jedem dritten Gießen einen stickstoffreichen Dünger, epiphytisch kultivierte Exemplare einen Dünger mit ausgeglichenem Nährstoffgehalt; beide Dünger müssen auf die Hälfte der angegebenen Stärke verdünnt werden. Umgetopft werden sollte nur, wenn das Substrat sich zu zersetzen beginnt und nicht mehr gut dräniert, da die Pflanzen in scheinbar zu kleinen Behältern am besten gedeihen; der geeignete Zeitpunkt zum Umtopfen ist gekommen, wenn sich nach Beendigung der Blütezeit neue Wurzeln zu bilden beginnen. Eine Vermehrung ist durch die Seitentriebe möglich, die sich gelegentlich an den Blütentrieben bilden.

PHOLIDOTA
P. imbricata

Diese epiphytische Orchidee besitzt ovale, 2–5 cm hohe Pseudobulben mit jeweils einem ledrigen, 20–30 cm langen Blatt. Im Sommer erscheinen schmale Stände mit zweizeilig angeordneten, gelblichweißen Blüten von knapp 1 cm Durchmesser.

KULTUR. *P. imbricata* gedeiht am besten in hellem, indirektem Licht oder bei täglich 14–16 Stunden künstlicher Beleuchtung. Die Nachttemperaturen sollten 10°–13° C, die Tagestemperaturen 16°–21° C betragen. Nach der Blüte benötigen die Pflanzen eine Ruheperiode, während der sie nur ganz selten gegossen werden. Bei Einsetzen des neuen Wachstums im Frühjahr wird wieder häufiger gegossen und für eine Luftfeuchtigkeit von 60–75 % gesorgt.

Man setzt diese Orchidee in Körbe mit Osmundafasern oder montiert sie auf ein Stück Korkrinde oder Baumfarnstamm; sie kann aber auch in ein Substrat aus 7 Teilen gemahlener Borke, 1 Teil Torf, 1 Teil Vermiculit und 1 Teil Osmundafasern eingetopft werden. Falls Osmundafasern nicht erhältlich sind, nimmt man statt dessen 2 Teile Torf. Während der Wachstumsperiode erhalten in Körben wachsende und epiphytisch kultivierte Exemplare einen Zimmerpflanzendünger mit ausgeglichenem Nährstoffgehalt, eingetopfte Pflanzen einen langsam wirkenden stickstoffreichen Dünger in gekörnter Form. Umgetopft wird, wenn das Substrat sich zu zersetzen beginnt und nicht mehr gut dräniert. Eine Vermehrung ist im Frühjahr durch Teilung in Gruppen von 3 oder 4 Pseudobulben möglich.

NACHTFALTER-ORCHIDEE
Phalaenopsis mannii

NACHTFALTER-ORCHIDEE
Phalaenopsis parishii

Phragmipedium caudatum var. *sanderae*

Pleione bulbocodioides

PHRAGMIPEDIUM
P. caudatum var. *sanderae*; *P. schlimii*

Diese in den amerikanischen Tropen heimischen terrestrischen Orchideen fallen durch ihre ungewöhnlichen Blütenfarben und -formen auf. Beide Arten bringen Büschel aus riemenförmigen Blättern und Blüten mit schuhförmiger Lippe hervor.

P. caudatum var. *sanderae* besitzt ein halbes Dutzend etwa 60 cm langer Blätter, die von der Pflanzenbasis ausgehen und leicht überhängen. Vom Frühjahr bis zum Herbst sitzen an den 30–60 cm langen Trieben 1–4 Blüten mit bandförmigen, spiralig gedrehten und bis zu 75 cm langen Kronblättern. Sie sind überwiegend gelb mit einem Anhauch von Braun in Spitzennähe; die Farbe der Lippe schwankt zwischen Gelb und Rötlichbraun mit purpurner Äderung; an der „Schuhöffnung" sitzen bräunlichpurpurne Haare.

Die Blätter von *P. schlimii* werden bis zu 30 cm lang; ihre Oberseite ist grün, die Unterseite purpurn. An grünlichpurpurnen, bis zu 60 cm langen Trieben erscheinen 5–8 Blüten mit einem Durchmesser von 4 cm. Kron- und Kelchblätter der flaumig behaarten Blüten sind weiß mit rosa Flecken, die Lippe ist rosa mit weißen Streifen. Diese Art kann zweimal jährlich blühen, im Frühjahr und im Herbst.

KULTUR. Die Gattung *Phragmipedium* bevorzugt gemäßigte Temperaturen, die nachts zwischen 13° und 16° C und am Tage zwischen 18° und 24° C liegen. Auch ihr Lichtbedarf liegt im mittleren Bereich; angemessen sind indirektes Licht oder täglich 14–16 Stunden künstliche Beleuchtung. Die Luftfeuchtigkeit sollte bei 50–60 % liegen. Als Substrat eignet sich eine Mischung aus 8 Teilen feiner Borke und 2 Teilen feinem Kies, der man zur Entsäuerung eine Prise gemahlenen Kalk zusetzt. Da die Pflanzen keine wasserspeichernden Pseudobulben besitzen, muß das Substrat ständig feucht gehalten werden; stehendes Wasser im Bereich der Wurzeln und Blattbasen ist jedoch unbedingt zu vermeiden. Gedüngt wird bei jedem dritten Gießen mit einem auf die Hälfte der angegebenen Stärke verdünnten stickstoffreichen Dünger. Eine Vermehrung ist nach der Blüte durch Teilung der Blattfächer möglich; jedes Teilstück muß 3 oder 4 Neutriebe haben.

PLATYCLINIS siehe Dendrochilum

PLEIONE
P. bulbocodioides, Syn. *P. formosana*, *P. limprichtii* und *P. pogonioides*; *P. forrestii*; *P. maculata*; *P. praecox*, Syn. *P. lagenaria* und *P. wallichiana*

Der in zwei Stadien ablaufende Wachstumszyklus dieser überwiegend terrestrischen Orchideen ist ungewöhnlich. Jede Pseudobulbe lebt nur ein Jahr lang. Zu Beginn der Wachstumsperiode bringt sie ein oder mehrere faltige, 15–30 cm lange Blätter hervor, die im Herbst abfallen; anschließend legt sie eine Ruheperiode ein, bis an ihrer Basis ein neuer Trieb zum Vorschein kommt, der Wurzeln und einen Blütentrieb hervorbringt. Auch dieser Trieb geht nach der Blüte bis zu Beginn der neuen Wachstumsperiode in eine Ruheperiode. Dann erscheint ein weiterer Trieb, aus dem sich eine neue Pseudobulbe und Blätter entwickeln, und der Zyklus beginnt von vorn.

P. bulbocodioides ist eine variable, zugleich aber sehr widerstandsfähige und hübsche Art. Sie bringt fast kugelförmige, in der Regel grüne Pseudobulben mit auffallend geäderten und gefältelten Blättern hervor. Die 7–10 cm großen Einzelblüten öffnen sich im Frühjahr, kurz bevor oder während sich die Blätter entfalten. Sie sind rosa- bis bläulichviolett mit einer blasseren Lippe, können aber auch weiß mit gelben, roten oder purpurnen Flecken sein. Von dieser Art gibt es eine Reihe von Kultursorten mit einer breiteren Farbskala: 'Polar Sun' ist reinweiß; 'Oriental Grace', mit einem Durchmesser von 10 cm, ist hellviolett mit schwärzlichpurpurnen Pseudobulben; und 'Limprichtii' ist leuchtend purpurrot mit einer auffallend rot gefleckten und gestreiften Lippe.

Die schönste Art der Gattung ist die im Südwesten Chinas und in Birma heimische P. forrestii. Ihre Blütenfarbe weicht von den anderen Arten der Gattung ab und schwankt zwischen Kanariengelb und einem leuchtenden Orangegelb; die stark gefranste Lippe weist eine rote Zeichnung auf.

P. maculata bringt im Herbst 2 duftende, weiße Blüten mit einem Durchmesser von 5 cm an einem 8–15 cm langen Stengel hervor. Die Kronblätter sind häufig purpurn gestreift, während die Seitenlappen der Lippe oft purpurne Flecken tragen.

P. praecox bringt, gleichfalls im Herbst, an einem 7–10 cm langen Stengel 1 oder 2 duftende, rosapurpurne Blüten hervor; die Lippen haben einen gekräuselten Rand.

KULTUR. Die Arten und Sorten der Gattung Pleione gedeihen am besten im Kalthaus bei Nachttemperaturen von 10°–13° C, Tagestemperaturen von 16°–21° C und einer Luftfeuchtigkeit von ungefähr 70 %. Sie benötigen helles indirektes oder durch Vorhänge gedämpftes Licht. Als Substrat eignet sich eine Mischung aus 2 Teilen grobem Torf, 2 Teilen sandiger Lehmerde, 1 Teil Vermiculit und 1 Teil feiner Borke. Während der Wachstumsperiode erhalten die Pflanzen reichlich Wasser, nach der Blüte dagegen wird nur noch sparsam gegossen. Bei jedem dritten Gießen düngt man mit einem auf die Hälfte der angegebenen Stärke verdünnten Zimmerpflanzendünger mit ausgeglichenem Nährstoffgehalt. Umgetopft wird, falls erforderlich, nach dem Verwelken der Blüten.

PLEUROTHALLIS
P. grobyi; P. rubens

Ungefähr 1000 Arten gehören zu dieser vielgestaltigen, in den amerikanischen Tropen heimischen Gattung. Sie besitzen keine Pseudobulben, sondern schlanke Stengel, die aus einem waagerechten Wurzelstock hervorgehen. Jeder dieser Stengel trägt ein Blatt, die Blütentriebe erscheinen aus der Blattbasis. Die meisten Arten sind Epiphyten; es gibt moosartig kleine Arten, aber auch solche von buschigem Wuchs. Auch die Blüten sind verschieden, die Kelchblätter in der Regel jedoch größer als die Kronblätter.

P. grobyi ist eine fast stengellose Art mit ledrigen Blättern, die auf der Unterseite purpurn gefärbt sind und nur ungefähr 7 cm lang werden. Der gut 12 cm hohe Blütentrieb ist trübrot und trägt in großen Abständen grünlichweiß oder gelb gefärbte Blüten mit purpurroten Streifen. Der Durchmesser der Blüten beträgt ungefähr 0,5 cm, Blütezeit ist das Frühjahr und der Sommer.

Die gleichfalls kleine Art P. rubens bringt Stände aus gut 0,5 cm großen, gelben Blüten hervor, die wie die Blüten der Maiglöckchen nur an einer Stengelseite sitzen. Die gesamte Pflanze erreicht eine Höhe von 15 cm; die Blätter werden 10 cm lang. Auch diese Art blüht im Frühjahr und Sommer.

KULTUR. Beide Arten gedeihen am besten bei Nachttemperaturen von 13°–16° C und Tagestemperaturen von 18°–24° C; zu empfehlen ist Halbschatten oder künstliche Beleuchtung von mittlerer Intensität, die täglich 14–16 Stunden lang eingeschaltet sein muß. Die Luftfeuchtigkeit sollte 40–60 % betragen. Man setzt sie in eine Mischung aus 7 Teilen Borke sowie je 1 Teil Vermiculit und grobem Torf oder montiert sie auf ein Stück Korkrinde oder Baumfarnstamm. Während der Wachstumsperiode wird reichlich gegossen, danach nur so viel, daß das Substrat nie völlig austrocknet. Bei jedem dritten Gießen erhalten in Töpfen wachsende Pflanzen einen auf die Hälfte der angegebenen Stärke verdünnten stickstoffreichen Dünger, epiphytisch kultivierte Exemplare einen gleichfalls auf die Hälfte der angegebenen Stärke verdünnten Zimmerpflanzendünger mit ausgeglichenem Nährstoffgehalt.

Umgetopft wird bei Einsetzen des neuen Wachstums, jedoch nur, wenn es unbedingt erforderlich ist, weil die Pflanzen für ihren Behälter zu groß geworden sind oder das Substrat sich zu zersetzen beginnt und nicht mehr gut dräniert. Eine Vermehrung ist durch Teilung in Gruppen von 4 oder mehr Blättern möglich.

Pleione praecox

Pleurothallis grobyi

Promenaea xanthina

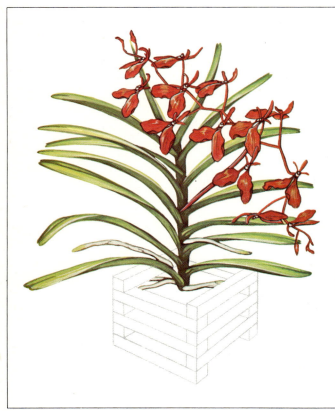

Renanthera imschootiana

PROMENAEA
P. xanthina, Syn. *P. citrina*

P. xanthina ist eine kleine epiphytische Orchidee. Blätter und Blütentriebe werden 5–10 cm lang; die Blüten sind mit einem Durchmesser von 4–5 cm verhältnismäßig groß. Die Blätter gehen aus breit ovalen, nur 2–3 cm hohen Pseudobulben hervor. Die bogenförmig überhängenden Blütentriebe erscheinen im Sommer aus der Basis der Pseudobulben. Sie tragen 1–3 duftende Blüten mit gelben Kron- und Kelchblättern und rötlichbraun gefleckter Lippe.

KULTUR. *P. xanthina* gedeiht am besten im Warmhaus bei Nachttemperaturen von 16°–18° C und Tagestemperaturen von 21°–29° C sowie einer Luftfeuchtigkeit um 70 %. Sie benötigt indirekte Sonne oder täglich 14–16 Stunden künstliche Beleuchtung.

Man pflanzt diese Orchidee in kleine Töpfe oder flache Körbe mit einer Mischung aus 7 Teilen gemahlener Borke, 1 Teil Vermiculit und 2 Teilen zerkleinertem Torfmoos. Während der Wachstumsperiode im Sommer muß das Substrat gleichmäßig feucht gehalten werden. Bei jedem dritten Gießen wird mit einem auf die Hälfte der angegebenen Stärke verdünnten stickstoffreichen Dünger gedüngt. Nach dem Verwelken der Blüten müssen die Pflanzen eine 3–4 Wochen dauernde Ruheperiode einlegen; anschließend wird bis zum Einsetzen des neuen Wachstums nur so viel gegossen, daß das Substrat nicht völlig austrocknet. In jedem zweiten Frühjahr wird bei Einsetzen des neuen Wachstums in frisches Substrat umgetopft. Dabei kann man die Pflanzen auch durch Teilung in Gruppen von mindestens 3 oder 4 Pseudobulben vermehren.

R

RENANTHERA
R. coccinea; *R. imschootiana*

An dieser Gattung schätzt man vor allem die Blühwilligkeit und die Fülle der leuchtenden Blüten; sie können rot mit orangefarbenen und gelben Flecken und Streifen sein oder gelb mit roten Flecken. Bei Kreuzungen vererbt *Renanthera* diese leuchtenden Farben auf ihre Nachkommen. Außerdem zeichnen sich die Blüten durch besonders schmale Kronblätter aus; das obere Kelchblatt ist gleichfalls schmal, die beiden seitlichen dagegen verbreitern sich von einer schmalen Basis aus. Die meisten Arten sind Epiphyten; sie können kleinwüchsig sein, aber auch wie die kletternde *R. coccinea* in der Natur eine Höhe von 9 m erreichen.

R. coccinea bringt häufig erst Blüten hervor, wenn sie 1,80–3,60 m hoch geworden ist; dann erscheinen in locker verzweigten, pyramidenförmigen Ständen 100 oder mehr blutrote Blüten, die sich lange halten und einen Durchmesser von 5–8 cm und gelegentlich eine Länge von 8–10 cm erreichen. Der Blütentrieb entspringt gegenüber einer oberen Blattbasis dem langen, kletternden und wurzelreichen Stamm. Die Blütezeit dauert vom Frühjahr bis zum Herbst.

R. imschootiana wirkt wie eine verkleinerte Ausgabe von *R. coccinea*. Da sie nur 15–90 cm hoch wird, geben ihr viele Orchideenfreunde den Vorzug. Sie trägt im späten Frühjahr und Sommer an überhängenden, verzweigten und bis zu 45 cm langen Trieben bis zu 20 scharlachrote Blüten mit einem Durchmesser von 5–8 cm, die sich über einen Monat lang halten können.

KULTUR. *R. coccinea* gedeiht am besten im Warmhaus bei Nachttemperaturen von 16°–18° C und Tagestemperaturen von 21°–29° C sowie einer Luftfeuchtigkeit von 70 %. *R. imschootiana* wird etwas kühler gehalten; die Temperaturen sollten nachts zwischen 13° und 16° C, die Tagestemperaturen zwischen 18° und 24° C und die Luftfeuchtigkeit bei 40 % liegen. Ebenso wie diese bevorzugen auch die meisten anderen Arten der Gattung *Renanthera* direkte Sonne oder täglich 14–16 Stunden kräftige künstliche Beleuchtung; *R. imschootiana* bringt aber auch in indirektem Licht oder bei schwächerer künstlicher Beleuchtung Blüten hervor.

Als Substrat eignet sich eine Mischung aus 7 Teilen gemahlener Borke, 1 Teil Vermiculit und 2 Teilen zerkleinertem Torfmoos; man kann die Pflanzen auch in Orchideenkörbe mit Osmunda- oder Baumfarnfasern setzen und *R. coccinea* an einem Baumfarnstamm klettern lassen. Während der Wachstumsperiode müssen die Pflanzen gleichmäßig feucht gehalten werden; während der Ruheperiode wird weniger gegossen und die Luftfeuchtigkeit etwas verringert. Vor allem *R. imschootiana* darf nur so viel Wasser erhalten, daß die Blätter nicht schlaff werden.

Bei jedem dritten Gießen bekommen eingetopfte Pflanzen einen auf die Hälfte der angegebenen Stärke verdünnten stickstoffreichen Dünger, epiphytisch kultivierte Exemplare einen gleichfalls auf die Hälfte der angegebenen Stärke verdünnten Zimmerpflanzendünger mit ausgeglichenem Nährstoffgehalt.

Alljährlich im Frühjahr oder zu Beginn des Sommers muß das Substrat erneuert werden; man holt das verbrauchte Substrat vorsichtig aus dem Topf und ersetzt es durch frisches. *R. coccinea* muß wegen ihres raschen Wachstums unter Umständen zurückgeschnitten werden, bringt danach aber eine Zeitlang keine Blüten mehr hervor. Bei Einsetzen des neuen Wachstums zerschneidet man den oberen Stammabschnitt in Stücke von jeweils 60–90 cm Länge, aus denen man, wenn sie Luftwurzeln besitzen, neue Pflanzen anziehen kann. Wenn man die Pflanzenbasis mit einer Schicht Torfmoos abdeckt, bringt auch diese Neuzuwachs hervor.

RHYNCHOLAELIA siehe *Brassavola*

RHYNCHOSTYLIS
R. gigantea; *R. retusa*, Syn. *Aërides retusum*

R. gigantea ist eine monopodiale Epiphyte, die bei warmen und gemäßigten Temperaturen gleich gut gedeiht. Der kräftige Stamm bleibt unter 10 cm Höhe, die fleischigen, zungenförmigen Blätter werden bis zu 30 cm lang und 6 cm breit. Im Herbst und zu Beginn des Winters biegen sich die rund 40 cm langen Triebe unter der Last der duftenden, wächsernen, 2–3 cm großen Blüten. Kron- und Kelchblätter sind weiß mit purpurnen Flecken, die auffällig geformte Lippe ist rötlichpurpurn und trägt einen röhrenförmigen Sporn.

R. retusa bringt im Sommer zarte, aber sehr dichte Stände aus duftenden, rosa und weiß gefärbten Blüten von knapp 2 cm Durchmesser hervor. Von dieser Art gibt es zahlreiche Klone mit anders gezeichneten oder größeren Blüten.

KULTUR. *R. gigantea* bevorzugt gemäßigte Temperaturen, die nachts zwischen 13° und 16° C und am Tage zwischen 18° und 24° C liegen, verträgt aber auch Nachttemperaturen bis 18° C und Tagestemperaturen bis 29° C. Die Luftfeuchtigkeit sollte 70 % betragen. Zu empfehlen ist helles, indirektes Licht; auch eine Kultur bei täglich 14–16 Stunden künstlicher Beleuchtung von mittlerer Intensität ist möglich. *R. retusa* kann in der Regel etwas kühler gehalten werden, die Temperaturen sollten aber im Winter möglichst nicht unter 13° C absinken.

Man setzt die Pflanzen in Körbe mit Osmunda- oder Baumfarnfasern oder in Töpfe mit einer Mischung aus 7 Teilen gemahlener Borke, 1 Teil Vermiculit und 2 Teilen grobem Torf. Das Substrat muß gleichmäßig feucht gehalten werden; im Winter, bei bedecktem Himmel und nach dem Umtopfen wird weniger gegossen. Bei jedem dritten Gießen erhalten in Körben wachsende Exemplare einen Zimmerpflanzendünger mit ausgeglichenem Nährstoffgehalt, eingetopfte Pflanzen dagegen einen stickstoffreichen Dünger; beide Dünger müssen auf die Hälfte der angegebenen Stärke verdünnt werden. Umgetopft wird nur, wenn die Pflanzen für ihren Behälter zu groß geworden sind, da sie auf Störungen ihres Wurzelwachstums sehr empfindlich reagieren. Wenn das Substrat sich zu zersetzen beginnt, hebt man die Pflanzen behutsam aus dem Topf, entfernt das alte Substrat um den Wurzelballen herum und ersetzt es durch frisches. Eine Vermehrung ist durch Abtrennen und Eintopfen bewurzelter Seitentriebe möglich.

Rhynchostylis gigantea

RODRIGUEZIA
R. secunda, Syn. *R. lanceolata; R. venusta*

Diese tropischen Epiphyten bringen Stände aus stark duftenden, zarten und auffallend geformten Blüten hervor. Sie wachsen aus Pseudobulben, die jeweils 1 oder 2 Blätter tragen.

R. secunda kann zu jeder Jahreszeit blühen; die Blütezeit von *R. venusta* liegt im Sommer. Die steifen, ledrigen Blätter von *R. secunda* sind gut 20 cm lang und wachsen aus 4 cm hohen Pseudobulben; an den bis zu 40 cm langen Stengeln sitzen, einseitig angeordnet, 20–30 rosa Blüten.

Die gut 2 cm hohen, einem Rhizom entsprießenden Pseudobulben von *R. venusta* tragen nur je ein dunkelgrünes, 8–15 cm langes Blatt. An überhängenden, 18–30 cm langen Trieben erscheinen 5–10 Blüten mit weißen, gelegentlich rosa überhauchten Kron- und Kelchblättern, die Lippe hat einen länglichen, gelben Fleck.

KULTUR. Die *Rodriguezia*-Arten benötigen helles, indirektes Licht oder täglich 14–16 Stunden künstliche Beleuchtung. Sie gedeihen am besten bei gemäßigten Temperaturen, die nachts zwischen 13° und 16° C und am Tage zwischen 18° und 24° C liegen, sowie bei einer Luftfeuchtigkeit von 50–60 %. Die besten Erfolge erzielt man bei einer Kultur im Gewächshaus.

Man setzt die Pflanzen in Töpfe mit einer Mischung aus 7 Teilen gemahlener Borke, 1 Teil Osmundafasern, 1 Teil Vermiculit und 1 Teil grobem Torf, die das ganze Jahr hindurch gleichmäßig feucht gehalten werden muß. Bei jedem dritten Gießen erhalten die Pflanzen einen auf die Hälfte der angegebenen Stärke verdünnten stickstofffreien Dünger. Umgetopft wird, wenn sie für ihren Behälter zu groß geworden sind oder das Substrat sich zu zersetzen beginnt und nicht mehr gut dräniert. Dabei ist auch eine Vermehrung durch Teilung in Gruppen von 3 oder 4 Pseudobulben möglich.

Rodriguezia secunda

S

SACCOLABIUM
S. acutifolium, Syn. *Gastrochilus acutifolius*

Wegen des gedrungenen Stamms und der Fülle leuchtend gefärbter Blüten ist diese tropische epiphytische Gattung besonders beliebt. Sie wird selten höher als 15 cm, besitzt 4 oder 5 dicke, ledrige, 12–15 cm lange Blätter und einen etwa ebenso langen, seitlich erscheinenden Blütentrieb. Während einer Wachstumsperiode kann eine Pflanze über 30 Blüten hervorbringen.

S. acutifolium blüht im Frühjahr und Sommer. Die Blüten mit einem Durchmesser von knapp 2 cm erscheinen in zylindrischen, 5–8 cm langen Trauben. Kron- und Kelchblätter sind grünlichgelb mit roten Flecken, die Lippe ist weiß und am Rand gefranst. Die flachen, länglichen Blätter sind ungestielt und werden etwa 15 cm lang.

KULTUR. *S. acutifolium* gedeiht am besten im Warmhaus bei Nachttemperaturen von 13°–16° C und Tagestemperaturen von 18°–24° C. Die Temperaturen dürfen im Winter nicht unter 10° C absinken, die Luftfeuchtigkeit sollte 60–70 % betragen. Zu empfehlen ist helles, indirektes Licht; auch eine Kultur bei täglich 14–16 Stunden künstlicher Beleuchtung von mittlerer Intensität ist möglich. Die Pflanzen werden gewöhnlich in Körbe mit Osmundafasern gepflanzt; bei einer Kultur in Töpfen verwendet man eine Mischung aus 7 Teilen gemahlener Borke, 1 Teil Vermiculit und 2 Teilen grobem Torf. Das Substrat muß das ganze Jahr hindurch gleichmäßig feucht gehalten werden, nur bei bedecktem Himmel wird weniger gegossen. Bei jedem dritten Gießen erhalten in Töpfen kultivierte Exemplare einen auf die Hälfte der angegebenen Stärke verdünnten stickstofffreien Dünger; in Körben wachsende Pflanzen erhalten einen gleichfalls auf die Hälfte der angegebenen Stärke verdünnten Zimmerpflanzendünger mit ausgeglichenem Nährstoffgehalt. Umgetopft wird, wenn das Substrat sich zu zersetzen beginnt und nicht mehr gut dräniert. Eine Vermehrung ist durch Abtrennen und Eintopfen der bewurzelten Seitentriebe möglich, die an der Basis oder am Stamm erscheinen können.

Saccolabium acutifolium

SACCOLABIUM AMPULLACEUM siehe *Ascocentrum*
SACCOLABIUM BELLINUM siehe *Gastrochilus*
SACCOLABIUM CALCEOLARE siehe *Gastrochilus*

SCHOMBURGKIA
S. lyonsii, Syn. *Laelia lyonsii; S. tibicinis,* Syn. *Laelia tibicinis; S. undulata,* Syn. *Laelia undulata*

Typisch für diese Gattung epiphytischer Orchideen sind verdickte, längliche Pseudobulben, ein schilfähnlicher, unverzweigter Blütentrieb sowie Blüten mit stark gekräuselten Kron- und Kelchblättern. Die Pflanzen gedeihen zwar bei gemäßigten Temperaturen und mittlerer Luftfeuchtigkeit gut, neigen aber dazu, erst dann regelmäßig zu blühen, wenn sie fest verwurzelt sind.

S. lyonsii besitzt 30–60 cm hohe Pseudobulben. Im Spätsommer oder zu Beginn des Herbstes erscheinen an einem bis zu 1,50 m langen Trieb Stände aus 10–20 Blüten mit einem Durchmesser von 4–5 cm. Kron- und Kelchblätter sind weiß gefärbt und purpurn gefleckt und gestreift; die Lippe ist weiß mit gelbem Rand.

S. tibicinis blüht im Frühjahr und Sommer und hat besonders große Pseudobulben mit einer Höhe bis zu 60 cm und einem Durchmesser von etwa 8 cm. Jede Pseudobulbe trägt 2 oder 3 Blätter von 12–35 cm Länge und einen Blütentrieb, der bis zu 3 m oder noch länger werden kann und an dessen Spitze sich nacheinander 10–20 Blüten mit einem Durchmesser von 5–8 cm öffnen. Kron- und Kelchblätter weisen Schattierungen von Purpur und Bräunlichorange auf, die Lippe ist cremefarben oder dunkelpurpurn.

Die wächsernen Blüten von *S. undulata* haben schmale, gedrehte und gekräuselte Kron- und Kelchblätter, die weinrot bis bräunlichpurpurn gefärbt sein können, während die dreilappige Lippe eine rosapurpurne Tönung aufweist und weiße Schwielen hat. Die Blüten erreichen Durchmesser bis zu 5 cm und stehen im Spätwinter oder zu Beginn des Frühjahrs in dichten Gruppen von mehr als 20 am Ende der 0,90–1,50 m langen Triebe. Die Pseudobulben dieser Art werden zwischen 30 und 60 cm hoch.

KULTUR. Die Arten der Gattung *Schomburgkia* bevorzugen gemäßigte Temperaturen, die nachts zwischen 13° und 16° C und am Tage zwischen 18° und 24° C liegen. Sie gedeihen am besten in voller Sonne oder bei täglich 14–16 Stunden kräftiger künstlicher Beleuchtung. Die Luftfeuchtigkeit sollte 40–60 % betragen.

Als Substrat eignet sich eine Mischung aus 7 Teilen gemahlener Borke, 1 Teil Vermiculit und 2 Teilen grobem Torf. Beim Gießen wird es völlig durchnäßt, muß dann aber leicht abgetrocknet sein, bevor die Pflanzen wieder Wasser erhalten dürfen. Bei jedem dritten Gießen wird mit einem auf die Hälfte der angegebenen Stärke verdünnten stickstoffreichen Dünger gedüngt. Während der Ruheperiode wird weniger gegossen und die Luftfeuchtigkeit herabgesetzt. Verbrauchtes Substrat sollte zwar gelegentlich herausgenommen und um den Wurzelballen herum durch frisches ersetzt werden, auf Umtopfen sollte man jedoch so lange verzichten, bis mehrere Pseudobulben über den Topfrand hinausgewachsen sind. Beim Umtopfen kann man die Pflanzen dann auch durch Teilung in Gruppen von 3 oder 4 Pseudobulben vermehren.

SOBRALIA
S. macrantha

Im Gegensatz zu den meisten Orchideen, die in der Natur auf Bäumen oder Felsen wachsen, senkt diese in Mittelamerika heimische Art ihre zahlreichen Wurzeln direkt in den Boden. Es ist eine große Pflanze ohne Pseudobulben, die dichte Gruppen von 1,20 bis 2,00 m hohen Stengeln bildet. An jedem Stengel öffnen sich im Frühjahr und Sommer nacheinander 3–9 Blüten mit einem Durchmesser bis zu 25 cm; jede Blüte hält sich nur ein paar Tage lang, wird aber nach dem Verwelken von der nächsten abgelöst. Die gekräuselten Kronblätter sind ebenso wie die zurückgeschlagenen Kelchblätter

Schomburgkia tibicinis

Sobralia macrantha

rosapurpurn gefärbt; die Lippe, deren Basis die Säule wie eine Röhre umgibt, hat einen cremegelben Schlund. Die schilfartigen Stengel tragen steife, 30 cm lange, lanzettliche Blätter.

KULTUR. S. macrantha gedeiht am besten bei gemäßigten Temperaturen, die nachts zwischen 13° und 16° C und am Tage zwischen 18° und 24° C liegen, sowie einer Luftfeuchtigkeit um 50 %. Sie benötigt direkte Sonne oder täglich 14–16 Stunden kräftige künstliche Beleuchtung. Man setzt die Pflanze in eine Mischung aus 2 Teilen grobem Torf, 2 Teilen sandiger Lehmerde und je 1 Teil Vermiculit und feingemahlener Borke oder in ein handelsübliches Orchideensubstrat. Während der Wachstumsperiode muß das Substrat feucht gehalten werden; wenn die Blätter ausgewachsen sind, wird ungefähr einen Monat lang weniger gegossen. Auf keinen Fall darf das Substrat völlig austrocknen. Bei jedem dritten Gießen erhalten die Pflanzen einen auf die Hälfte der angegebenen Stärke verdünnten Zimmerpflanzendünger mit ausgeglichenem Nährstoffgehalt. Da große Exemplare besonders viele Blüten hervorbringen, sollte man eine Vermehrung durch Teilung nur bei Pflanzen vornehmen, die 8–12 Stengel besitzen.

x SOPHROLAELIOCATTLEYA
x *S.* Anzac 'Orchidhurst'; x *S.* Jewel Box 'Dark Waters'; x *S.* Jewel Box 'Scheherazade'; x *S.* Paprika 'Black Magic'

Diese durch Kreuzung dreier wohlbekannter Gattungen entstandene intergenerische Hybride von epiphytischem Wuchs vereint in sich die Vorzüge der Elterngattungen: Von *Sophronitis* stammen die Blütenfarben (leuchtende Rot- und auffallende Rosapurpurtöne), von *Laelia* die Blühwilligkeit und das fleischige Gewebe, und von *Cattleya* die Blatt- und Blütenform. Die Pflanzen werden selten höher als 30 cm, besitzen dicke, leicht gedrehte Blätter und bringen, gewöhnlich im Winter und Frühjahr, 7–15 cm große Blüten hervor.

x *S.* Anzac 'Orchidhurst' trägt an jedem Trieb 2 oder 3 rötlichpurpurne Blüten mit einem Durchmesser von 10–15 cm; sie wird häufig als Elternpflanze bei der Züchtung rotblühender *Cattleya*-Hybriden verwendet. Die Farbintensität schwankt je nach Umgebung; kühl und hell gehaltene Exemplare bringen Blüten im dunkelsten Rot hervor.

x *S.* Jewel Box 'Dark Waters' hat dunkelrote Blüten von 8–10 cm Durchmesser. x *S.* Jewel Box 'Scheherazade' bringt 3–5 leuchtend orangerote Blüten mit einem Durchmesser von ebenfalls 8–10 cm hervor. Sie blüht gelegentlich zweimal im Jahr und ist so widerstandsfähig, daß sie auf einer Fensterbank kultiviert werden kann.

Die ebenfalls recht widerstandsfähige x *S.* Paprika 'Black Magic' kann gleichfalls zweimal jährlich blühen. An jedem Trieb erscheinen 4–5 dunkelrote Blüten mit einem Durchmesser von 7–8 cm.

KULTUR. Diese Gattungsbastarde bevorzugen Nachttemperaturen von 13°–16° C und Tagestemperaturen von 18°–24° C, helles, indirektes Licht oder täglich 14–16 Stunden künstliche Beleuchtung von mittlerer Intensität sowie eine Luftfeuchtigkeit von 50–60 %.

Man pflanzt in eine Mischung aus 7 Teilen gemahlener Borke und je 1 Teil Osmundafasern, Vermiculit und grobem Torf. Beim Gießen wird das Substrat völlig durchnäßt, es muß dann aber fast ganz austrocknen, bevor wieder gegossen werden darf. Bei jedem dritten Gießen erhalten die Pflanzen einen auf die Hälfte der angegebenen Stärke verdünnten stickstoffreichen Dünger. Jedes zweite Frühjahr wird umgetopft und das Substrat erneuert; dabei ist eine Vermehrung durch Teilung in Gruppen von 3 oder 4 Pseudobulben möglich.

SOPHRONITIS
S. coccinea, Syn. *S. grandiflora*

Diese kleinwüchsige, epiphytische Orchidee, die selten höher als 10 cm wird, entschädigt den Blumenfreund für die Mühe, die ihre Kultur bereitet, mit besonders großen, scharlachroten Einzelblüten; sie erreichen einen Durchmesser von 7–8 cm. Die Kelchblätter sind schmal, die Kronblätter breit oval, die Lippe trägt gelbe Streifen. Die

x *Sophrolaeliocattleya* Jewel Box 'Scheherazade'

Blüten erscheinen im Herbst und Winter an kurzen, schlanken Stengeln, die aus den Spitzen dicht beieinanderstehender, nur 2–3 cm hoher Pseudobulben hervorgehen. Jede Pseudobulbe trägt außerdem ein fleischiges, steifes, grünes Blatt, das lanzettlich geformt und 5–8 cm lang ist. Die Gattung *Sophronitis* wurde vielfach mit *Cattleya* und *Laelia* in der Absicht gekreuzt, die leuchtendrote Blütenfarbe weniger anspruchsvollen Pflanzen zu vererben.

KULTUR. S. coccinea bevorzugt Nachttemperaturen um 13° C und Tagestemperaturen von 16°–18° C sowie eine Luftfeuchtigkeit von 60–70 %. Sie benötigt helles, indirektes Licht oder täglich 14–16 Stunden künstliche Beleuchtung von mittlerer Intensität.

Man pflanzt in Körbe mit Baumfarn- oder Osmundafasern oder in kleine Töpfe mit einer Mischung aus 7 Teilen gemahlener Borke und je 1 Teil Vermiculit und grobem Torf. Das Substrat muß ständig gleichmäßig feucht gehalten werden. In Körben wachsende Exemplare erhalten bei jedem dritten Gießen einen Zimmerpflanzendünger mit ausgeglichenem Nährstoffgehalt, in Töpfen kultivierte Pflanzen einen stickstoffreichen Dünger; beide Dünger werden auf die Hälfte der angegebenen Stärke verdünnt. Umgetopft wird, wenn das Substrat sich zu zersetzen beginnt und nicht mehr gut dräniert. Eine Vermehrung ist bei Einsetzen des neuen Wachstums durch Teilung in Gruppen von 3 oder 4 Pseudobulben möglich.

STANHOPEA
S. hernandezii, Syn. *S. tigrina* und *Anguloa hernandezii*; *S. wardii*

Die ungewöhnliche Form der 7–12 cm großen Blüten dieser Gattung hängt mit ihrer Bestäubung zusammen. Insekten, die diese epiphytischen Orchideen aufsuchen, landen auf der glatten Lippe und fallen in die lange, schnabelförmige Säule, die zur Lippe hin gekrümmt ist. Beim Verlassen der Säule müssen sie die Geschlechtsorgane der Pflanzen berühren und übertragen so die Pollinien von der Anthere der einen auf die Narbe einer anderen Blüte. Eine andere Besonderheit dieser Gattung besteht darin, daß die Blütentriebe durch das Substrat hindurchwachsen und die Blüten unterhalb des Bodens eines Orchideenkorbes erscheinen.

S. hernandezii bringt im Sommer sehr große, blaßgelbe, stark rot überhauchte Blüten hervor; die wächsern weiße Lippe ist rot gefleckt. Die Blüten von *S. wardii* werden 7–12 cm breit. Sie besitzen ausgebreitete Kelchblätter und schmalere, gewellte Kronblätter; Kron- und Kelchblätter sind gewöhnlich goldgelb gefärbt und häufig rötlichbraun gefleckt. Die kompliziert gebaute Lippe ist an der Basis orangegelb, auf jeder Seite trägt sie einen roten Fleck. Am Ende der überhängenden Triebe, die von der Basis der 5–8 cm langen Pseudobulben ausgehen, erscheinen im Sommer jeweils 3–9 Blüten, die sich nur wenige Tage halten. Außerdem trägt jede Pseudobulbe ein lederiges, gefälteltes Blatt, das bis zu 45 cm lang wird, in der Mitte etwa 15 cm breit ist und sich zur Spitze hin verjüngt.

KULTUR. Diese Orchideen gedeihen am besten bei gemäßigten Temperaturen; sie sollten nachts zwischen 13° und 16° C und am Tage zwischen 18° und 24° C liegen, können während der Wachstumsperiode aber auf 18° C in der Nacht und 29° C am Tage ansteigen, ohne daß die Pflanzen Schaden erleiden. Beide Arten benötigen gedämpftes Licht oder täglich 14–16 Stunden künstliche Beleuchtung von mittlerer Intensität. Die Luftfeuchtigkeit sollte 40–60 % betragen.

Man montiert die Pflanzen auf ein Stück Baumfarnstamm oder setzt sie in hängende Körbe, damit die Blütentriebe durch das Substrat und den Boden des Behälters hindurchwachsen können. Als Substrat verwendet man Osmundafasern oder Torfmoos. Während der Wachstumsperiode wird reichlich gegossen; anschließend erhalten die Pflanzen, nachdem sich die neuen Pseudobulben gebildet haben, ungefähr einen Monat lang nur so viel Wasser, daß die Blätter nicht schlaff werden. Während der Wachstumsperiode wird mit einem auf die Hälfte der angegebenen Stärke verdünnten Zimmerpflanzendünger mit ausgeglichenem Nährstoffgehalt gedüngt. Eine Vermehrung ist möglich, indem man die Pflanzen von Zeit zu Zeit in

Sophronitis coccinea

Stanhopea wardii

Thunia marshalliana

Trichoglottis philippinensis var. *brachiata*

Gruppen von 3–5 Pseudobulben teilt; zu große Gruppen von Pseudobulben hemmen die Blütenbildung.

STAUROPSIS siehe *Phalaenopsis*
SYMPHOGLOSSUM siehe *Cochlioda*

T

TETRAMICRA siehe *Leptotes*

THUNIA
T. bracteata, Syn. *T. alba*; *T. marshalliana*

Diese hohen, terrestrischen Orchideen bringen eine Fülle von hübschen Blättern hervor; ihre Blüten ähneln in der Form denen der *Cattleya*-Arten. Die rohrähnlichen Stengel stehen dicht beieinander; an jedem sitzen auf ganzer Länge zahlreiche wechselständige Blätter, die sich papierartig anfühlen und einen wächsernen Überzug haben; nach Abschluß der Blütezeit werden sie abgeworfen. Im Sommer erscheinen am oberen Ende der Stengel überhängende, weiße Blüten, die sich 1–2 Wochen halten. Kron- und Kelchblätter sind dünn und lanzettlich geformt; die Lippe ist gewellt und gekräuselt und purpurn gestreift oder gelb geädert.

Die kräftigen Stengel von *T. bracteata* werden 60 cm lang, die 15–20 cm langen Blätter sind blaßgrün, die Blüten mit einem Durchmesser von 6–8 cm erscheinen in Gruppen von 5–10. *T. marshalliana* wird oft nur als Varietät der ersten Art angesehen; sie ist noch kräftiger gebaut, besitzt Stengel, die bis zu 90 cm lang werden, und ihre Blüten erreichen Durchmesser von ungefähr 12 cm.

KULTUR. Diese Orchideen bevorzugen gemäßigte Temperaturen; sie sollten während der Wachstumsperiode nachts zwischen 13° und 16° C und am Tage zwischen 18° und 24° C liegen, während der Blütezeit aber etwas niedriger sein. Die Stengel wachsen nach der Blüte weiter, und die Pflanzen benötigen dann wieder die oben genannten Temperaturen. Wenn schließlich die Blätter abgefallen sind, müssen die Nachttemperaturen 10°–13° C und die Tagestemperaturen 16°–21° C betragen. Die Luftfeuchtigkeit sollte das ganze Jahr hindurch bei 60 % liegen. Die Pflanzen benötigen gedämpftes Licht (direkte Sonne könnte die zarten Blätter verbrennen) oder täglich 14–16 Stunden kräftige künstliche Beleuchtung. Die Ansprüche dieser Pflanzen lassen sich im Gewächshaus am besten erfüllen.

Als Substrat eignet sich eine Mischung aus 2 Teilen grobem Torf, 2 Teilen sandiger Lehmerde und je 1 Teil Vermiculit und feingemahlener Borke, die während der Wachstumsperiode gleichmäßig feucht gehalten werden muß; wenn die Pflanzen blattlos sind, darf bis zum Einsetzen des neuen Wachstums nicht gegossen werden. Bei jedem dritten Gießen wird mit einem auf die Hälfte der angegebenen Stärke verdünnten Zimmerpflanzendünger mit ausgeglichenem Nährstoffgehalt gedüngt. Die Pflanzen werden alljährlich im Frühjahr in frisches Substrat umgetopft. Dabei ist eine Vermehrung durch Teilung in Stengelgruppen möglich.

TRICHOGLOTTIS
T. philippinensis var. *brachiata*, Syn. *T. brachiata*

Die kurzen, ovalen Blätter dieser epiphytischen Orchidee sitzen wechselständig in geringen Abständen an einem kräftigen Stamm. Bei den meisten Arten gehen die Blütentriebe aus den Blattbasen hervor; an jedem Trieb erscheint in der Regel im Frühjahr oder Sommer nur eine Blüte. Der Stamm von *T. philippinensis* var. *brachiata* wird ungefähr 60 cm hoch, die Blätter erreichen eine Länge von 5 cm. Die Blüten haben einen Durchmesser von etwa 5 cm; Kron- und Kelchblätter sind gewöhnlich leuchtendrot mit gelben oder weißen Rändern, die Lippe ist weiß mit weinroten Streifen und leuchtendgelbem Schlund.

KULTUR. *T. philippinensis* var. *brachiata* gedeiht am besten in direkter Sonne oder bei täglich 14–16 Stunden kräftiger künstlicher Beleuchtung. Die Pflanze benötigt Temperaturen von 16°–18° C in der Nacht und 21°–29° C am Tage sowie eine Luftfeuchtigkeit von 40–50 %. Als Substrat eignet sich eine Mischung aus 7 Teilen gemahlener Borke, 1 Teil Vermiculit und 1 Teil grobem Torf. Während der Wachstumsperiode muß reichlich gegossen werden; solange die Pflanzen ruhen, benötigen sie weniger Wasser. Bei jedem dritten Gießen erhalten sie einen auf die Hälfte der angegebenen Stärke verdünnten stickstoffreichen Dünger.

Umgetopft wird, wenn die Pflanzen für ihren Behälter zu groß geworden sind oder das Substrat sich zu zersetzen beginnt. Eine Vermehrung ist möglich, indem man den Stamm so teilt, daß jedes Teilstück mehrere Blattknoten enthält.

TRICHOPILIA
T. suavis; T. tortilis

An diesen kleinen Epiphyten fallen besonders die großen Blüten und die dunklen, immergrünen Blätter auf. Jede der aus einem kriechenden Rhizom hervorgehenden, abgeflachten Pseudobulben bringt ein Blatt hervor. Die großen, duftenden Blüten mit schmalen Kron- und Kelchblättern und gewellten Lippen erscheinen an kurzen Trieben, die von der Bulbenbasis ausgehen und über die Topfwände oder bis unterhalb des Topfes herabhängen.

T. suavis trägt im Frühjahr 7–10 cm große, weiße Blüten mit einer großen, gekräuselten, rosapurpurn gefleckten Lippe. Sie duften stark und sitzen in Gruppen von 2–5 an den Trieben.

Die Blüten von *T. tortilis* erscheinen im Winter einzeln oder paarweise und duften gleichfalls stark. Die schmalen Kron- und Kelchblätter sind korkenzieherartig gedreht. Die Blüten haben einen Durchmesser von 5–10 cm; würde man sie flach ausbreiten, betrüge ihr Durchmesser jedoch 15 cm. Kron- und Kelchblätter weisen verschiedene Purpurtöne auf, die Ränder sind gelbgrün; die Lippe ist weiß mit rotbraunen Flecken an der röhrenförmigen Basis.

KULTUR. Beide Arten gedeihen am besten bei gemäßigten Temperaturen von 13°–16° C in der Nacht und 18°–24° C am Tage. Sie benötigen täglich mindestens 4 Stunden gedämpfte Sonne oder 14–16 Stunden kräftige künstliche Beleuchtung. Die Luftfeuchtigkeit sollte 40–60 % betragen.

Man setzt die Pflanzen in eine Mischung aus 7 Teilen Borke, 1 Teil Osmundafasern, 1 Teil Vermiculit und 1 Teil grobem Torf (oder 2 Teilen Torf, falls Osmundafasern nicht erhältlich sind). In der Topfmitte wird ein kleiner Hügel aufgeschüttet, damit die Pflanzen oberhalb des Topfrandes sitzen. Man kann sie auch auf ein Stück Korkrinde oder Baumfarnstamm montieren. Während der Wachstumsperiode muß das Substrat gleichmäßig feucht gehalten werden; wenn die Pseudobulben ausgereift sind, muß es vor jedem erneuten Gießen fast trocken geworden sein. Bei jedem dritten Gießen erhalten in Töpfen wachsende Pflanzen einen stickstoffreichen Dünger, epiphytisch kultivierte Exemplare einen Zimmerpflanzendünger mit ausgeglichenem Nährstoffgehalt; beide Dünger werden auf die Hälfte der angegebenen Stärke verdünnt. Während der Ruheperiode darf nicht gedüngt werden.

Da diese Orchideen am besten blühen, wenn sie in kleinen Gruppen wachsen, sollten sie alljährlich im zeitigen Frühjahr oder unmittelbar nach der Blüte umgetopft und in Gruppen von mindestens 3 Pseudobulben geteilt werden.

V

VANDA
V. coerulea; V. cristata; V. Rothschildiana; Vanda sanderiana, Syn. *Euanthe sanderiana; V. teres; V. tricolor* var. *suavis,* Syn. *V. suavis*

Diese beliebten Orchideen sind leicht zu kultivieren. Ihre Blüten erscheinen an langen, beweglichen Trieben, die aufrecht stehen oder

Trichopilia suavis

Vanda coerulea

Vanda teres

überhängen können und von den Basen der an einem kräftigen Stamm sitzenden Blätter ausgehen. An jedem Trieb sitzen 5–80 Blüten, die sich 3–6 Wochen lang halten. Die gewöhnlich abgerundeten und fast gleichartig geformten und gleich großen Kron- und Kelchblätter umgeben eine kurze, fleischige Lippe, wodurch die Blüte als ganzes einen weit geöffneten Eindruck macht. Die immergrünen Blätter kommen in drei Formen vor: zylindrisch, riemenförmig oder gekielt; die riemenförmigen Blätter überwiegen. Sie sitzen wechselständig an einem Stamm, an dem sich auch Luftwurzeln entwickeln. Diese Gattung wurde vielfach mit anderen gekreuzt, darunter mit *Aërides, Ascocentrum* und *Neofinetia*.

V. coerulea wird 45–90 cm hoch, die riemenförmigen Blätter sind ungefähr 20 cm lang. Vom Spätsommer bis gegen Ende des Winters tragen die Triebe 5–15 Blüten mit einem Durchmesser von 7–10 cm. Sie weisen verschiedene Blautöne auf und sind in der Regel in einem dunkleren Blau geädert.

Kron- und Kelchblätter von *V. cristata* sind in einem hübschen Hellgrün gefärbt, die Lippe ist weiß mit auffallenden roten Streifen. Die Blüten erscheinen im Winter und Frühjahr, haben einen Durchmesser von 5 cm und halten sich lange.

V. Rothschildiana ist aus einer Kreuzung zwischen *V. coerulea* und *V. sanderiana* hervorgegangen. Sie trägt das ganze Jahr hindurch dichte Stände aus lavendelfarbenen, blau geäderten Blüten mit einem Durchmesser von 7–15 cm. Die Blätter sind riemenförmig. Es gibt noch eine Fülle weiterer infra- und intergenerischer Hybriden mit einer breiten Farbskala; die vorherrschenden Blütenfarben sind neben Blau unter anderem Braun, Orangerot und Rosa.

V. sanderiana hat riemenförmige, bis zu 30 cm lange Blätter. Im Herbst erscheinen an 30 cm langen Trieben ungefähr 15 Blüten mit einem Durchmesser von 7–10 cm. Die Kronblätter und das obere Kelchblatt weisen eine einheitliche Färbung zwischen Weiß und Rosa auf, die seitlichen Kelchblätter dagegen sind gelbgrün gefärbt und auffallend rötlichbraun geädert.

V. teres besitzt einen schlanken, vielfach verzweigten Stamm, der 0,50–2,00 m hoch wird; die zylindrischen Blätter stehen aufrecht und werden 10–20 cm lang. An einem 15–30 cm langen Trieb sitzen im Frühjahr und Sommer 3–6 Blüten; Kron- und Kelchblätter sind blaßrosa, die Lippe ist orangefarben überhaucht.

V. tricolor var. *suavis* bringt Blätter mit einer Länge von 30–45 cm hervor. Im Winter erscheinen Stände aus 7–12 duftenden Blüten von 7–8 cm Durchmesser. Kron- und Kelchblätter sind cremeweiß mit dunkel rötlichpurpurnen Punkten, die dreilappige Lippe ist dunkelrosa und weiß gefärbt.

KULTUR. Die Arten und Sorten der Gattung *Vanda* bevorzugen warme Temperaturen, die nachts zwischen 16° und 18° C und am Tage zwischen 18° und 24° C oder darüber liegen. Arten und Sorten mit zylindrischen Blättern benötigen täglich mindestens 6 Stunden direkte Sonne, solche mit riemenförmigen Blättern kommen mit 4 Stunden Sonne aus und müssen während der heißesten Stunden des Tages beschattet werden. Wegen ihres Lichtbedarfs kultiviert man alle Arten und Sorten am besten im Warmhaus oder an einem sehr sonnigen Fenster. Kleinere Hybriden aus dieser Verwandtschaft, wie zum Beispiel x *Ascocenda (Ascodentrum x Vanda)* gedeihen auch bei täglich 14–16 Stunden kräftiger künstlicher Beleuchtung. Die Luftfeuchtigkeit sollte für alle Pflanzen 40–60 % betragen.

Man setzt die Pflanzen in ein handelsübliches Orchideensubstrat oder eine Mischung aus 7 Teilen grober Borke, 1 Teil Vermiculit und 1 Teil grobem Torf. Das Substrat muß gleichmäßig feucht gehalten, darf aber nicht durchnäßt werden; bei bedecktem Himmel und während der Ruheperiode wird weniger gegossen. Bei jedem dritten Gießen erhalten die Pflanzen einen auf die Hälfte der angegebenen Stärke verdünnten stickstoffreichen Dünger. Arten und Sorten der Gattung *Vanda* sollten möglichst selten umgetopft werden. Wenn das Substrat sich zu zersetzen beginnt und nicht mehr gut dräniert, wird nur die obere Substratschicht erneuert. Wenn der Stamm seine unteren Blätter verliert, trennt man ihn unmittelbar unterhalb von ein paar Luftwurzeln ab und topft das abgetrennte Teil ein. Eine Vermehrung ist möglich, indem man bewurzelte Seitentriebe, die sich an der Pflanzenbasis bilden, abtrennt und eintopft.

VANDA PARISHII siehe *Vandopsis*

VANDOPSIS
V. parishii, Syn. *Vanda parishii*

Die meisten der bekannten 12 Arten der Gattung *Vandopsis* zeichnen sich durch prächtige Blüten und kräftigen Wuchs aus. In der Natur sind sie von China bis Neuguinea auf Bäumen und bemoosten Steinen anzutreffen. Mit ihren aufrechten, fast verholzten Stämmen, die zwei Reihen lederiger, länglicher Blätter tragen, sind sie den bekannteren *Vanda*-Arten sehr ähnlich. Die Blüten erscheinen in traubigen Ständen und scheinen in sich die Eigenschaften von *Vanda*, *Arachnis* und *Renanthera* zu vereinen.

In Europa ist die aus Birma und Thailand stammende Art *V. parishii* am ehesten erhältlich. Sie ist kleinwüchsig; ihr Stamm wird selten höher als 15 cm, die elliptischen Blätter haben gekerbte Spitzen. An aufrechten oder überhängenden Trieben sitzen 5–7 duftende, kräftig strukturierte und langlebige Blüten mit einem Durchmesser von 6 cm. Kron- und Kelchblätter sind grünlichgelb mit braunen Flecken, die Lippe ist blaßgelb mit rosaroten Tupfen. Bei der Sorte 'Mariottiana' sind die Kron- und Kelchblätter glänzend rosapurpurn gefärbt, weiß überhaucht und haben braune Spitzen, während die Lippe in einem leuchtenden Rötlichpurpur gefärbt ist.

KULTUR. Die Arten der Gattung *Vandopsis* gedeihen am besten, wenn die Nachttemperaturen nicht unter 16° C absinken und die Tagestemperaturen auf 24° C oder darüber ansteigen. Sie benötigen helles Licht und vertragen auch täglich bis zu 4 Stunden direkte Sonne, müssen aber im Sommer vom späten Vormittag bis zum frühen Nachmittag beschattet werden. Die Luftfeuchtigkeit sollte, vor allem während der Wachstumsperiode, 40–60 % betragen. Zum Eintopfen ist jedes handelsübliche, gut dränierende Orchideensubstrat geeignet. Das ganze Jahr hindurch wird regelmäßig gegossen, das Substrat darf aber nie durchnäßt werden. Da die Pflanze auf Störungen ihres Wurzelwachstums sehr empfindlich reagiert, wird sie so selten wie möglich umgetopft. Wenn das Substrat sich zu zersetzen beginnt, genügt es oft, die oberste Schicht zu erneuern. Vom Frühjahr bis zum Spätsommer erhalten die Pflanzen bei jedem dritten Gießen einen auf die Hälfte der angegebenen Stärke verdünnten Flüssigdünger. Pflanzen, die ihre unteren Blätter verloren haben, können unmittelbar unterhalb einiger gut entwickelter Luftwurzeln durchgetrennt werden; das abgeschnittene Teil wird eingetopft. An der Pflanzenbasis erscheinen gelegentlich ein oder mehrere Seitentriebe, die man zum Zwecke der Vermehrung abtrennen kann, wenn sie ausreichend bewurzelt sind.

ECHTE VANILLE
Vanilla planifolia

VANILLA
V. planifolia, Syn. *V. fragrans* (Echte Vanille)

Die unreifen Kapseln dieser Orchidee liefern eines der beliebtesten Gewürze, die Vanille. Sie erscheinen an lianenartigen Stämmen, die in der Natur über 30 m lang werden können. Aus den meisten Knoten entlang dieser Stämme entwickeln sich nicht nur fleischige, immergrüne Blätter, sondern auch Luftwurzeln und Blütenstände. Jedes Blatt ist 15–20 cm lang und 5 cm breit. An den nur 7–8 cm langen Blütenständen sitzen 20 und mehr Knospen, die sich nacheinander öffnen; jede Blüte hält sich mehrere Tage lang. Die Blüten duften und haben einen Durchmesser von 6–8 cm, öffnen sich aber nicht immer ganz. Die langen Kron- und Kelchblätter sind gelblichgrün, die 5 cm breite Lippe hat einen gekräuselten Rand und einen orangegelben Schlund. Die Blüten erscheinen in Abständen das ganze Jahr hindurch, aber nur an sehr großen Exemplaren und nur unter idealen

Wachstumsbedingungen. Die ungefähr 15 cm lange, schotenähnliche Frucht benötigt bis zur Reife 8–9 Monate; um sie zu gewinnen, müssen die Blüten von Hand bestäubt werden.

KULTUR. *V. planifolia* ist in Kultur nur selten anzutreffen. Wo sie erhältlich ist, kultiviert man sie am besten in feuchtwarmer Luft bei Nachttemperaturen von 16°–18° C, Tagestemperaturen von 21°–29° C und einer Luftfeuchtigkeit von 40–60 %. Die Pflanze benötigt mindestens 4 Stunden direkte Sonne.

Als Substrat eignet sich eine Mischung aus 2 Teilen grobem Torf, 2 Teilen sandiger Lehmerde, 1 Teil Vermiculit und 1 Teil feiner Borke. Die Pflanze benötigt eine Stütze, an der sie sich emporranken kann. Das Substrat muß das ganze Jahr hindurch gleichmäßig feucht gehalten werden. Bei jedem dritten Gießen wird mit einem auf die Hälfte der angegebenen Stärke verdünnten Zimmerpflanzendünger mit ausgeglichenem Nährstoffgehalt gedüngt. Wenn das Substrat sich zu zersetzen beginnt und nicht mehr gut dräniert, wird nicht umgetopft, sondern nur die obere Substratschicht erneuert. Eine Vermehrung ist durch Stammstecklinge mit je 3–5 Blattknoten möglich, die man zur Bewurzelung in das Substrat steckt.

x VUYLSTEKEARA

x *V.* Cambria 'Plush'; x *V.* Monica 'Burnham'

Diese intergenerischen Hybriden sind durch Kreuzung von drei Gattungen – *Cochlioda, Miltonia* und *Odontoglossum* – entstanden. x *V.* Cambria 'Plush' ist eine Kreuzung zwischen x *V.* Rubra und *Odontoglossum* Clonius. Sie ist eine hübsche epiphytische Orchidee mit kleinen, abgeplatteten, 7–10 cm hohen Pseudobulben, denen jeweils 4 oder 5 schmale, immergrüne Blätter von 15–20 cm Länge entsprießen. Die Blüten mit einem Durchmesser von etwa 8 cm haben gewellte, weinrot gefärbte und weiß geränderte Kron- und Kelchblätter und eine ungefähr 5 cm lange, weiße Lippe, die rot gestreift und im Schlund gelb gefärbt ist. Vom Winter bis zum Frühjahr sitzen an jedem der überhängenden Triebe 7 oder 8 Blüten, die sich gewöhnlich mehrere Wochen lang halten. Eine weitere Sorte, *V.* Monica 'Burnham', trägt purpurne Blüten.

KULTUR. Diese beiden Orchideen bevorzugen Nachttemperaturen von 13°–16° C und Tagestemperaturen von 18°–24° C. Die Luftfeuchtigkeit sollte 50–70 % betragen. Die Pflanzen benötigen zum guten Gedeihen helles, indirektes Licht oder täglich 14–16 Stunden kräftige künstliche Beleuchtung.

Als Substrat eignet sich eine Mischung aus 7 Teilen Borke, 1 Teil Vermiculit und 1 Teil grobem Torf, das während der Wachstumsperiode gleichmäßig feucht gehalten wird. Wenn der Neuzuwachs ausgereift ist, legen die Pflanzen eine Ruheperiode ein; in dieser Zeit muß das Substrat immer erst leicht abgetrocknet sein, bevor wieder gegossen werden darf. Bei jedem dritten Gießen erhalten die Pflanzen einen auf die Hälfte der angegebenen Stärke verdünnten stickstoffreichen Dünger. Umgetopft wird alle 2–4 Jahre, wenn die Pseudobulben über den Rand des Behälters hinauswachsen oder das Substrat sich zu zersetzen beginnt und nicht mehr gut dräniert. Eine Vermehrung ist beim Umtopfen durch Teilung in Gruppen von 3 oder 4 Pseudobulben möglich.

W

x WILSONARA

x *W.* Lyoth Gold; x *W.* Tangerine; x *W.* Wendy; x *W.* Widecombe Fair

Auch an der Entstehung dieser intergenerischen Hybriden waren drei Gattungen beteiligt – *Cochlioda, Odontoglossum* und *Oncidium*. Zwar kommen bei den zahlreichen Kultursorten die Eigenschaften der Eltern auf vielfältige Weise zum Vorschein, die bekanntesten unter ihnen können jedoch die Verwandtschaft mit *Odontoglossum* nicht verleugnen. Alle sind Epiphyten mit meist ovalen Pseudobulben und schmalen Blättern. Blütezeit ist Herbst bis Frühjahr.

x *Vuylstekeara* Cambria 'Plush'

x *Vuylstekeara* Monica 'Burnham'

x *W.* Lyoth Gold dürfte die bekannteste Sorte sein; sie bringt lockere Stände aus goldorangefarbenen bis dunkelroten Blüten mit einem Durchmesser von ungefähr 5–6 cm hervor. Die Farbskala der Blüten von x *W.* Tangerine liegt zwischen Orange und Gelb, x *W.* 'Wendy' blüht zinnoberrot.

x *W.* Widecombe Fair unterscheidet sich erheblich von den anderen beschriebenen Sorten. Ihre langen, verzweigten Blütenstände tragen sternförmige Blüten mit Kron- und Kelchblättern, die weiß gefärbt und dunkel rosarot gestreift und gefleckt sind; die Lippe ist rot und weiß gefärbt. An einem Trieb können bis zu 100 Blüten sitzen.

KULTUR. Die Sorten von x *Wilsonara* benötigen in der Nacht Mindesttemperaturen von 10°–13°C, die am Tage auf ungefähr 21°C ansteigen sollten. Vom Frühjahr bis zum Herbst müssen die Pflanzen vor direkter Sonne geschützt werden; an heißen Tagen ist für gute Belüftung zu sorgen. Während der Wachstumsperiode muß die Luftfeuchtigkeit bei 75 % liegen. Man setzt die Pflanzen in ein handelsübliches Orchideensubstrat oder in die für *Odontoglossum* empfohlene Mischung. Das ganze Jahr hindurch muß das Substrat gleichmäßig feucht gehalten werden, sollte aber vor jedem erneuten Gießen so weit abgetrocknet sein, daß stehende Nässe im Wurzelbereich vermieden wird. Während der Wachstumsperiode wird bei jedem dritten Gießen mit einem auf die Hälfte der angegebenen Stärke verdünnten Flüssigdünger gedüngt. Eine Vermehrung ist durch Teilung in Gruppen von 3 oder 4 Pseudobulben möglich.

Z

ZYGOPETALUM
Z. discolor; Z. intermedium; Z. mackaii

Diese angenehm duftenden, terrestrischen Orchideen bringen aus der Spitze jeder Pseudobulbe bis zu 5 schmale und gefältelte Blätter mit einer Länge bis zu 45 cm hervor, die sich lange halten.

Z. discolor bringt im Sommer Einzelblüten mit einem Durchmesser von 5–8 cm hervor. Die Kronblätter sind weiß oder gelblichweiß, die Kelchblätter purpurn überhaucht; die große Lippe ist dunkel bläulichpurpurn gefärbt.

Z. intermedium trägt an einem 60 cm langen Trieb 4–6 Blüten von 6 cm Durchmesser. Die schmalen, gewellten, hellgrünen Kron- und Kelchblätter sind braun gefleckt, die breite Lippe ist weiß mit von der Basis her radial angeordneten, fein behaarten purpurnen Streifen. Die Blüten erscheinen im Herbst.

Die duftenden, 5–8 cm breiten Blüten von *Z. mackaii* erscheinen in hohen Ständen von Herbst bis Frühjahr. Kron- und Kelchblätter sind grünlich, die große Lippe ist purpurviolett gestreift und gefleckt.

KULTUR. Die Arten der Gattung *Zygopetalum* bevorzugen gemäßigte Temperaturen, die nachts zwischen 13° und 16°C und am Tage zwischen 18° und 24°C liegen. Sie benötigen gedämpftes Licht oder täglich 14–16 Stunden kräftige künstliche Beleuchtung sowie eine Luftfeuchtigkeit von 40–60 %. Man pflanzt sie in eine Mischung aus 2 Teilen grobem Torf, 2 Teilen sandiger Lehmerde und je 1 Teil Vermiculit und feingemahlener Borke. Während der Wachstumsperiode muß das Substrat gleichmäßig feucht gehalten werden; anschließend wird bis zum Einsetzen des neuen Wachstums immer erst dann gegossen, wenn das Substrat leicht abgetrocknet ist. Da die Pflanzen wegen ihres dichten Wuchses besonders fäulnisanfällig sind, ist stehendes Wasser im Bereich der Blattbasen vor allem bei jungen Exemplaren unbedingt zu vermeiden. Gedüngt wird bei jedem dritten Gießen mit einem auf die Hälfte der angegebenen Stärke verdünnten Flüssigdünger mit ausgeglichenem Nährstoffgehalt.

Wenn die Pflanzen für ihren Behälter zu groß geworden sind, werden sie bei Einsetzen des neuen Wachstums umgetopft. Sollten jedoch die Blütenstände gleichzeitig mit dem Neuzuwachs erscheinen, muß das Umtopfen bis nach der Blüte aufgeschoben werden. Da die Wurzeln sehr spröde sind, muß man beim Umtopfen sehr behutsam vorgehen. Eine Vermehrung ist beim Umtopfen durch Teilung in Gruppen von 3 oder 4 Pseudobulben möglich.

x *Wilsonara* Widecombe Fair

Zygpetalum intermedium

Anhang

Schädlinge und Krankheiten

Die Tabelle zeigt und beschreibt einige der bei Orchideen vorkommenden Schäden und ihre Ursachen; die letzte Spalte nennt Bekämpfungsmöglichkeiten. Man sollte die Pflanzenschutzmittel des öfteren wechseln, damit Krankheiten und Schädlinge keine Resistenz gegen ein bestimmtes Mittel entwickeln können. Die Gebrauchsanweisungen sind genau zu befolgen. Bei den empfohlenen Mitteln sind in der Regel die Wirkstoffe, nicht die Handelsnamen der Mittel angegeben.

SCHÄDLING	SYMPTOME
	BLATTLÄUSE Blätter und Stengel wirken verkümmert, die Blüten können deformiert sein oder sich nicht öffnen. Blattläuse sind besonders am Neuzuwachs deutlich zu sehen. Links: Pfirsich-Blattläuse auf einem jungen *Phalaenopsis*-Blatt. BESONDERS GEFÄHRDETE GATTUNGEN: CATTLEYA, ONCIDIUM, PHALAENOPSIS
	WOLL- ODER SCHMIERLÄUSE Watteähnliche Häufchen sitzen vor allem an Stellen wie der Blattgabelung einer *Phalaenopsis*-Art links. Die Pflanzen können verkümmert oder geschrumpft wirken. BESONDERS GEFÄHRDETE GATTUNGEN: CATTLEYA, DENDROBIUM, PHALAENOPSIS
	SCHILDLÄUSE Runde oder ovale schildförmige Gebilde, die braun, grau oder weiß sein können, erscheinen wie auf dem Blatt und der Pseudobulbe der *Cattleya* links. Befallene Pflanzen können verkümmern – die Blätter vergilben und fallen ab; gelegentlich erscheinen auch Rußtaupilze. BESONDERS GEFÄHRDETE ARTEN: CATTLEYA, CYMBIDIUM, PAPHIOPEDILUM
	SCHNECKEN Die Pflanzenteile weisen unregelmäßige Löcher auf, Schleimspuren kennzeichnen den Weg, den die Schädlinge genommen haben. Links: eine Gehäuseschnecke hat eine *Vanda*-Wurzel angefressen, eine Nacktschnecke ihre Blüten. BESONDERS GEFÄHRDETE GATTUNGEN: ALLE IM GEWÄCHSHAUS KULTIVIERTEN, IN ERSTER LINIE SÄMLINGE
	SPINNMILBEN (ROTE SPINNEN) Die Blätter wirken narbig oder weiß gesprenkelt wie das *Cymbidium*-Blatt links. Auf den Blattunterseiten kann weißliches Spinnengewebe erscheinen. BESONDERS GEFÄHRDETE ARTEN: CYCNOCHES, CYMBIDIUM, DENDROBIUM, PHALAENOPSIS
KRANKHEIT	**SYMPTOME**
	SCHWARZFÄULE Auf Blättern und jungen Trieben erscheinen rötlichpurpurne, gelb gesäumte Flecken. Die Krankheit kann sich von den Blättern abwärts oder von den Wurzeln und Rhizomen aufwärts ausbreiten. Links: Ein von Schwarzfäule befallenes *Cattleya*-Blatt. BESONDERS GEFÄHRDETE ARTEN: CATTLEYA UND IHRE VERWANDTEN, PHALAENOPSIS
	BLATTFLECKENKRANKHEIT Erhabene oder eingesunkene Flecken, die gelb, braun oder purpurn sein können, breiten sich wie bei dem *Odontoglossum*-Blatt links rasch auf den Blättern aus. Im fortgeschrittenen Stadium färben sich die Blätter gelb oder braun und sterben ab. BESONDERS GEFÄHRDETE ARTEN: DENDROBIUM, MILTONIA, ONCIDIUM, ZYGOPETALUM
	GRAUSCHIMMELFÄULE Auf Kron- und Kelchblättern erscheinen kleine, braune, häufig rosa gesäumte Flecken wie auf der *Cattleya*-Blüte und dem Kelchblatt links. BESONDERS GEFÄHRDETE ARTEN: CATTLEYA UND IHRE VERWANDTEN, DENDROBIUM, ONCIDIUM, PHALAENOPSIS, VANDA
	VIRUSKRANKHEITEN Auf den Blättern können gelbe, schwarze oder braune Narben, Flecken oder Streifen erscheinen, ebenso auf den Blüten. Das *Cattleya*-Blatt links ist vom Cymbidium-Mosaikvirus befallen.

Den besten Schutz vor Krankheiten und Schädlingen bietet eine peinlich saubere und gut belüftete Umgebung. Behälter und Werkzeuge sollten desinfiziert, tote Pflanzenteile und alte Substrate fortgeworfen werden. Infizierte Pflanzen müssen isoliert oder vernichtet werden. Gegossen wird morgens an sonnigen Tagen, damit das Laub rasch wieder abtrocknen kann. Allwöchentliche Untersuchung mit einer Lupe hilft, Schadinsekten und Krankheiten frühzeitig zu erkennen.

URSACHE	BEKÄMPFUNG
Blattläuse sind knapp 3 mm lange Insekten mit weichen, rundlichen Körpern und schmalen Köpfchen; sie können verschieden gefärbt sein; gewisse Stadien sind flugfähig. Blattläuse saugen an den Pflanzensäften, übertragen Virus-Krankheiten und scheiden Honigtau aus, eine klebrige Flüssigkeit, die Ameisen anlockt und auf der sich schwarze Rußtaupilze ansiedeln können.	Pilzrasen mit schwacher Seifenlauge abwaschen. Stark befallene Pflanzen mit Mitteln bekämpfen, die Malathion, Derris oder Pyrethrum enthalten.
Woll- oder Schmierläuse, etwa 5 mm lange Insekten mit weichen Körpern und einem Überzug aus weißem, puderigem Wachs, saugen den Saft aus Stengeln, Blättern und Knospen. Sie scheiden gleichfalls Honigtau aus, der Ameisen anlockt und auf dem sich der zwar harmlose, aber häßliche Pilzrasen bildet.	Nur von einzelnen Insekten befallene Stellen können mit einem in denaturierten Alkohol getauchten Wattebausch betupft werden. Bei stärkerem Befall mit Malathion spritzen.
Orchideen können von zahlreichen saftsaugenden Schildlaus-Arten befallen werden. Bei den sogenannten Deckelschildläusen kann man den Schild von der darunter sitzenden Laus abheben, bei den Napfschildläusen läßt sich der Schild nicht abtrennen. Ausgewachsene Schildläuse sitzen unbeweglich an einer Stelle.	Einzelne Insekten kann man mit einer Pinzette oder einem Messer ablösen, oder man betupft die befallenen Stellen mit einem in denaturiertem Alkohol getauchten Wattebausch. Bei stärkerem Befall mit Malathion oder, bei Arten mit derben Blättern, mit Sommer-Öl spritzen.
Gehäuseschnecken werden 1–5 cm lang, Nacktschnecken können bis zu 12 cm lang werden. Beide sind beinlose Weichtiere, die sich in der Regel am Tage verbergen und nachts an Blättern, Knospen, Blüten und Wurzelspitzen fressen. Ihre Eier legen sie gewöhnlich an feuchten Stellen oder im Substrat ab.	Blüten lassen sich schützen, indem man Wattekragen um die Stengel legt. Schneckenkorn auf die Substratoberfläche streuen oder Untertassen mit Bier aufstellen, das die Tiere anlockt und in dem sie ertrinken.
Spinnmilben, knapp 0,5 mm lang, werden sichtbar, wenn man ein Blatt über einem untergehaltenen Stück Papier antippt, so daß sie darauf fallen; man kann auch Zellophan auf ein Blatt legen und das Zellophan dann mit der Lupe betrachten. Spinnmilben saugen Saft gewöhnlich nur aus den Blattunterseiten.	Die Spinnengewebe mit warmem Wasser von den Blättern abwaschen. Bei schwerem Befall mit Malathion oder Dicofol spritzen.

URSACHE	BEKÄMPFUNG
Schwarzfäule wird von mehreren Pilzarten verursacht, die bei hoher Luftfeuchtigkeit, niedrigen Temperaturen und stehender Nässe besonders gut gedeihen. Auch die Sämlings- oder Umfallkrankheit wird von Pilzen verursacht und befällt vor allem Sämlinge in Gemeinschaftstöpfen.	Befallene Pflanzen mit einem Fungizid wie Captan oder Zineb spritzen. Befallene Teile einschließlich des angrenzenden gesunden Gewebes entfernen und die Schnittstellen mit Kohlepuder oder Fungizid bestäuben. Schwer erkrankte Pflanzen vernichten.
Erreger der Blattfleckenkrankheit sind Pilze, die bei hoher Luftfeuchtigkeit gedeihen. Diese Krankheit wirkt sich auf Sämlinge verhängnisvoll aus, tötet ausgewachsene Exemplare jedoch nur selten.	Luftfeuchtigkeit herabsetzen und für gute Belüftung sorgen. Erkrankte Blätter abschneiden, Schnittstellen mit einem Fungizid bestäuben. Bis alle Symptome verschwunden sind, einmal wöchentlich mit Captan, Dichlofluanid, Maneb oder Zineb spritzen.
Grauschimmelfäule, nach ihrem Erreger auch Botrytis genannt, entsteht vor allem bei feuchter, kühler Witterung und ungenügender Luftzirkulation. Die mikroskopisch feinen Sporen werden durch Insekten, Wasser oder Hände übertragen. Die Pilze befallen vor allem ältere, welkende Blüten.	Befallene Blüten abschneiden und vernichten. Pflanzen mit Benomyl, Captan, Dichlofluanid, Ziram oder Zineb spritzen.
Es sind vor allem zwei Virus-Typen, die die Cymbidium-Mosaik- und die Dendrobium-Blattfleckenkrankheit verursachen und sich über die Leitungsbahnen der Pflanzen ausbreiten. Eine Übertragung dieser Infektionskrankheiten kann durch Berührung der Pflanzen untereinander, Hände, Werkzeuge oder saugende Insekten erfolgen. Es kommt vor, daß erkrankte Pflanzen keine Symptome zeigen.	Viruskrankheiten lassen sich nicht bekämpfen. Erkrankte Pflanzen müssen vernichtet werden. Beim Teilen muß vor jedem neuen Schnitt das Messer durch Erhitzen in einer Flamme sterilisiert werden; beim Eintopfen gebrauchte Geräte in eine 10%ige Bleichkalklösung tauchen.

Merkmale von 240 Orchideen

	BLÜTENFARBE					ANDERE EIGENTÜMLICHKEITEN						NACHT-TEMP.			LICHT			FEUCHTIGKEIT		BLÜTEZEIT				
	Weiß-Grün	Gelb-Orange	Rosa-Rot	Blau-Purpur	Vielfarbig	Epiphytisch	Terrestrisch	Sympodial	Monopodial	Laubwerfend	Immergrün	10°–13° C	13°–16° C	16°–18° C	Direkte Sonne	Indirektes oder gedämpftes Licht	Künstliche Beleuchtung	Mittel (40–60 %)	Hoch (über 60 %)	Frühling	Sommer	Herbst	Winter	Ganzjährig in Abständen
AËRANGIS CITRATA		●				●			●		●			●	●	●	●	●		●			●	
AËRANGIS RHODOSTICTA	●					●			●		●			●	●	●	●	●		●		●	●	
AËRANTHES GRANDIFLORA	●					●			●		●			●		●	●		●			●	●	
AËRIDES JAPONICUM	●			●		●			●		●		●					●		●				
AËRIDES ODORATUM	●		●			●			●		●			●		●			●		●	●		
AËRIDES VANDARUM	●					●			●		●		●	●		●			●				●	
ANGRAECUM DISTICHUM	●					●			●		●			●		●	●		●					●
ANGRAECUM SESQUIPEDALE	●					●			●		●		●			●			●				●	
ANGULOA CLOWESII		●					●	●		●		●				●		●	●		●			
ANGULOA RUCKERI	●	●	●				●	●		●		●				●		●	●	●				
ANSELLIA AFRICANA		●			●	●		●			●		●	●		●		●	●			●		
ARACHNIS FLOS-AËRIS		●		●		●			●		●			●	●	●		●	●		●			
x ASCOCENDA MEDA ARNOLD		●	●	●		●			●		●			●		●		●	●		●	●		
x ASCOCENDA TAN CHAI BENG			●			●			●		●			●		●		●	●	●				
x ASCOCENDA YIP SUM WAH		●	●			●			●		●			●		●		●	●		●			
ASCOCENTRUM AMPULLACEUM			●			●			●		●			●		●		●	●	●				
ASCOCENTRUM MINIATUM		●	●			●			●		●			●		●		●	●	●				
ASCOCENTRUM SAGARIK GOLD		●				●			●		●			●		●		●	●	●				
ASPASIA EPIDENDROIDES	●		●	●	●	●		●			●		●	●		●		●	●					
BARKERIA SPECTABILIS	●			●		●		●			●		●			●		●	●			●		
BIFRENARIA HARRISONIAE	●			●	●	●		●			●		●			●		●	●	●				
BLETILLA STRIATA			●				●	●		●						●		●	●					
BRASSAVOLA CORDATA	●					●		●			●			●		●		●	●		●	●		
BRASSAVOLA CUCULLATA	●					●		●			●			●	●	●		●	●					
BRASSAVOLA DIGBYANA	●	●				●		●			●			●		●		●	●		●	●		
BRASSAVOLA GLAUCA	●					●		●			●			●		●		●	●			●		
BRASSAVOLA NODOSA	●					●		●			●			●		●		●	●			●	●	●
BRASSIA CAUDATA	●	●			●	●		●			●			●		●		●	●		●			
BRASSIA LANCEANA	●	●				●		●			●			●		●		●	●		●			
BRASSIA LAWRENCEANA	●	●				●		●			●			●		●		●	●					
BRASSIA MACULATA	●			●	●	●		●			●			●		●		●	●		●			
BRASSIA VERRUCOSA	●			●	●	●		●			●			●		●		●	●					
x BRASSOLAELIOCATTLEYA ERMINE 'LINES'		●				●		●			●			●		●		●	●				●	
x BRASSOLAELIOCATTLEYA FORTUNE		●	●			●		●			●			●		●		●	●		●	●		
x BRASSOLAELIOCATTLEYA NORMAN'S BAY			●			●		●			●			●		●		●	●			●	●	
BROUGHTONIA SANGUINEA			●			●		●			●		●	●		●		●	●			●	●	
BULBOPHYLLUM LOBBII		●				●		●			●	●				●		●	●					
BULBOPHYLLUM VITIENSE	●	●				●		●			●	●				●		●	●			●		
CALANTHE VESTITA	●		●	●			●	●		●		●				●		●	●				●	
CATASETUM FIMBRIATUM	●	●			●	●		●		●				●		●		●	●	●		●		
CATTLEYA AURANTIACA		●				●		●			●			●		●		●	●		●			
CATTLEYA BOB BETTS	●	●				●		●			●			●		●		●	●					●
CATTLEYA BOWRINGIANA			●	●		●		●			●			●		●		●	●			●	●	
CATTLEYA CITRINA	●	●				●		●			●	●				●		●	●	●		●	●	
CATTLEYA GASKELLIANA			●			●		●			●			●		●		●		●				
CATTLEYA INTERMEDIA			●	●		●		●			●			●		●		●		●				
CATTLEYA LOUISE GEORGIANNA	●					●		●			●			●		●		●	●					
CATTLEYA LUTEOLA		●				●		●			●			●		●		●	●				●	●

	BLÜTENFARBE					ANDERE EIGENTÜMLICHKEITEN					NACHT-TEMP.			LICHT			FEUCHTIGKEIT		BLÜTEZEIT			
	Weiß-Grün	Gelb-Orange	Rosa-Rot	Blau-Purpur	Vielfarbig	Epiphytisch	Terrestrisch	Sympodial	Monopodial	Laubwerfend	Immergrün	10°–13° C	13°–16° C	16°–18° C	Direkte Sonne	Indirektes oder gedämpftes Licht	Künstliche Beleuchtung	Mittel (40–60 %)	Hoch (über 60 %)	Frühling	Sommer	Herbst	Winter	Ganzjährig in Abständen
CATTLEYA MOSSIAE			●		●	●		●			●		●	●		●	●	●		●				
CATTLEYA PERCIVALIANA		●	●	●	●	●		●			●		●		●		●	●					●	
CATTLEYA SKINNERI			●	●		●		●			●		●			●	●	●		●	●			
CATTLEYA TRIANAE	●		●	●		●		●			●		●			●	●	●					●	
CAULARTHRON BICORNUTUM	●		●			●		●			●			●	●		●	●		●	●			
CHYSIS AUREA		●			●	●		●		●			●			●	●	●		●				
CIRRHOPETALUM GUTTULATUM	●		●	●		●		●			●		●			●		●				●		
CIRRHOPETALUM LONGISSIMUM	●		●	●		●		●			●		●			●		●					●	
CIRRHOPETALUM MEDUSAE		●				●		●			●		●			●		●				●	●	
CIRRHOPETALUM ORNATISSIMUM	●	●	●	●	●	●		●			●		●			●		●				●	●	
CIRRHOPETALUM VAGINATUM	●					●		●			●		●			●		●					●	
COCHLIODA SANGUINEA		●	●			●		●			●	●	●			●		●	●	●		●	●	
COELOGYNE BARBATA	●			●	●	●		●			●	●				●	●	●	●				●	
COELOGYNE CORYMBOSA	●	●			●	●		●			●	●				●	●	●	●	●				
COELOGYNE CRISTATA	●	●			●	●		●			●	●				●	●	●	●				●	
COELOGYNE FLACCIDA		●	●		●	●		●			●	●				●	●	●	●				●	
COELOGYNE GRAMINIFOLIA	●			●	●	●		●			●	●	●			●	●	●	●				●	
COELOGYNE MASSANGEANA		●		●	●	●		●			●	●	●			●	●	●	●	●	●			
COELOGYNE OCHRACEA	●	●			●	●		●			●	●	●			●	●	●	●				●	
COELOGYNE PANDURATA	●	●		●	●	●		●			●		●			●	●	●	●	●				●
CYCNOCHES CHLOROCHILUM (Schwanen-Orchidee)	●			●		●		●		●			●		●	●	●	●			●			
CYMBIDIUM DEVONIANUM	●		●			●	●	●			●	●				●		●	●					
CYMBIDIUM EBURNEUM	●	●				●	●	●			●	●				●		●	●					
CYMBIDIUM FINLAYSONIANUM		●	●			●	●	●			●	●				●		●		●				
CYMBIDIUM HAWTESCENS		●				●	●	●			●	●				●		●	●					
CYMBIDIUM JUNGFRAU	●					●	●	●			●	●				●		●	●					
CYMBIDIUM PUMILUM	●		●		●	●		●			●	●	●			●	●	●						
CYMBIDIUM TIGRINUM	●		●		●	●		●			●	●				●		●						
CYPRIPEDIUM ACAULE (Frauenschuh)	●		●			●	●	●			●					●		●	●	●				
CYPRIPEDIUM CALCEOLUS (Frauenschuh)		●			●		●	●			●	●				●			●	●				
CYPRIPEDIUM REGINAE (Frauenschuh)	●				●		●	●			●	●				●			●					
CYRTORCHIS ARCUATA	●					●			●		●			●	●	●	●	●			●			
DENDROBIUM AGGREGATUM		●				●		●		●	●	●				●		●	●					
DENDROBIUM BIGIBBUM	●		●			●		●			●		●			●		●	●					
DENDROBIUM DENSIFLORUM		●				●		●			●		●			●		●	●					
DENDROBIUM GATTON SUNRAY		●	●			●		●			●		●			●		●	●	●				
DENDROBIUM HETEROCARPUM		●	●			●		●		●	●					●		●	●				●	
DENDROBIUM INFUNDIBULUM VAR. JAMESIANUM	●					●		●			●		●			●		●	●					
DENDROBIUM KINGIANUM	●		●			●		●			●	●	●			●		●	●					
DENDROBIUM LODDIGESII		●	●	●		●		●		●	●		●			●		●	●				●	
DENDROBIUM NOBILE	●		●	●		●		●		●			●			●		●	●	●			●	
DENDROBIUM PRIMULINUM		●		●		●		●		●			●			●		●	●					
DENDROBIUM PULCHELLUM		●	●	●	●	●		●			●		●			●		●	●					
DENDROBIUM SUPERBIENS			●	●		●		●			●		●			●		●	●		●			
DENDROBIUM WARDIANUM	●		●			●		●		●			●			●		●	●					
DENDROBIUM WILLIAMSONII	●			●		●		●			●		●			●		●	●					
DENDROCHILUM FILIFORME	●	●			●	●		●			●	●		●		●	●	●	●					
DORITIS PULCHERRIMA		●	●	●	●	●			●		●			●		●		●	●			●	●	

MERKMALE VON ORCHIDEEN: FORTSETZUNG

Art	Weiß-Grün	Gelb-Orange	Rosa-Rot	Blau-Purpur	Vielfarbig	Epiphytisch	Terrestrisch	Sympodial	Monopodial	Laubwerfend	Immergrün	10°–13°C	13°–16°C	16°–18°C	Direkte Sonne	Indirektes oder gedämpftes Licht	Künstliche Beleuchtung	Mittel (40–60 %)	Hoch (über 60 %)	Frühling	Sommer	Herbst	Winter	Ganzjährig in Abständen
ENCYCLIA COCHLEATA	●			●	●	●		●			●		●			●	●	●						●
ENCYCLIA CORDIGERA	●		●	●	●	●		●			●		●			●	●	●	●	●				
ENCYCLIA MARIAE	●				●	●		●			●		●			●	●	●			●			
ENCYCLIA PENTOTIS	●		●		●	●		●			●		●			●	●	●			●			
ENCYCLIA STAMFORDIANA	●	●	●		●	●		●			●		●			●	●	●	●				●	
ENCYCLIA TAMPENSIS	●		●	●	●	●		●			●		●			●	●	●						●
ENCYCLIA VITELLANA		●	●		●	●		●			●		●			●	●	●			●			
EPIDENDRUM CILIARE	●				●	●		●			●		●			●	●	●					●	
EPIDENDRUM NOCTURNUM	●	●			●	●		●			●		●			●	●	●					●	
EPIDENDRUM POLYBULBON	●		●		●	●		●			●		●			●	●	●	●				●	
EPIDENDRUM PSEUDOEPIDENDRUM		●			●	●		●			●		●			●	●	●				●	●	
EPIDENDRUM RADICANS		●	●		●	●		●			●		●			●	●	●						●
ERIA JAVANICA	●		●			●		●			●			●		●	●		●		●			
GASTROCHILUS BELLINUS	●		●	●	●	●			●		●	●				●		●			●		●	
GASTROCHILUS CALCEOLARIS		●	●	●	●	●			●		●	●				●					●			
GONGORA ARMENIACA		●			●	●		●			●		●			●	●	●				●		
GONGORA GALEATA		●			●	●		●			●		●			●	●	●				●		
HAEMARIA DISCOLOR	●						●	●			●			●		●	●		●				●	
HEXISEA BIDENTATA			●		●	●		●			●		●			●	●	●				●	●	
IONOPSIS UTRICULARIOIDES	●		●	●	●	●		●			●		●			●	●	●					●	
ISOCHILUS LINEARIS	●		●		●	●		●			●		●			●	●	●						●
LAELIA ANCEPS			●		●	●		●			●		●		●	●	●	●					●	
LAELIA AUTUMNALIS	●	●	●	●	●	●		●			●		●			●	●	●				●	●	
LAELIA CINNABARINA		●			●	●		●			●		●			●	●	●	●	●				
LAELIA CRISPA	●	●			●	●		●			●		●			●	●	●			●			
LAELIA LUNDII	●		●	●	●	●		●			●		●			●	●	●					●	
LAELIA PUMILA			●	●	●	●		●			●		●			●	●	●			●			
x LAELIOCATTLEYA ACONCAGUA	●			●	●	●		●			●		●			●	●	●				●	●	
x LAELIOCATTLEYA MARIETTA		●	●		●	●		●			●		●			●	●	●				●	●	
x LAELIOCATTLEYA QUEEN MARY		●		●	●	●		●			●		●			●	●	●				●	●	
LEPTOTES BICOLOR	●			●	●	●		●			●		●			●	●	●		●				
LOCKHARTIA ACUTA		●			●	●		●			●		●			●	●		●					
LOCKHARTIA LUNIFERA		●			●	●		●			●		●			●	●	●			●	●		
LOCKHARTIA OERSTEDTII		●	●		●	●		●			●		●			●	●	●						●
LYCASTE AROMATICA		●				●		●		●		●			●	●	●		●					
LYCASTE VIRGINALIS	●		●		●	●		●		●		●			●	●	●					●	●	
MASDEVALLIA CHIMAERA	●	●		●	●	●		●			●		●			●	●	●			●		●	●
MASDEVALLIA COCCINEA			●			●		●			●		●			●	●	●						
MASDEVALLIA ERYTHROCHAETE		●	●	●		●		●			●		●			●	●	●						
MASDEVALLIA INFRACTA		●	●			●		●			●		●			●	●	●						
MASDEVALLIA ROLFEANA		●	●			●		●			●		●			●	●	●				●		
MASDEVALLIA TOVARENSIS	●					●		●			●		●			●	●	●					●	●
MAXILLARIA LUTEO-ALBA	●	●				●		●			●		●			●	●	●		●	●			
MAXILLARIA OCHROLEUCA		●				●		●			●		●			●	●	●						
MAXILLARIA PICTA	●	●			●	●		●			●		●			●	●	●					●	
MAXILLARIA SANDERIANA	●		●		●	●		●			●		●			●	●	●			●			
MILTONIA CANDIDA	●	●		●	●	●		●			●		●			●	●	●				●		
MILTONIA CUNEATA	●	●		●	●	●		●			●		●			●	●	●		●				

	BLÜTEN-FARBE					ANDERE EIGENTÜMLICHKEITEN						NACHT-TEMP.			LICHT			FEUCH-TIGKEIT		BLÜTEZEIT				
	Weiß-Grün	Gelb-Orange	Rosa-Rot	Blau-Purpur	Vielfarbig	Epiphytisch	Terrestrisch	Sympodial	Monopodial	Laubwerfend	Immergrün	10°–13°C	13°–16°C	16°–18°C	Direkte Sonne	Indirektes oder gedämpftes Licht	Künstliche Beleuchtung	Mittel (40–60 %)	Hoch (über 60 %)	Frühling	Sommer	Herbst	Winter	Ganzjährig in Abständen
MILTONIA ROEZLII	●		●			●		●			●	●				●	●	●		●		●		
MILTONIA SPECTABILIS	●		●			●		●			●	●				●	●	●			●	●		
MORMODES IGNEUM	●	●	●			●		●	●				●			●	●	●		●			●	
MORMODES VARIABILIS			●			●		●	●				●			●	●	●		●			●	
MYSTACIDIUM CAPENSE	●					●			●		●		●			●	●	●	●					
NEOFINETIA FALCATA	●					●			●		●			●		●	●	●			●	●		
x ODONTIODA ENCHANSON			●			●		●			●	●				●	●	●		●				
x ODONTIODA MINEL	●		●			●		●			●	●				●	●	●			●			
x ODONTIODA PETRA 'COCCINEA'			●			●		●			●	●				●	●	●		●				
ODONTOGLOSSUM GRANDE		●	●		●	●		●			●	●	●			●	●	●		●		●		
ODONTOGLOSSUM PULCHELLUM	●					●		●			●	●				●	●	●				●		
x ODONTONIA OLGA 'DUCHESS OF YORK'	●					●		●			●	●	●			●		●		●				
x ODONTONIA BERLIOZ 'LECOUFLE'		●	●			●		●			●	●				●		●		●		●		
ONCIDIUM HASTATUM		●	●		●	●		●			●		●		●	●	●	●		●				
ONCIDIUM INCURVUM	●		●			●		●			●		●			●	●	●		●		●		
ONCIDIUM JONESIANUM	●				●	●		●			●		●		●	●	●	●		●				
ONCIDIUM LEUCOCHILUM	●		●			●		●			●		●			●	●	●	●					
ONCIDIUM PAPILIO		●				●		●			●		●		●	●	●	●						●
ONCIDIUM PUSILLUM		●				●		●			●		●		●	●	●	●						●
ONCIDIUM SPHACELATUM		●				●		●			●		●		●	●	●	●		●				
ONCIDIUM SPLENDIDUM		●				●		●			●		●		●	●	●	●	●					
ONCIDIUM TIGRINUM		●			●	●		●			●		●		●	●	●	●				●	●	
ONCIDIUM WENTWORTHIANUM		●			●	●		●			●		●	●		●	●	●				●	●	
PAPHIOPEDILUM BELLATULUM	●		●				●	●			●		●			●	●	●		●				
PAPHIOPEDILUM CHAMBERLAINIANUM	●	●	●		●		●	●			●	●				●	●	●						●
PAPHIOPEDILUM F. C. PUDDLE	●						●	●			●		●			●	●	●					●	●
PAPHIOPEDILUM FAIRIEANUM	●		●				●	●			●	●				●	●	●				●		
PAPHIOPEDILUM INSIGNE	●		●	●			●	●			●	●				●	●	●		●			●	
PAPHIOPEDILUM MILLER'S DAUGHTER	●	●					●	●			●		●			●	●	●						
PAPHIOPEDILUM NIVEUM	●		●				●	●			●		●			●	●	●	●					
PAPHIOPEDILUM SPICERIANUM	●	●					●	●			●		●			●	●	●					●	
PAPHIOPEDILUM SUKHAKULII	●	●					●	●			●			●		●	●	●					●	
PAPHIOPEDILUM VENUSTUM	●		●	●			●	●			●			●		●	●	●		●			●	
PESCATORIA CERINA	●	●				●		●			●		●			●		●	●	●	●			
PESCATORIA DAYANA	●		●			●		●			●		●			●		●			●			
PHAIUS TANCARVILLAE	●	●	●				●	●			●		●			●	●	●	●					
PHALAENOPSIS ALICE GLORIA	●					●			●		●			●		●	●	●	●				●	
PHALAENOPSIS APHRODITE	●			●		●			●		●			●		●	●	●	●				●	
PHALAENOPSIS CORNU-CERVI	●	●			●	●			●		●			●		●	●	●						●
PHALAENOPSIS DIANNE RIGG			●			●			●		●			●		●	●	●	●					
PHALAENOPSIS LUEDDEMANNIANA		●	●	●	●	●			●		●			●		●	●	●						
PHALAENOPSIS MANNII		●				●			●		●			●		●	●	●		●	●			
PHALAENOPSIS PARISHII	●					●			●		●			●		●	●	●						
PHALAENOPSIS ROSEA	●		●			●			●		●			●		●	●	●						●
PHALAENOPSIS STUARTIANA	●	●			●	●			●		●			●		●	●	●				●	●	
PHALAENOPSIS VIOLACEA	●			●		●			●		●			●		●	●	●						
PHOLIDOTA IMBRICATA	●	●				●		●			●		●			●	●	●		●				
PHRAGMIPEDIUM CAUDATUM VAR. SANDERAE		●	●		●		●	●			●		●			●	●	●		●	●	●		

MERKMALE VON ORCHIDEEN: FORTSETZUNG

Art	Weiß-Grün	Gelb-Orange	Rosa-Rot	Blau-Purpur	Vielfarbig	Epiphytisch	Terrestrisch	Sympodial	Monopodial	Laubwerfend	Immergrün	10°–13°C	13°–16°C	16°–18°C	Direkte Sonne	Indirektes oder gedämpftes Licht	Künstliche Beleuchtung	Mittel (40–60%)	Hoch (über 60%)	Frühling	Sommer	Herbst	Winter	Ganzjährig in Abständen
PHRAGMIPEDIUM SCHLIMII	●		●				●	●			●		●			●	●	●		●	●			
PLEIONE BULBOCODIOIDES	●		●	●	●		●	●		●			●			●			●	●				
PLEIONE FORRESTII		●	●				●	●		●			●			●			●	●				
PLEIONE MACULATA	●						●	●		●			●			●			●			●		
PLEIONE PRAECOX		●	●				●	●		●			●			●			●			●		
PLEUROTHALLIS GROBYI	●	●				●		●			●		●			●	●	●		●	●			
PLEUROTHALLIS RUBENS		●				●		●			●		●			●		●		●				
PROMENAEA XANTHINA		●	●			●		●			●	●				●		●		●				
RENANTHERA COCCINEA			●			●			●		●			●	●	●		●	●	●	●			
RENANTHERA IMSCHOOTIANA			●			●			●		●			●	●			●	●	●	●			
RHYNCHOSTYLIS GIGANTEA	●		●	●		●			●		●			●		●		●	●			●	●	
RHYNCHOSTYLIS RETUSA	●		●			●			●		●			●		●		●	●		●			
RODRIGUEZIA SECUNDA		●				●		●			●		●			●	●	●						●
RODRIGUEZIA VENUSTA	●		●			●		●			●		●			●		●			●			
SACCOLABIUM ACUTIFOLIUM	●		●			●			●		●			●		●		●	●	●				
SCHOMBURGKIA LYONSII	●			●		●		●			●			●	●	●		●			●	●		
SCHOMBURGKIA TIBICINIS		●		●	●	●		●			●			●	●	●		●			●	●		
SCHOMBURGKIA UNDULATA			●		●	●		●			●			●	●	●		●			●		●	
SOBRALIA MACRANTHA		●	●				●	●			●		●			●		●	●	●	●			
x SOPHROLAELIOCATTLEYA ANZAC 'ORCHIDHURST'		●	●			●		●			●		●			●	●	●		●				
x SOPHROLAELIOCATTLEYA JEWEL BOX 'DARK WATERS'			●			●		●			●		●			●	●	●		●				
x SOPHROLAELIOCATTLEYA JEWEL BOX 'SCHEHERAZADE'		●	●			●		●			●		●			●	●	●		●				
x SOPHROLAELIOCATTLEYA PAPRIKA 'BLACK MAGIC'			●			●		●			●		●			●	●	●		●				
SOPHRONITIS COCCINEA			●			●		●			●		●			●	●	●				●	●	
STANHOPEA HERNANDEZII		●	●			●		●			●			●		●		●			●			
STANHOPEA WARDII		●	●		●	●		●			●			●		●		●			●			
THUNIA BRACTEATA	●						●	●		●			●	●		●		●			●			
THUNIA MARSHALLIANA	●						●	●		●			●	●		●		●			●			
TRICHOGLOTTIS PHILIPPINENSIS VAR. BRACHIATA	●	●	●			●			●		●			●	●	●		●	●					
TRICHOPILIA SUAVIS	●		●			●		●			●		●			●	●	●		●				
TRICHOPILIA TORTILIS	●			●	●	●		●			●		●			●		●					●	
VANDA COERULEA				●		●			●		●		●	●		●		●				●	●	
VANDA CRISTATA	●		●			●			●		●		●	●		●		●		●			●	
VANDA ROTHSCHILDIANA				●		●			●		●		●	●		●		●						●
VANDA SANDERIANA	●		●		●	●			●		●		●	●		●		●			●			
VANDA TERES			●			●			●		●		●	●		●		●	●					
VANDA TRICOLOR VAR. SUAVIS	●		●		●	●			●		●		●	●		●		●					●	
VANDOPSIS PARISHII	●	●	●		●	●			●		●			●	●	●		●			●			
VANILLA PLANIFOLIA (Echte Vanille)	●	●				●			●		●			●		●		●						●
x VUYLSTEKEARA CAMBRIA 'PLUSH'		●	●			●		●			●	●				●	●	●	●				●	
x VUYLSTEKEARA MONICA 'BURNHAM'			●	●		●		●			●	●				●	●	●	●				●	
x WILSONARA LYOTH 'GOLD'		●				●		●			●	●	●			●		●				●	●	
x WILSONARA TANGERINE		●				●		●			●	●	●			●		●				●	●	
x WILSONARA WENDY			●			●		●			●	●	●			●		●	●				●	
x WILSONARA WIDECOMBE FAIR	●		●			●		●			●	●	●			●		●	●				●	
ZYGOPETALUM DISCOLOR	●	●			●	●		●			●		●			●	●	●			●			
ZYGOPETALUM INTERMEDIUM	●			●	●	●		●			●		●			●	●	●					●	
ZYGOPETALUM MACKAII	●			●	●	●		●			●		●			●	●	●		●		●	●	

Bibliographie

Allan, Mea: *Darwin and his Flowers*. Faber and Faber Ltd., 1977
American Orchid Society, Inc.: *Growing Orchids Indoors*. AOS, 1969
American Orchid Society, Inc.: *Handbook on Judging and Exhibition*. AOS, 1969
American Orchid Society, Inc.: *Handbook on Orchid Culture*. AOS, 1976
American Orchid Society, Inc.: *Handbook on Orchid Pests and Diseases*. AOS, 1975
American Orchid Society, Inc.: *Meristem Tissue Culture*. AOS, 1969
American Orchid Society, Inc.: *An Orchidist's Glossary*. AOS, 1974
Bailey, Ralph: *The Good Housekeeping Illustrated Encyclopedia of Gardening*. The Hearst Corp., 1972
Blowers, John W.: *Pictorial Orchid Growing*. John W. Blowers, 1966
Bowen, Leslie: *The Art and Craft of Orchid Growing*. Batsford, 1976
Boyle, Louis M.: *Cymbidium Orchids for You*. Louis M. Boyle, 1950
Briscoe, T. W.: *Orchids for Amateurs*. W. H. & L. Collingridge, Ltd., 1948
Brooklyn Botanic Garden: *Handbook on Orchids*. BBG, 1967
Burnett, Harry C.: *Orchid Diseases*, Bulletin 10, Florida Department of Agriculture and Consumer Services, 1974
Chittenden, Fred J. (Hrsg.): *The Royal Horticultural Society Dictionary of Gardening*. Oxford University Press, 1956
Craighead, Frank: *Orchids and Other Air Plants*. University of Miami Press, 1963
Crockett, James U.: *Greenhouse Gardening as a Hobby*. Doubleday, 1961
Dodson, Calaway H. und Gillespie, Robert J.: *The Biology of the Orchids*. The Mid-America Orchid Congress, Inc., 1967
Dunsterville, G. C. K.: *Introduction to the World of Orchids*. Doubleday & Co., 1964
Eigeldinger, O. und Murphy, L. S.: *Orchids: A Complete Guide to Cultivation*. John Gifford, Ltd., 1971
Everett, T. H.: *New Illustrated Encyclopedia of Gardening*. Greystone Press, 1960
Fennell, T. A., Jr.: *Orchids for Home and Garden*. Verbesserte Aufl., Rinehart and Co., Inc., 1959
Freed, Hugo: *Orchids and Serendipity*. Prentice Hall, Inc., 1970
Graf, Alfred Byrd: *Exotic Plant Manual*. Roehrs Co., Inc., 1974
Graf, Alfred Byrd: *Exotica*. 3. Folge. Roehrs Co., Inc., 8. Aufl. 1976
Hawkes, Alex D.: *Encyclopedia of Cultivated Orchids*. Faber and Faber Ltd., 1965
Hawkes, Alex D.: *Orchids: Their Botany and Culture*. Harper and Brothers, 1961
International Orchid Commision: *Handbook on Orchid Nomenclature and Registration*. Royal Horticultural Society, 1976
Irvine, William: *Apes, Angels and Victorians*. McGraw Hill Book Co., Inc. 1955
Kijima, Takashi: *The Orchid*. Kodansha, 1975
Kramer, Jack: *Growing Orchids at your Window*. D. Van Nostrand Co., Inc., 1963
Kramer, Jack: *Orchids: Flowers of Romance and Mystery*. Harry N. Abrams, Inc, 1975
Logan, Harry B. und Cosper, Lloyd C.: *Orchids Are Easy to Grow*. Ziff-Davis Publishing Co., 1949
Luer, Carlyle: *The Native Orchids of the U.S. and Canada*. New York Botanical Garden, 1975

Mansfeld, Rudolf: *Orchidaceae*. In: Encke, Fritz (Hrsg.): *Pareys Blumengärtnerei*. Bd. 1, 2. Aufl., Verlag Paul Parey, Hamburg und Berlin 1953
Noble, Mary: *Florida Orchids*. Florida State Department of Agriculture, 1951
Noble, Mary: *You Can Grow Cattleya Orchids*. Mary Noble, 1968
Noble, Mary: *You Can Grow Orchids*. Mary Noble, 4. verb. Aufl. 1975
Noble, Mary: *You Can Grow Phalaenopsis Orchids*. Mary Noble, 1971
Northen, Rebecca Tyson: *Home Orchid Growing*. D. Van Nostrand Reinhold Co., 1971
Northen, Rebecca Tyson: *Orchids as House Plants*. Dover Publications, Inc., 2. verb. Aufl. 1976
Oregon Orchid Society, Inc.: *Your First Orchids and How to Grow Them*. OOS, 6. verb. Aufl. 1977
Pacific Orchid Society of Hawaii: *Handbook for the Growing of Orchids in Hawaii*. POS of Hawaii, 1962
Parkinson, John: *Theatrum Botanicum: The Theatre of Plants*. Thomas Cotes, 1640
Paul, Michel: *Orchids*. Merlin Press, 1964
Ratcliffe, Edna: *The Enchantment of Paphiopedilums*. Leach's of Abington, 1977
The Reader's Digest Association, Ltd.: *Reader's Digest Encyclopedia of Garden Plants and Flowers*. RDA, 1975
Reinikka, Merle A.: *A History of the Orchid*. University of Miami Press, 1972
Richter, Walter: *Die schönsten aber sind Orchideen*. Neumann-Naudamm, Melsungen, 5. Aufl. 1975
Richter, Walter: *Orchideen pflegen, vermehren, züchten*. Neumann-Neudamm, Melsungen, 3. Aufl. 1974
Rysy, Wolfgang: *Orchideen. Tropische Orchideen für Zimmer und Gewächshaus*. BLV, München 1978
Sander, C. F., F. K. und L.L.: *Sanders' Orchid Guide*. Sanders, 1927
Sander, David: *Orchids and Their Cultivation*. International Publications Service, 7. Aufl. 1969
Sander, David E.: *Sanders' Complete List of Orchid Hybrids*. Royal Horticultural Society, 1977
Schlechter, Rudolf: *Die Orchideen. Ihre Beschreibung, Kultur und Züchtung*. 3. Aufl., hrsg. von Brieger, F. G., Maatsch, R. und Senghaas, R., Verlag Paul Parey, Hamburg und Berlin 1970 f.
Shutterworth, Floyd, S., Zim, Herbert S. und Dillon, Gordon W.: *Orchideen. Wildwachsende Arten aus aller Welt*. Delphin Verlag, Stuttgart 1973
Staff of the L. H. Bailey Hortorium, Cornell University: *Hortus Third: A. Dictionary of Plants Cultivated in the United States and Canada*. Macmillan Publishing Co., Inc., 1976
Sunset Editors: *How to Grow Orchids*. Lane Publishing Co., 1976
Swinson, Arthur: *Frederick Sander: The Orchid King*. Hodder & Stoughton, 1970
Van der Pijl, L. und Dodson, Calaway H.: *Orchid Flowers: Their Pollination and Evolution*. University of Miami Press, 1966
Veitch and Sons: *A Manual of Orchidaceous Plants*. H. M. Pollett and Co., 1887
Williams, Henry: *The Orchid Grower's Manual*. Victoria and Paradise Nurseries, 1894
Withner, Carl: *The Orchids. Scientific Studies*. Wiley and Sons, 1974
Zander, Robert: *Handwörterbuch der Pflanzennamen und ihre Erklärungen*. Eugen Ulmer, Stuttgart, 10. Aufl. 1972

Quellennachweis der Abbildungen

Die Quellen der in diesem Buch wiedergegebenen Abbildungen werden im folgenden aufgeführt. Die Nachweise sind für Bilder von links nach rechts durch Semikolons, für solche von oben nach unten durch Gedankenstriche getrennt. Einband – Tom Tracy. 4 – William Skelsey. 6 – Derek Bayes, mit Genehmigung der Lindley Library, Royal Horticultural Society, London. 8,9 – Steve Tuttle, aus dem *Theatrum Botanicum* von John Parkinson, 1640, mit Genehmigung der U.S. National Agricultural Library. 11 – Derek Bayes, mit Genehmigung der Lindley Library, Royal Horticultural Society, London. 13 – Zeichnungen von Kathy Rebeiz. 17 – Edward S. Ross. 18 – Kjell B. Sandved, Smithsonian Instituion – Edward S. Ross. 19 – Kjell B. Sandved, Smithsonian Institution – Z. Leszczynski, © Earth Scenes. 20, 21 – Kjell B. Sandved, Smithsonian Institution. 22 – Enrico Ferorelli. 25 – Richard Jeffery. 29, 31, 32 – Zeichnungen von Kathy Rebeiz. 35 bis 46 – Enrico Ferorelli. 48 – Norman Bancroft-Hunt. 53 bis 61 – Zeichnungen von Kathy Rebeiz. 63 – John Zimmermann. 64 – Enrico Ferorelli. 65 – Tom Tracy. 66, 67, – Tom Tracy. 68, 69 – Henry Groskinsky. 70 – Enrico Ferorelli. 73, 75 – Zeichnungen von Kathy Rebeiz. 77 – Mit Genehmigung von R. & E. Ratcliffe (Orchids) Ltd.; (2) – Patrick Thurston, mit Genehmigung von R. & E. Ratcliffe (Orchids) Ltd., mit Genehmigung von R. & E. Ratcliffe (Orchids) Ltd. – mit Genehmigung von R. & E. Ratcliffe (Orchids) Ltd.; mit Genehmigung der Orchid Society of Great Britain. 78 – Mit Genehmigung von R. & E. Ratcliffe (Orchids) Ltd. – Patrick Thurston, mit Genehmigung von R. & E. Ratcliffe (Orchids) Ltd.; (2) – mit Genehmigung von R. & E. Ratcliffe (Orchids) Ltd.; mit Genehmigung von R. & E. Ratcliffe (Orchids) Ltd. – Patrick Thurston, mit Genehmigung von R. & E. Ratcliffe (Orchids) Ltd. 79 – Mit Genehmigung von R. & E. Ratcliffe (Orchids) Ltd. 81, 82 – Zeichnungen von Kathy Rebeiz. 84 – Illustration von Richard Crist. 86 bis 145 – Illustrationen in alphabetischer Reihenfolge von: Norman Bancroft-Hunt, Adolph E. Brotman, Richard Crist, Susan M. Johnston, Mary Kellner, Gwen Leighton, Trudy Nicholson, Carolyn Pickett, Eduardo Salgado, Ray Skibinski, Kathleen Smith of the Garden Studio, London. 146 – Illustrationen von Susan M. Johnston.

Danksagungen

Der besondere Dank der Herausgeber gilt Mrs. Lizzie Boyd, Kingston-upon-Thames, Surrey. Außerdem danken sie den folgenden Personen und Institutionen: Robinson P. Abbot, Silver Springs, Maryland; Clive Atyeo, Vienna, Virginia; Roy Bogan, Finksburg, Maryland; Tony Bos, Jones and Scully, Inc., Miami, Florida; Miss Audrey Brooks, RHS Garden, Wisley, Surrey; Eric Crichton, London; Dr. O. Wesley Davidson, North Brunswick, New Jersey; Curtis T. Ewing, Clarksville, Maryland; Martin Finney, RHS Garden, Wisley, Surrey; Emily Friedman, Los Angeles, Kalifornien; Dr. Allan Fusonie, Rare Book Collection, National Agricultural Library, Beltsville, Maryland; John und Nancy Gardner, Ellicott City, Maryland; Andy Gay, Jones and Scully, Ltd., Miami, Florida; Hillwood Orchid Collection, Washington, D. C.; Mr. und Mrs. Richard Hoffman, Springfield, Virginia; Ilgenfritz Orchids, Great Lakes Orchids, Inc., Monroe, Michigan; Wallace Jackson, London; Mr. und Mrs. Chet Kasprzak, Rockville, Maryland; Chester Kawakami, South River Orchids, Edgewater, Maryland; Mr. und Mrs. Howard W. King, Baltimore, Maryland; Dr. Roger Lawson, Pflanzenvirologe, USDA Beltsville Agricultural Research Center, Beltsville, Maryland; Lornie Leete-Hodge, Devizes, Wiltshire; Louis und Sophia Martin, Fulton, Maryland; Mary Noble McQuerry, Jacksonville, Florida; Edward J. Neuberger, Clarksville, Maryland; Winona O'Connor, London; Orchids by Hausermann, Inc., Elmhurst, Illinois; Michel Paul, Aalsmeer, Niederlande; Jim Pendelton, The Good Earth Nursery, Inc., Falls Church, Virginia; Richard Peterson, American Orchid Society, Inc., Cambridge, Massachusetts; Staff der Progagation Range, New York Botanical Garden, Bronx, New York; Edna Ratcliffe, R. & E. Ratcliffe, Ltd., Chilton, Didcot, Berkshire; Don Richardson, Greentree, Manhasset, New York; Harold Ripley, San Francisco, Kalifornien; Bob Russa, Propagation Range, New York Botanical Garden, Bronx, New York; S. & G. Exotic Plant Co., Beverly, Massachusetts; Mr. und Mrs. Gordon Sawyer, Los Angeles, Kalifornien; Elinor S. Yocom, Naples, Florida.

Register

Kursiv gesetzte Seitenzahlen verweisen auf eine Abbildung zum betreffenden Stichwort.

A

Abkürzungen, gebräuchliche, 27
Abstützen, 54, *55*
Aceras anthropophorum, *8*
Aërangis, 86
Aërangis citrata, 86
Aërangis rhodosticta, 86
Aëranthes, 86–87
Aëranthes grandiflora, 86
Aërides, 87, 142
Aërides japonicum, 87
Aërides odoratum, 87
Aërides retusum. Siehe Rhynchostylis retusa
Aërides vandarum, 87
Agar-Agar, 15, 76, *81*
Algen, 48
Alkohol, denaturierter, 147
Alter, von Orchideen, 75
Ameisen, 147
American Orchid Society, 27
Anatomie, der Blüten, 11–12, *13*
Angraecum, 88
Angraecum arcuatum. Siehe Cyrtorchis arcuata
Angraecum distichum, 88
Angraecum distichum, Montieren auf Unterlage, 56
Angraecum falcatum. Siehe Neofinetia falcata
Angraecum sesquipedale, *14*, 88
Angraelopsis falcata. Siehe Neofinetia falcata
Anguloa, 88–89
Anguloa clowesii, 88
Anguloa hernandezii. Siehe Stanhopea hernandezii
Anguloa ruckeri, *45*, 88–89
Anlocken, von Insekten, 16, *17–21*
Anoectochilus discolor. Siehe Haemaria discolor
Ansellia, 89
Ansellia africana, 89
Ansteckblüten, 61
Anthere, 12, *13*, 80, *82*
Anzeichen für Krankheiten, 29
Aquarien, 49
Arachnis, 89–90, 143
Arachnis flos-aëris, 89–90
Artbezeichnung, 26, 85
Arten, 14, 26, 85
x *Ascocenda*, *46*, 90–91
x *Ascocenda* Meda Arnold, *90*
x *Ascocenda* Tan Chai Beng, 90
x *Ascocenda* Yip Sum Wah, 90
Ascocentrum, 91, 142
Asocentrum ampullaceum, 91
Ascocentrum miniatum, 91
Ascocentrum Sagarik Gold, 91
Aspasia, 91–92
Aspasia epidendroides, *91–92*
Aspasia fragrans. Siehe Aspasia epidendroides
Äste, Baum-, als Unterlage, 56, *57*, 62, *69*
Aufhängen von Orchideen, 56, *57. Siehe auch* Orchideenkörbe
Aufstellen, von Orchideen, 30
Aufstellen, von Orchideen, auf Bänken, *53*, 62
Aufstellen, von Orchideen, in Fenstern, 62, *63, 64, 66*
Auge, *31*
Auge, ruhendes, 72–73
Auswahl, von Orchideen, 23, 75–76
Auszeichnungen, 27

Automatische Kontrollen, 32, 33, 62
Award of Distinction, 27
Award of Merit, 27
Award of Quality, 27

B

Bakterielle Krankheiten, 29, 60
Bakterien, Abtöten von, 80
Bakterien, bei der Aussaat, 15
Bank, für Orchideen, *53*, 62
Barkeria, 92
Barkeria lindleyana var. *spectabilis. Siehe Barkeria spectabilis*
Barkeria spectabilis, *92*
Baumäste, als Unterlage, 56, *57*, 62, *69*
Baumfarn, Fasern von, 51
Baumfarn, Stammstücke von, 56, *57*
Bedingungen, klimatische, 10–11
Beete, für Orchideen, 62, *63*
Behälter, 50–51, 62
Behälter, hängende, *32, 46,* 56, *57, 59,* 62
Behandlung, von Sämlingen, 76, 80, *81*
Beleuchtung, künstliche, 24, 32, 33, 62
Beleuchtung, Steigerung durch Reflexion, 30
Beleuchtungsanlagen, 33
Belüftung. *Siehe* Luftzirkulation
Benomyl (Pflanzenschutzmittel), 147
Beschatten, von Orchideen, 30, 32, 50, 64
Beschneiden, von Orchideen, 61
Besprühen, mit Dünger, 49, 59
Besprühen, mit Wasser, 48–49, 55, 57, 58, 66, 74, 80
Bestäuber, *14*, 16, *17–21*
Bestäubung, 10, 12, 13, 14, 16, *17–21*, 71, 80–81, *82*
Bewurzelungspulver, 73, 74
Bienen, 12, 16, *18, 19*, 21
Bifrenaria, 92–93
Bifrenaria harrisoniae, 92–93
Bigenerische Hybriden, 27
Blätter, gesunde, 28
Blattfärbung, 28, 60, 61
Blattfleckenkrankheit, *Tabelle* 146–147
Blattformen, *40–43*
Blattläuse, 16, 29, *Tabelle* 146–147
Blattwachstum, *31*
Bletia hyacinthina. Siehe Bletilla striata
Bletilla, 93
Bletilla hyacinthina. Siehe Bletilla striata
Bletilla striata, 93
Bloße Wurzeln, Pflanzen mit, 28
Bloße Wurzeln, Sämlinge mit, 76, 80, *81*
Blühfähige Pflanzen, 28, 75
Blumenausstellungen, 27
Blüten, deformierte, 61
Blüten, Haltbarkeit von, 61
Blüten, Schneiden von, 61
Blüten, ungewöhnliche, *44–45*
Blütenfarben, 8, 71, 83
Blütenformen, 8, 11–12, *13, 35–39, 44–45*
Blütengrößen, 7, 8
Blütenknospen, 28, *29*
Blütenstandsscheide, *29, 31*
Blütenstrukturen, 11–12, *13*
Blütezeiten, 7, 25
Bock, Hieronymus, 34
Bocks-Riemenzunge, *9*
Bodenfeuchtigkeit, 57
Borke, gemahlene, 51–52, 80, *81*
Borkenstücke, von Kork-Eichen, 56, *57,* 62, *68*
Botrytis, 147
Brassavola, 26, 93–94
Brassavola cordata, 93
Brassavola cucullata, 93, *94*
Brassavola digbyana, *41,* 93, *94*
Brassavola digbyana, Montieren auf Unterlage, 56

Brassavola glauca, 93, *94*
Brassavola nodosa, 93, *94*
Brassavola nodosa, Montieren auf Unterlage, 56
Brassia, 94–95, 122
Brassia caudata, 94, *95*
Brassia guttata. Siehe Brassia maculata
Brassia lanceana, *84*, 94
Brassia lawrenceana, 94, 95
Brassia maculata, 94, *95*
Brassia verrucosa, 94, *95*
x *Brassolaeliocattleya*, 26, 95–96
x *Brassolaeliocattleya* Ermine 'Lines', 95
x *Brassolaeliocattleya* Fortune, 95
x *Brassolaeliocattleya* Norman's Bay, 95, *96*
Broughtonia, 96
Broughtonia sanguinea, *96*
Broughtonia sanguinea, Montieren auf Unterlage, 56
Bulbophyllum, 96–97, 101. *Siehe auch Cirrhopetalum*
Bulbophyllum lobbii, 96, *97*
Bulbophyllum vitiense, 96, 97
Burroughs, John, 34

C

Calanthe, *14*, 97–98
Calanthe vestita, 97–98
Calopogon tuberosus, 19
Captan (Pflanzenschutzmittel), 147
Catasetum, 16, *18*, 98
Catasetum fimbriatum, 98
Cattley, William, 9
Cattleya, 7, 9, 11, 28, 34, *63,* 64, 83, 95, 98–100, 116, 117, 138
Cattleya aurantiaca, *44,* 98, *99*
Cattleya, Bestäubung, 80–81
Cattleya, Blütenform, *13*
Cattleya Bob Betts, 98, *99*
Cattleya bowringiana, 98, *99*
Cattleya citrina, 98, *99,* 100
Cattleya gaskelliana, *90,* 99
Cattleya, Gießen, 58
Cattleya intermedia, 98, *99*
Cattleya labiata, 71
Cattleya labiata var. *autumnalis*, 9
Cattleya labiata var. *gaskelliana. Siehe Cattleya gaskelliana*
Cattleya labiata var. *mossiae. Siehe Cattleya mossiae*
Cattleya labiata var. *percivaliana. Siehe Cattleya percivaliana*
Cattleya labiata var. *trianae. Siehe Cattleya trianae*
Cattleya, Lichtbedarf, 33
Cattleya Louise Georgianna, 98, *99*
Cattleya luteola, 98, *99*
Cattleya mossiae, 98, *99*
Cattleya percivaliana, 98, *99,* 100
Cattleya skinneri, 98, *99, 100*
Cattleya, Temperaturen für, 23
Cattleya trianae, 98, *99*
Cattleya, Wachstumsbedingungen, 23
Cattleya, Wachstumsgeschwindigkeit, 75
Cattleya, Wachstumszyklus, *31*
Cattleya-Fliege, 29
Cattleya-Hybriden, 26, *46*
Caularthron, 100
Caularthron bicornutum, *100*
Certificate of Botanical Recognition, 27
Certificate of Horticultural Merit, 27
Chlor, 58
Chysis, 101
Chysis aurea, *101*
Chysis aurea, Eintopfen von, 56
Cirrhopetalum, 101–102
Cirrhopetalum guttulatum, 101
Cirrhopetalum longissimum, 101
Cirrhopetalum medusae, *101*–102

155

Cirrhopetalum ornatissimum, 101, 102
Cirrhopetalum umbellatum. Siehe *Cirrhopetalum guttulatum*
Cirrhopetalum vaginatum, 101, 102
Cochlioda, 102, 122, 124, 144
Cochlioda sanguinea, 102
Coelogyne, 102–103
Coelogyne barbata, 102–103
Coelogyne corymbosa, 102, 103
Coelogyne cristata, *102*, 103
Coelogyne flaccida, 102, 103
Coelogyne graminifolia, 102, 103
Coelogyne, Lichtbedarf, 24
Coelogyne massangeana, 102, 103
Coelogyne nitida, 34
Coelogyne ochracea, 102, 103
Coelogyne pandurata, 102, *103*
Columna. Siehe Säule
Copley-Medaille, 12
Coryanthes-Arten, 16
Cycnoches, 103–104
Cycnoches chlorochilum, 14, *103*–104
Cymbidium, 8, *63*, 104–105
Cymbidium devonianum, 104
Cymbidium eburneum, 104
Cymbidium finlaysonianum, *104*
Cymbidium Hawtescens, 104–105
Cymbidium Jungfrau, 104–*105*
Cymbidium, Kultur im Gewächshaus, 25
Cymbidium pumilum, 104, 105
Cymbidium syringodorum. Siehe *Cymbidium eburneum*
Cymbidium tigrinum, 104, 105
Cymbidium, Wachstumsbedingungen, 23
Cymbidium-Mosaikkrankheit, Tabelle 146–147
Cypripedium, 105–106
Cypripedium acaule, *18*, 105, 106
Cypripedium calceolus, 105–106
Cypripedium reginae, 105, 106
Cyrtochilum leucochilum. Siehe *Oncidium leucochilum*
Cyrtorchis, 106
Cyrtorchis arcuata, *37*, *106*

D

Darwin, Charles, 12, 14, 16
Dendrobium, 107–109
Dendrobium aggregatum, *107*, 108
Dendrobium aureum. Siehe *Dendrobium heterocarpum*
Dendrobium bigibbum, 107
Dendrobium dalhousieanum. Siehe *Dendrobium pulchellum*
Dendrobium densiflorum, 107
Dendrobium, Eintopfen von, 51
Dendrobium Gatton Sunray, 107, *108*
Dendrobium, Gießen von, 58
Dendrobium heterocarpum, 107
Dendrobium infundibulum var. *jamesianum*, 107
Dendrobium jamesianum. Siehe *Dendrobium infundibulum* var. *jamesianum*
Dendrobium kingianum, 107, 108
Dendrobium loddigesii, 107–108
Dendrobium nobile, 107, *108*
Dendrobium pendulum. Siehe *Dendrobium wardianum*
Dendrobium primulinum, 107–108
Dendrobium pulchellum, *37*, 107, 108
Dendrobium superbiens, 107, 108
Dendrobium, Temperatur für, 23
Dendrobium wardianum, 107, 108
Dendrobium williamsonii, 107, 108
Dendrobium-Käfer, 29
Dendrochilum, 109
Dendrochilum filiforme, *109*
Derris (Pflanzenschutzmittel), 147
Desinfizieren. Siehe Sterilisieren

Deutsche Namen, 25, 85
Deutsche Orchideen-Gesellschaft, 27
Devonshire, Herzog von, 10
Diacrium bicornutum. Siehe *Caularthron bicornutum*
Dichlofluanid (Pflanzenschutzmittel), 147
Dicofol (Pflanzenschutzmittel), 147
Dinema polybulbon. Siehe *Epidendrum polybulbon*
Dominy, John, 14, 83
Doritis, 109–110
Doritis pulcherrima, *109*–110
Drahtkörbe, als Pflanzbehälter, *32*, 56, *59*
Dränage, 54
Dränage, Verbessern der, 51
Dränagelöcher, 51
Dschungelpflanzen, 10
Duft, 7, 16, 19
Düngen, 58–59
Düngen, von Sämlingen, 80
Dünger, 30, 52, 58–59, 85
Dünger, Flüssig-, 49, 58, 59, 74
Dünger, langsam wirkender, 58, 59
Düngersalze, 30, 57, 59

E

Echte Vanille. Siehe *Vanilla planifolia*
Einkauf, per Katalog, 27–28
Einkauf, von Orchideen, 27–28, 75–76
Einkauf, von Sämlingen, 28, 75–76
Eintauchen, in Wasser, 30
Eintopfen, 30, 52–53, 54–55
Eintopfen, geeignete Substrate, 28, 51–52, 59, 85
Eintopfen, ungeeignete Substrate, 10
Encyclia, 110–111
Encyclia citrina. Siehe *Cattleya citrina*
Encyclia cochleata, *110*
Encyclia cordigera, *41*, 110
Encyclia mariae, 110
Encyclia pentotis, 110
Encyclia stamfordiana, 110, 111
Encyclia tampensis, 110, 111
Encyclia tampensis, Montieren auf Unterlage, 56
Encyclia vitellina, 110, 111
x *Epicattleya*, 26
Epidendrum, 26, 92, 111–112. Siehe auch *Encyclia*
Epidendrum bicornutum. Siehe *Caularthron bicornutum*
Epidendrum ciliare, *111*
Epidendrum flos-aëris. Siehe *Arachnis flos-aëris*
Epidendrum ibaguense. Siehe *Epidendrum radicans*
Epidendrum, Lichtbedarf, 33
Epidendrum lindleyanum var. *spectabilis*. Siehe *Barkeria spectabilis*
Epidendrum nocturnum, 111
Epidendrum polybulbon, 111–112
Epidendrum pseudepidendrum, *36*, *111*, 112
Epidendrum radicans, 111, *112*
Epidendrum spectabilis. Siehe *Barkeria spectabilis*
Epidendrum, Temperatur für, 23
Epidendrum, Vermehrung, 74
Epipactis gigantea, 17
Epiphytische Orchideen, 10, 11, 85
Epiphytische Orchideen, Eintopfen von, 55–56, *57*, *59*
Epiphytische Orchideen, Gießen von, 56
Epiphytische Orchideen, auf Unterlagen montierte, 68–69
Epiphytische Orchideen, Substrate für, 52
Epiphytische Orchideen, Wurzeln von, 29
Eria, 112
Eria javanica, *112*

Eria stellata. Siehe *Eria javanica*
Etikettieren, 55
Euanthe sanderiana. Siehe *Vanda sanderiana*
Evolution, 12, 14

F

Fahne, 12
Falter, 12
Farben, von Blüten, 8, 71, 83
Färbung, von Blättern, 28, 60, 61
Farne, Fasern von, 51
Fäulnis, 29, 50
Fenster, Orchideen am, 62, *63*, *64*, *65*
Fensterbank, Orchideen für, 25
Fernandezia acuta. Siehe *Lockhartia acuta*
Feste Substrate, Eintopfen in, 10
Feuchtigkeit, Abdeckung zum Bewahren von, 49
Feuchtigkeit, in Gewächshäusern, 47
Feuchtigkeit, von Substraten, 57
Feuchtigkeitsspendende Untersetzer, *48*, 58, 62, *65*
First Class Certificate, 27
Flecken, auf Blättern, 29, 61
Formen, von Blättern, *40–43*
Formen, von Blüten, 8, 11–12, *13*, *35–39*, *44–45*
Fortpflanzungsorgane, 12, *13*
Frauenschuh, 7, 12, *18*, 34, 62. Siehe auch *Cypripedium* und *Paphiopedilum*
Fruchtkapsel, 13, 14–15, 71, 81, 82
Fruchtknoten, *13*, 81, *82*
Fungizide, 55, 61, 73, 80, 147

G

Gastrochilus, 113
Gastrochilus acutifolius. Siehe *Saccolabium acutifolium*
Gastrochilus bellinus, 113
Gastrochilus calceolaris, 113
Gattungen, 14, 26, 85
Gemäßigte Temperaturen, im Gewächshaus, 10–11
Gemäßigte Temperaturen, Orchideen für, 23, 24
Gemeinschaftstöpfe, 75, 147
Gestelle, mit mehreren Etagen, 30, 33, *60*
Gesundheit, Prüfen auf, 28, 30
Gewächshaus, angebautes, 62, *67*, *68–69*
Gewächshaus, im Fenster, 32
Gewächshaus, Feuchtigkeit im, 47
Gewächshaus, Kultur im, 32
Gewächshaus, Temperaturen im, 10–11
Gewebekultur, 15, 80
Gießen, 30, 56–58, 147
Glaskolben, Sämlinge in, 76, 80, *81*
Gongora, 113–114
Gongora armeniaca, *113*
Gongora, Eintopfen von, 56
Gongora galeata, 113
Grammatophyllum multiflorum, 7
Grauschimmelfäule, Tabelle 146–147
Größe, von blühfähigen Pflanzen, 28
Größe, von Blüten, 7, 8
Größe, von Pflanzen, 28
Größe, von Töpfen, 50, 51
Gynostemium. Siehe Säule

H

Haemaria, 114
Haemaria discolor, *114*
Haltbarkeit, von Blüten, 61
Hängende Töpfe, *32*, *46*, 56
Heizkabel, 32
Heizung, 9–10
Herbstblühende Orchideen, 25

Hexisea, 114–115
Hexisea bidentata, 114–115
Highly Commended Certificate, 27
Himantoglossum hircinum, 9
Holzstücke, als Unterlage für Orchideen, 56
Honigtau, 147
Hooker, Joseph, 12
Hormon-Bewurzelungspulver, 73, 74
Huntleya cerina. Siehe *Pescatoria cerina*
Huxley, Thomas, 16
Hybriden, 7–8, 14, 26, 76
Hybridenkreuz, 26, 27
Hybriden, Registrieren von, 83
Hybriden, Schaffen von, 14, 26, 76, 77–79, 82–83
Hygienemaßnahmen. Siehe Sterilisieren
Hygrometer, 49

I

Identifizierung, von Orchideen, 25–27
Insekten, Anlocken von, 16, *17–21*
Insekten, Befall durch, 29, 30
Insekten, Bestäubung durch, 8, 12, 14, 16, *17–21*
Insekten, schädliche, 11, 29, 30, 53, 60, *Tabelle* 146–147
Insektizide, 53, 55, 146, 147
Intensität, von Licht, 33
Ionopsis, 115
Ionopsis paniculata. Siehe *Ionopsis utricularioides*
Ionopsis utricularioides, 115
Isochilus, 115–116
Isochilus linearis, 115–116

J

Jalousien, 64
Judges' Commendation, 27
Junge Sämlinge, 75–76, 80, *81*

K

Käfer, 29
Kalium, 58, 85
Kalzium, 57
Kataloge, für Orchideen, 25, 27–28
Keimung, 15, 76
Kelchblatt, oberes, 12
Kelchblätter, 11–12, *13*, 34
Kennzeichnung von Orchideen, 25–27
Kiefernborke, 51–52, 80, *81*
Kiefernborke, Dünger für, 58
Kiesgefüllte Untersetzer, *48*, 58, 62, *65*
Kleingewächshäuser, 32
Kleinwüchsige Orchideen, 34, 71
Klimazonen, 10–11, 23
Klone, 26, 27
Knabenkräuter, 8
Knospen, Blüten-, 28, *29*
Knospen, am Sproß, 28, *31*
Knudsen, Dr. Lewis, 15
Kohlendioxid, 50
Konfuzius, 34
Kontrolle, Temperatur-, 32
Kork-Eiche, Borkenstücke von, 56, *57*, 62, *68*
Krankheiten, 29–30, 50, 54, 60–61, *Tabelle* 146–147
Kreuzen, von Orchideen, 14, 26–27, 76, 77–79, 82–83
Kronblätter, 11–12, *13*
Kühles Klima, Orchideen für, 10–11, 23
Kultur, nachteilige Bedingungen, 59–60
Kultur, im Gewächshaus, 32
Kultur, im Treibhaus, 9–10
Kulturansprüche, 10–11, 47–61
Kultursorten, 26

Künstliche Beleuchtung, 24, 32, 33, 62
Künstliche Beschattung, 30, 32, 50, 64
Kunststofftöpfe, 50–51
Kunststofftöpfe, Gießen von Pflanzen in, 58

L

Labellum, 9. Siehe auch Lippe
Laelia, 26, 83, 95, 116–117, 138. Siehe auch *Schomburgkia*
Laelia anceps, 116
Laelia autumnalis, 116
Laelia cinnabarina, 116
Laelia crispa, 116
Laelia lundii, 116, *117*
Laelia pumila, 84, 116, 117
Laelia regnellii. Siehe *Laelia lundii*
Laelia, Temperaturen für, 23
Laelia, auf Unterlage montiert, 56
x *Laeliocattleya*, 117–118
x *Laeliocattleya* Aconcagua, 117
x *Laeliocattleya* Marietta, 117
x *Laeliocattleya* Queen Mary, 117
Lagern, von Samen, 82
Langsam wirkende Dünger, 58, 59
Lattenkörbe, als Pflanzbehälter, *46*, 56, *59*, 62
Laub, 14, *40–43*
Laub, gesundes, 28
Laub, vergilbendes, 28, 60, 61
Legenden, um Orchideen, 8, 9
Leptotes, 118
Leptotes bicolor, 118
Leuchtstoffröhren, 32, 33. Siehe auch Künstliche Beleuchtung
Licht, in natürlicher Umgebung, 10, 47
Lichtbedarf, 24, 30–32, 62
Lindley, Dr. John, 9, 12, 14
Lippe, 9, 12, *13*, 16
Lockhartia, 118–119
Lockhartia acuta, 40, 118
Lockhartia lunifera, 118
Lockhartia oerstedtii, 118
Lockhartia pallida. Siehe *Lockhartia acuta*
Ludisia discolor. Siehe *Haemaria discolor*
Luft, in natürlicher Umgebung, 10, 47
Luftbefeuchter, 49, 62, 64, *65, 66*
Luftfeuchtigkeit, 10, 24, 47–49, 50, 62, 147
Luftfeuchtigkeit, Kontrollieren von, 32, 49, *69*
Luftwurzeln, 56, *73*, 74
Luftzirkulation (Belüftung), 10, 24, 32, 47, 50, 56, 62, 147
Lycaste, 25, 119
Lycaste aromatica, 119
Lycaste skinneri. Siehe *Lycaste virginalis*
Lycaste virginalis, 119

M

Magnesium, 57
Malathion (Pflanzenschutzmittel), 147
Masdevallia, 119–120
Masdevallia, Blütenform, *13*
Masdevallia candida. Siehe *Masdevallia tovarensis*
Masdevallia chimaera, 119, 120
Masdevallia coccinea, 84, 119, 120
Masdevallia, Eintopfen von, 51
Masdevallia erythrochaete, 119, 120
Masdevallia harryana. Siehe *Masdevallia coccinea*
Masdevallia infracta, 119, 120
Masdevallia lindenii. Siehe *Masdevallia coccinea*
Masdevallia rolfeana, 119, 120
Masdevallia tovarensis, 119, 120
Maxillaria, 120–121
Maxillaria luteo-alba, 120–121
Maxillaria ochroleuca, 120, 121

Maxillaria picta, 120, 121
Maxillaria sanderiana, 120, 121
Maxillaria variabilis, 41
Maximum-Minimum-Thermometer, 24
Menschentragendes Ohnhorn, *8*
Meriklone, 15
Meristem, 15, 80
Mesospinidium. Siehe *Cochlioda*
Mikroklima, 49
Milben, 60
Miltonia, 121–122, 125, 144
Miltonia candida, 121
Miltonia cuneata, 121
Miltonia roezlii, 121, 122
Miltonia spectabilis, 121, *122*
Miltonia-Hybriden, 121, 122
Mimikry, bei Orchideen, 16, *17–21*, 34, *35, 36–37, 38, 39*
Mischungen, für Substrate, 51–52
Monopodiale Orchideen, 28, *29*
Monopodiale Orchideen, Eintopfen, 54
Monopodiale Orchideen, Triebstecklinge von, 73–74
Morel, Georges, 15
Mormodes, 122–123
Mormodes igneum, 122
Mormodes variabilis, 122
Mosaikkrankheit, *Tabelle* 146–147
Mystacidium, 123
Mystacidium capense, 123
Mystacidium distichum. Siehe *Angraecum distichum*

N

Nachtfalter-Orchideen, 25–26. Siehe auch *Phalaenopsis*
Nachtlänge, 33
Nachttemperaturen, 23, 24, 62, 67
Nährboden, 15, *81*
Nährstoffe, 10, 58, 59
Namen, deutsche, 25, 85
Namen, von Orchideen, 25–27, 85
Narbe, 12, *13*, 16, *20, 81, 82*
Natriumsalze, 57
Natürliche Vorkommen, von Orchideen, 8, 9, 10, 12, 14, 29, 34
Nektar, 14, 16, 18
Neofinetia, 123–124, 142
Neofinetia falcata, 123–124
Netzstoff, Vorhänge aus, 30, 50, 64
Niederschläge, 10
Nomenklatur, botanische, 25–27, 85

O

x *Odontioda*, 124
x *Odontioda* Enchanson, *124*
x *Odontioda* Minel, 124
x *Odontioda* Petra 'Coccinea', 124
Odontoglossum, 11, 122, 124–125, 144
Odontoglossum aspasia. Siehe *Aspasia epidendroides*
Odontoglossum grande, 6, 124–125
Odontoglossum pulchellum, 124, 125
Odontoglossum, Substrat für, 51
Odontoglossum, Wachstumsbedingungen für, 23
x *Odontonia*, 125
x *Odontonia* Berlioz 'Lecoufle', 125
x *Odontonia* Olga 'Duchess of York', *125*
Oncidium, 34, *70*, 122, 125–127, 144
Oncidium, Blütenform, *13*
Oncidium, Eintopfen von, 51
Oncidium hastatum, 125, 126
Oncidium incurvum, 125, 126
Oncidium jonesianum, 125, 126
Oncidium leucochilum, 125, 126
Oncidium, Lichtbedarf, 33
Oncidium papilio, 125, *126*

Oncidium pusillum, 125, *126*
Oncidium sanderae, 39
Oncidium sphacelatum, 125, 126
Oncidium splendidum, 125, 126
Oncidium stipitatum, *21*
Oncidium tigrinum, 125, 126
Oncidium, Temperaturen für, 23
Oncidium wentworthianum, 125, 126
Orchidaceae, 7
Orchidaceae of Mexico and Guatemala, 7
Orchideen, Abkürzungen für, 26–27
Orchideen, Alter von, 75
Orchideen, auf Unterlagen montieren (epiphytische Kultur), 55–56, 57
Orchideen, auf Unterlagen montierte, 56, 57, 62, 68–69, 85
Orchideen, auf Unterlagen montierte, Düngen von, 59, 85
Orchideen auf Unterlagen montierte, geeignete Materialien, 56, 57
Orchideen, auf Unterlagen montierte, Wässern von, 58
Orchideen, Aufstellen von, 30
Orchideen, Auswahl von 23, 75
Orchideen, Auszeichnungen für, 27
Orchideen, Bank für, *53*, 62
Orchideen, Beete für, 62, *63*
Orchideen, blühfähige, 75
Orchideen, Dubletten von, 72
Orchideen, Dünger für. *Siehe* Dünger
Orchideen, Einkauf von, 27–28, 75–76
Orchideen, epiphytische. *Siehe* Epiphytische Orchideen
Orchideen, Familie der, 7
Orchideen, Formen, 35, *36–45*
Orchideen, Größe von, 28
Orchideen, Identifikation durch Blätter, 14
Orchideen, kleinwüchsige, 34, 71
Orchideen, Körbe für, *32*, *46*, 55, 56, *57*, *59*, 60
Orchideen, für kühles Klima, 10–11, 23
Orchideen, Kulturansprüche, 10–11, 47–61
Orchideen, Legenden um, 8, 9,
Orchideen, Mimikry bei, 16, *17–21*, 34, *35*, *36–37*, *38*, *39*
Orchideen, monopodiale. *Siehe* Monopodiale Orchideen
Orchideen, Preise von, 28, 75
Orchideen, in Rabatten, 62, *63*
Orchideen, sympodiale. *Siehe* Sympodiale Orchideen
Orchideen, terrestrische. *Siehe* Terrestrische Orchideen
Orchideen, Transport von, 30
Orchideen, Unterlagen zum Montieren für, 56, *57*, 62, *68–69*, 85
Orchideen, Vergrößern von Sammlungen, 71–83
Orchideen, Vermehrung von, 9, 71–83
Orchideen, natürliche Vorkommen, 8, 9, 10, 12, 29, 34
Orchideen, Wildformen, 71
Orchideen, wildwachsende, 8, 9, 10, 12, 29, 34
Orchideen, als Zimmerpflanzen, 47–61, 62, *63–69*, 85
Orchideenblätter, 14, *40–43*
Orchideenfenster, 30, *32*, 62, *63–65*
Orchideen-Hybriden, 7–8, 14, 26–27, 76, 77–79, 82–83
Orchideenkataloge, 27–28
Orchideenkörbe, 32, *46*, 55, 56, 57, *59*, 62
Orchideenkörbe, Gießen, 58
Orchideennamen, 25–27, 85
Orchideensammler, 9, 10
Orchideentöpfe, 51, 56
Orchideenvitrinen, 49–50
Orchis, 8
Osmundafasern, 51, 52, 56, *57*

P

Paphiopedilum, 25, 26, *42*, 76, 83, 127–128
Paphiopedilum Astarte, 26
Paphiopedilum bellatulum, 26, 76, *77*, 127
Paphiopedilum, Blütenform, *13*
Paphiopedilum chamberlainianum, 127
Paphiopedilum druryi, 77
Paphiopedilum fairieanum, 127
Paphiopedilum F. C. Puddle, 26, *78*, 83, 127, *128*
Paphiopedilum x *harrisianum*, 42
Paphiopedilum, Hybriden-Eltern, 77–78
Paphiopedilum insigne, *77*, 127–128
Paphiopedilum, Lichtbedarf, 33
Paphiopedilum Miller's Daughter, 76, *78*, *79*, 127, 128
Paphiopedilum niveum, 76, 77, 127, 128
Paphiopedilum Psyche, 26
Paphiopedilum spicerianum, 77, 127, 128
Paphiopedilum sukhakulii, 127, *128*
Paphiopedilum venustum, 127, 128
Paphiopedilum villosum, 77
Phaphiopedilum, Wachstumsbedingungen, 23
Parasiten, bakterielle, 29
Parasiten, Orchideen eingeschätzt als, 8, 10
Parkinson, John, 8, 9
Paxton, Joseph, 10
Perlit, 52
Pescatoria, 128–129
Pescatoria cerina, 128, 129
Pescatoria dayana, 128, 129
Pfirsich-Blattlaus, 146
Pflanzbehälter, 50–51, 62. *Siehe auch* Orchideenkörbe
Pflanzensammler, 9, 10
Pflanzenschutzmittel, 60, 80, *Tabelle* 146–147
Phaius, 129
Phaius blumei. *Siehe Phaius tancarvillae*
Phaius grandifolius. *Siehe Phaius tancarvillae*
Phaius tancarvillae, 129
Phaius wallichii. *Siehe Phaius tancarvillae*
Phalaenopsis, 22, 47, *63*, 130–131
Phalaenopsis Alice Gloria, *130*
Phalaenopsis aphrodite, 130
Phalaenopsis, Blütenform, *13*
Phalaenopsis buyssoniana. *Siehe Doritis pulcherrima*
Phalaenopsis Cast Iron Monarch, *83*
Phalaenopsis cornu-cervi, 130
Phaelaenopsis Dianne Rigg, *84*, 130
Phalaenopsis, Eintopfen von, 52, *54*
Phalaenopsis equestris. *Siehe Phalaenopsis rosea*
Phalaenopsis esmeralda. *Siehe Doritis pulcherrima*
Phalaenopsis, Gießen von, 58
Phalaenopsis, Lichtbedarf, 24, 33
Phalaenopsis lueddemanniana, *130*
Phalaenopsis mannii, 130, *131*
Phalaenopsis parishii, 26, 130, *131*
Phalaenopsis rosea, 130–131
Phalaenopsis stuartiana, 130, *131*
Phalaenopsis, Substrat für, 52
Phalaenopsis, Temperatur für, 23
Phalaenopsis x *veitchiana*, *43*
Phalaenopsis, Vermehrung, 74
Phalaenopsis violacea, 130, *131*
Pholidota, 131
Pholidota imbricata, 131
Phosphor, 58, 85
Phragmipedium, *36*, 132
Phragmipedium caudatum var. *sanderae*, *132*
Phragmipedium schlimii, 132
Pilze, 146, 147
Pilzkrankheiten, 29, 50, 60–61, 80, *Tabelle* 146–147

Pilzkrankheiten, bei der Sämlingsaufzucht, 15
Platyclinis filiformis. *Siehe Dendrochilum filiforme*
Pleione, 132–133
Pleione bulbocodioides, 132
Pleione formosana. *Siehe Pleione bulbocodioides*
Pleione forrestii, 132, *133*
Pleione lagenaria. *Siehe Pleione praecox*
Pleione limprichtii. *Siehe Pleione bulbocodioides*
Pleione maculata, 132, *133*
Pleione pogonioides. *Siehe Pleione bulbocodioides*
Pleione praecox, 132, *133*
Pleione wallichiana. *Siehe Pleione praecox*
Pleurothallis, 7, 34, 133
Pleurothallis grobyi, *133*
Pleurothallis rubens, *45*, 133
Pollen, 12, 13, 16, 19, 81
Pollinien, 12, 13, 16, 18, 19, 20, 80–81, *82*
x *Potinara*, 26
Preise, von Orchideen, 28, 75
Promenaea, 134
Promenaea citrina. *Siehe Promenaea xanthina*
Promenaea xanthina, 134
Pseudobulben, *29*, *31*, 53, 54, *55*
Pseudobulben, Aufgaben der, 56
Pseudobulben, Vermehrung durch Teilen der, 72, *73*
Pseudoepidendrum spectabile. *Siehe Epidendrum pseudepidendrum*
Pyrethrum (Pflanzenschutzmittel), 147

Q

Quarantäne, neue Pflanzen in, 30

R

Rabatte, mit Orchideen, 62, *63*
Registrierung, von Hybriden, 83
Renanthera, 134–135, 143
Renanthera coccinea, 134, *135*
Renanthera imschootiana, *134*, 135
Reserveauge, 72–73
Rhizome, 28, *29*, 52, 53, 54, *55*, 61
Rhizome, Vemehrung durch Teilen von, *73*
Rhyncholaelia digbyana. *Siehe Brassavola digbyana*
Rhyncholaelia glauca. *Siehe Brassavola glauca*
Rhynchostylis, 135
Rhynchostylis gigantea, *135*
Rhynchostylis retusa, 135
Rodriguezia, 136
Rodriguezia lanceolata. *Siehe Rodriguezia secunda*
Rodriguezia secunda, *136*
Rodriguezia venusta, 136
Rodriguezia venusta, Eintopfen von, 56
Röhrchen, Sämlinge in, 76, 80, *81*
Rohrzucker, 15
Rote Spinnen (Spinnmilben), 29, *Tabelle* 146–147
Royal Horticultural Society, 27, 83
Rückbulben, 53, 72–73, 75
Rückbulben, Vermehrung durch Teilen, 75
Ruheperioden, 24, 31, 52
Ruheperioden, Gießen in, 58

S

Saccharose, 15
Saccolabium, 136
Saccolabium acutifolium, 136
Saccolabium ampullaceum. *Siehe Ascocentrum ampullaceum*

Saccolabium bellinum. Siehe Gastrochilus bellinus
Saccolabium calceolare. Siehe Gastrochilus calceolaris
Salze, von Düngern, 30, 57, 59
Samen, durch Bakterien oder Pilze vernichtet, 15
Samen, Größe von, 14
Samen, Keimung von, 15
Samen, Lagerung von, 82
Samen, Vermehrung durch, 11, 14–15, 71, 80–83
Samenkapsel (Fruchtkapsel), 13, 14–15, 71, 81, 82
Sämlinge, Düngen von, 80
Sämlinge, Einkauf von, 28, 75–76
Sämlinge, in Glaskolben, 76, 80, *81*
Sämlinge, Kultur von, 75–76, 80, *81*
Sämlinge, Pikieren von, 80, 81
Sämlinge, Substrat für, 80
Sämlinge, mit bloßen Wurzeln, 76, 80, *81*
Sammlung, Vergrößern von, 71–83
Sanders' List of Orchid Hybrids, 83
Säule, 12, *13*, 19, 80–81, *82*
Scaphosepalum gibberosum, 35
Schadinsekten, 11, 29, 30, 53, 60, *Tabelle* 146–147
Schalen, als Pflanzbehälter, 51
Schatten, durch Vorhänge, 30, 32, 50, 64
Scheide, des Blütenstands, *29*, 31
Schildläuse, 29, 53, 60, *Tabelle* 146–147
Schnecken, 29, 53, 60, *Tabelle* 146–147
Schneckenkorn (Pflanzenschutzmittel), 147
Schnittblumen, Orchideen als, 61
Schock, beim Umpflanzen, 52
Schomburgkia, 137
Schomburgkia lyonsii, 137
Schomburgkia tibicinis, 137
Schomburgkia undulata, 38, 137
Schutz, vor Sonne, 30, 32, 50, 64
Schwanen-Orchidee. *Siehe Cycnoches chlorochilum*
Schwankungen, der Temperatur, 23–24
Schwarzfäule, 60–61, *Tabelle* 146–147
Schwebfliege, *17*
Seitentriebe, Vermehrung durch, *73*, 74
Seitliche Kelchblätter, 11–12, *13*, 34
Sobralia, 137–138
Sobralia macrantha, 137–138
Sommer-Öl (Pflanzenschutzmittel), 147
Sonnenbrand, 30
Sonnenlicht, Bedarf an, 23, 24, 30, 33
Sonnenlicht, Schutz vor, 30, 32, 50, 64
x *Sophrolaeliocattleya*, 27, 138
x *Sophrolaeliocattleya* Anzac 'Orchidhurst', 138
x *Sophrolaeliocattleya* Jewel Box 'Dark Waters', 27, 138
x *Sophrolaeliocattleya* Jewel Box 'Scheherazade', 27, *138*
x *Sophrolaeliocattleya* Paprika 'Black Magic', 138
Sophronitis, 26, 138–139
Sophronitis coccinea, 138–*139*
Sophronitis grandiflora. Siehe Sophronitis coccinea
Spinngewebe, 146
Spinnmilben (Rote Spinnen), 29, *Tabelle* 146–147
Sporn, 14
Sproß, 28, *31*
Sproßknospe, *31*
Stammteil, *29*
Stanhopea, 139–140
Stanhopea, Eintopfen von, 56
Stanhopea hernandezii, 139
Stanhopea, Lichtbedarf, 24
Stanhopea tigrina. Siehe Stanhopea hernandezii
Stanhopea wardii, 19, 139

Stärke, von Düngern, 58–59
Stauropsis violacea. Siehe Phalaenopsis violacea
Stecklinge, Bewurzeln von, 74
Stecklinge, von Trieben, *73*–74
Sterilisieren, von Aussaatkompost, 80
Sterilisieren, von Werkzeugen, 53, 54, 55, 61, 72, 80, 147
Stickstoff, 58, 59, 60, 85
Störungen, des Wachstums, 59–61
Streifen, auf Blättern, 29
Struktur, von Blüten, 11–12, *13*
Substrate, Feuchtigkeit von, 57
Substrate, Gießen von, 30
Substrate, handelsübliche, 51–52, 59
Substrate, für Orchideen geeignete, 10, 28, 51–52, 59, 85
Substrate, für Sämlinge, 80
Substrate, Sterilisieren von, 80
Symphoglossum sanguineum. Siehe Cochlioda sanguinea
Sympodiale Orchideen, 28, *29*, 31
Sympodiale Orchideen, Eintopfen von, 54, 55
Sympodiale Orchideen, Vermehrung durch Teilen, 72–73
Sympodiale Orchideen, Vermehrung durch Triebspitzen, 73–74

T

Tageslänge, 33
Tagestemperaturen, 23, 24, 67
Teilen, von Rückbulben, 75
Teilen, Vermehrung durch, 11, 28, 72–73
Teilen, geeignete Zeiten für, 72
Temperaturen, in Gewächshäusern, 10–11
Temperaturen, bei Nacht, 23, 24, 62, 67
Temperaturen, bei Tage, 23, 24, 67
Temperaturkontrolle, 32
Temperaturschwankungen, 23–24
Terrarien, 49, 71
Terrestrische Orchideen, 10, 51, 62, 85
Terrestrische Orchideen, Substrate für, 52, 85
Tetramicra bicolor. Siehe Leptotes bicolor
Theatrum Botanicum, Abbildungen aus, *8*, *9*
Thermometer, 24
Thripse, 29
Thunia, 140
Thunia alba. Siehe Thunia bracteata
Thunia bracteata, 140
Thunia marshalliana, 140
Tlilxochtl-Orchidee, 10
Tonscherben, 51, 54
Tontöpfe, 50, 51
Tontöpfe, Gießen von Orchideen in, 58
Töpfe, aufgehängte, *32*, *46*, 56
Töpfe, Gießen von, 57, 58
Töpfe, aus Kunststoff, 50–51
Töpfe, Orchideen-, mit durchlochten Wänden, 51, 56
Töpfe, aus Ton, 50, 51
Topfgrößen, 51, 75
Torf, 52, 80
Torfmoos, 14, 52, 56, *57*, 73, 74
Transport, von Orchideen, 30
Treibhauspflanzen, 9–10
Treppe, für Orchideen, *60*
Trichoceros antennifera, 20
Trichoglottis, 140–141
Trichoglottis brachiata. Siehe Trichoglottis philippinensis var. brachiata
Trichoglottis philippinensis var. brachiata, 140–141
Trichopilia, 141
Trichopilia suavis, 141
Trichopilia tortilis, 141
Triebspitzen, Stecklinge von, 73–74

Triebstecklinge, *73*, 74
Trigenerische Hybriden, 27
Tulpe, Blütenform, *13*

U

Überdüngen, 59
Überwässern, 56, 60
Umfallkrankheit, 80, 147
Umpflanzen, von Sämlingen, 80, *81*
Umpflanzen, Schock beim, 52
Umtopfen, 30, 52–53, 54–*55*
Umtopfen, geeignete Substrate, 28, 51–52
Untersetzer, feuchtigkeitsspendende, *48*, 58, 62, *65*

V

Vanda, 90, 141–143
Vanda coerulea, 141, 142
Vanda cristata, 141, 142
Vanda parishii. Siehe Vandopsis parishii
Vanda Rotschildiana, *84*, 141, 142
Vanda sanderiana, 141, 142
Vanda suavis. Siehe Vanda tricolor var. *suavis*
Vanda, Substrat für, 52
Vanda, Temperaturen für, 23
Vanda teres, 141, *142*
Vanda tricolor var. *suavis*, 141, 142
Vanda, Vermehrung von, 74
Vanda, Wachstumsbedingungen, 23
Vandopsis, 143
Vandopsis parishii, 143
Vanilla, 10, 143–144
Vanilla fragrans. Siehe Vanilla planifolia
Vanilla planifolia, 9, 10, *143*–144
Vanille, 9, 10. *Siehe auch Vanilla*
Various Contrivances by Which British and Foreign Orchids Are Fertilized by Insects, 12
Vegetative Vermehrung, 71–72
Velamen, 29
Verdunstung, 48
Vergilben, von Laub, 28, 60, 61
Vermehrung, 9, 71–83
Vermehrung, durch Samen, 11, 14–15, 71, 80–83
Vermehrung, durch Seitentriebe, *73*, 74–75
Vermehrung, durch Teilen, 11, 28, 72–73
Vermehrung, durch Triebstecklinge, *73*–74
Vermiculit, 52
Verschließbare Glasgefäße, Aussaat in, 15
Viruskrankheiten, 61, 72, *Tabelle* 146–147
Vitrinen, für Orchideen, 49–50
Vorhänge, zum Beschatten, 30, 32, 50, 64
x *Vuylstekeara*, 144
x *Vuylstekeara* Cambria 'Plush', *144*
x *Vuylstekeara* Monica 'Burnham', *144*
x *Vuylstekeara* Rubra, 144

W

Wachstum, der Blätter, *31*
Wachstum, verkümmertes, 59–61
Wachstumszyklus, *29*, 31
Warme Temperaturen, Orchideen für, 10–11, 23
Werkzeuge, Sterilisieren von, 53, 54, 55, 61, 72, 80, 147
Wildformen, von Orchideen, 71
Wildwachsende Orchideen, 8, 9, 10, 12, 14, 29, 34
x *Wilsonara*, 144–145
x *Wilsonara* Lyoth Gold, 144, 145
x *Wilsonara* Tangerine, 144, 145
x *Wilsonara* Wendy, 144, 145
x *Wilsonara* Widecombe Fair, 144, *145*

Winterblühende Orchideen, 25
Winterliche Nachttemperaturen, 24
Wissenschaftliche Namen, 25–27, 85
Woll- und Schmierläuse, 29, 60, *Tabelle*
   146–147
Wurzeln, *29*
Wurzeln, Beschneiden von, 72
Wurzeln, gesunde, 29, 72
Wurzeln, Luft-, *29*, 56, *73*, 74
Wurzelschäden, 29–30, 48, 51, 52, 53, 72

Z

Zeitdauer, bei künstlicher Beleuchtung, 33
Zeitdauer, der Blüte, 7, 25
Zeitschalter, 33
Zerstäuben. *Siehe* Besprühen
Zerstäuber, Typen, 49
Zimmerpflanzen, Orchideen als, 47–61, 62, *63–69*, 85
Zineb (Pflanzenschutzmittel), 147
Ziram (Pflanzenschutzmittel), 147

Zirkulierende Luft (Belüftung), 10, 24, 32, 47, 50, 56, 62, 147
Zygopetalum, 145
Zygopetalum cerinum. Siehe Pescatoria cerina
Zygopetalum dayanum. Siehe Pescatoria dayana
Zygopetalum discolor, 145
Zygopetalum intermedium, 145
Zygopetalum mackaii, 145

Reprosatz: Alfred Utesch GmbH, Hamburg
Druck und Einband: Jarrold & Sons Ltd., Norwich (England)